广东省化妆品工程技术研究中心资助项目
广东省化妆品专业示范基地资助项目
广东省省级实验教学示范中心资助项目

高等院校化妆品专业系列教材

化妆品质量分析检测实验

主　编　赵　红
副主编　桑延霞
编　者（按姓氏笔画排序）
王韶华　赵　红　姚华刚
徐　畅　桑延霞

科学出版社
北　京

内 容 简 介

本书为全国高等院校化妆品质量分析检测实验教材。全书分为7章，包括化妆品质量分析检测概述、化妆品质量分析检测的基础知识、化妆品及其原料物理参数的测定、化妆品及其原料化学参数的测定、化妆品禁用物质检测、化妆品限用物质的检测及化妆品微生物的检测。本书取材广泛，内容新颖全面，共安排了53个实验，在实验技术和内容上进行了认真筛选，参考最新的技术标准，对化妆品及其原料的理化参数测定、禁限用物质的检测、操作要点、设备的使用作了重点阐述，力求满足创新型人才培养的需要。

本书可作为高等院校应用化学、精细化工、生物化工、制药工程等与化妆品研发和生产相关本科专业及化妆品科学与技术专业研究生教学的实验教材，也可供从事化妆品及原料生产、检验及监管等工作的技术人员及应用研究的科技人员参考。

图书在版编目（CIP）数据

化妆品质量分析检测实验 / 赵红主编. —北京：科学出版社，2017.6

ISBN 978-7-03-052785-1

Ⅰ. ①化… Ⅱ. ①赵… Ⅲ. ①化妆品–质量检验–实验–高等学校–教材 Ⅳ. ①TQ658-33

中国版本图书馆CIP数据核字(2017)第102578号

责任编辑：胡治国 / 责任校对：郭瑞之

责任印制：李 彤 / 封面设计：陈 敬

科学出版社出版

北京东黄城根北街16号

邮政编码：100717

http://www.sciencep.com

北京凌奇印刷有限责任公司印刷

科学出版社发行 各地新华书店经销

*

2017年6月第 一 版 开本：787×1092 1/16

2025年1月第五次印刷 印张：10 1/2

字数：240 000

定价：45.00元

（如有印装质量问题，我社负责调换）

全国高等院校化妆品专业系列教材
编审委员会

丛书前言

化妆品产业是美丽经济和时尚事业，解决的是清洁、干燥、瑕疵、皱纹等问题，近30年在我国得到了迅猛发展，取得了前所未有的成就。由于受收入水平提升带来的消费层次升级、消费习惯改变等因素的影响，我国化妆品产业将在未来一段时间继续保持稳定增长态势，产业发展空间巨大。我国化妆品市场中，外资名牌产品占据重要地位，而民族企业因为人才、技术及资金等因素的制约，难以在品牌策划、产品开发和质量保障等诸多方面与跨国企业相抗衡，尤其是在原料开发、新剂型创新等基础研究方面比较薄弱，仍处于初级阶段。对于培养化妆品人才的高等教育来说，目前只有少数几个高校在应用化学、轻化工程或生物学专业中开设化妆品方向，相关的课程体系还需要尽快建立和完善。

为适应全国高等院校化妆品专业人才培养的需要，创建一套符合我国化妆品专业培养目标和化妆品学科发展要求的专业系列教材，以教学创新为指导思想，以教材建设带动学科建设为方针，广东省化妆品工程技术研究中心设立化妆品专业教材专项资助资金，组织成立《全国高等院校化妆品专业系列教材》编审委员会，根据化妆品学科对化妆品技术人才素质与能力的需求，充分吸取国内外化妆品教材的优点，组织编写了这套化妆品专业系列教材——《全国高等院校化妆品专业系列教材》，这对于推动我国高等院校化妆品专业发展与人才培养具有重要的意义。

本系列教材涵盖专业基础课、专业核心课、专业选修课、实践环节课和专业综合训练课，重点突出化妆品专业基础理论、前沿技术和应用成果，包括中药化妆品学、生物化妆品学等理论课教材，以及香料香精实验、表面活性剂实验、化妆品功效评价实验、化妆品安全性评价实验、化妆品质量分析检测实验、化妆品配方与工艺学实验等实验指导书，力求做到符合化妆品专业培养目标、反映化妆品学科方向、满足化妆品专业教学需要，努力创造具有适用性、系统性、先进性和创新性的特色精品教材。

本系列教材主要面向本科生、研究生，以及相关领域的科学工作者和工程技术人员。我们希望本系列教材既能为在校大学生和研究生的学习提供内容先进、论述系统的教材，也能为从事化妆品研究开发的广大科学工作者和工程技术人员的知识更新与继续学习提供合适的参考资料。

值此《全国高等院校化妆品专业系列教材》陆续出版之际，谨向参与本系列教材规划、组织、编写的教师和科技人员，向提供帮助的从事化妆品高等教育的教师，向给予支持的科学出版社，致以诚挚的谢意，并希望本系列教材在全国高等院校化妆品专业人才培养中发挥应有的作用。

申东升
2017年2月

前　言

随着经济发展和人民生活水平的提高，化妆品已经逐渐由奢侈品转变为日常生活中的必需品，为广大消费者所使用，化妆品对于保护人体健康、美化生活发挥着重要的作用。被称为“美丽经济”的中国美容化妆品市场，经过20年的迅猛发展，现今已经取得了前所未有的成就。然而，伴随着化妆品行业的繁荣和发展，近年来接连发生多起化妆品质量安全事件，对消费者和生产企业产生了严重的不良影响。作为与人民群众生活息息相关的健康产品，国家加大了对化妆品安全的监管力度，从研发、生产、流通等各个环节制定了一系列法规，保障化妆品行业的健康发展，保护消费者的合法权益。化妆品质量分析检测的目的和任务就是利用化学分析、仪器分析、生化分析、物性测试等手段来确定化妆品的卫生指标、理化指标、禁限用物质化学成分与含量、安全性等是否符合国家规定的质量标准。

本书为全国高等院校化妆品专业系列教材，由《全国高等院校化妆品专业系列教材》编审委员会组织编写，教材内容突出基本理论、基本知识和基本技能。

全书分为7章。第一章为化妆品质量分析检测概述，介绍我国化妆品行业发展与安全现状、目前的化妆品监管法规体系及化妆品分析检测的特点和检测的基本原则；第二章为化妆品质量分析检测的基础知识，主要介绍了实验数据的处理与误差分析、样品的采集与预处理手段和方法；第三章为化妆品及其原料物理参数的测定实验；第四章为化妆品及其原料化学参数的测定实验；第五章为化妆品禁用物质的检测实验；第六章为化妆品限用物质的检测实验；第七章为化妆品微生物检测。第三章到第七章中的每一个实验都列出了实验目的、实验原理、仪器与试剂、操作步骤（含溶液配制、样品处理、样品测定、标准曲线绘制、结果计算等）、实验注意事项、思考题六个部分。

本书取材广泛，内容新颖全面，共安排了53个实验，在实验技术和内容上进行了认真筛选，参考最新的技术标准，对化妆品及其原料的理化参数测定、禁限用物质的检测、操作要点、设备的使用作了重点阐述，力求启迪学生思路、拓宽视野、满足创新型人才培养的需要。

本书可作为高等院校应用化学、精细化工、生物化工、制药工程等与化妆品研发和生产相关本科专业及化妆品科学与技术专业研究生教学的实验教材，也可供从事化妆品及原料生产、检验及监管等工作的技术人员及应用研究的科技人员参考。

本书由赵红主编，桑延霞任副主编。第一章、第二章由赵红编写，第三章、第七章由桑延霞编写，第四章由姚华刚编写，第五章由徐畅编写，第六章由王韶华编写。除书末列出的参考文献以外，本书还参阅和引用了国内外大量文献资料，在此谨向所有著作者致以真诚的谢意。

科学技术发展日新月异，各种分析检测方法时有更新，限于编者水平，不足之处在所难免，恳请读者不吝指正。

赵　红

2017年2月

目　录

第一章

化妆品质量分析检测概述

第一节　化妆品的定义和质量特性

一、化妆品的定义

世界各国依据本国情况颁布的化妆品法规，对化妆品进行了定义。

日本的《药事法》（厚生省）中对化妆品的定义为：化妆品是为了清洁和美化身体、增加魅力、改变容貌、保持皮肤及头发健美而涂擦、散布于身体或用类似方法使用的作用缓和的日用化学品。以清洁身体为目的而使用的肥皂、牙膏也属于化妆品，而一般人当作化妆品使用的染发剂、烫发液、除毛剂、粉刺霜、防干裂、治冻伤的膏霜，以及对皮肤或口腔有杀菌消毒药效的，包括药物牙膏，在《药事法》中都称为医药部外品。

美国《联邦食品、药品和化妆品法》（FDA1906）对化妆品的定义为：用涂擦、散布、喷雾或其他方法使用于人体的物品，能起到清洁、美化、增进魅力或改变外貌，而不影响人体结构和功能的作用。化妆品不包括肥皂，并对特种化妆品作了具体要求。欧盟《化妆品规程》（Dir.76/768/EEC2000）对化妆品的定义为：用于人体外部器官[皮肤、毛发、指（趾）甲、口唇和外生殖器]或口腔内牙齿、口腔黏膜以清洁、香化、保护、保持其健康、改变其外观、去除体味为目的的物质和制品。化妆品不包括药品及所有口服、注射、吸入体内的其他产品。

中华人民共和国原卫生部颁布的《化妆品卫生监督条例》对化妆品的定义为：化妆品是指以涂擦、喷洒或者其他类似的方法，散布于人体表面任何部位（皮肤、毛发、指甲、口唇等），以达到清洁、消除不良气味、护肤、美容和修饰目的的日用化学工业产品。此条例是我国生产、储运、经销、监督管理和安全使用化妆品的根本法规。

化妆品的法定定义，包括施用方式、施用部位、化妆品的功能和使用目的等方面的内容。规定化妆品的施用方式是涂擦、喷洒或其他类似方式，因此，以口服、注射等方法达到美容目的的产品不属于化妆品范畴。规定化妆品的施用部位，即人体的皮肤、毛发、指甲、口唇等身体表面任何部位而不包括人体内部。规定化妆品具有清洁、护肤、美容修饰、消除体味等作用及特殊功能。特殊功能产品指具有特殊功效的介于药品和普通化妆品之间的产品，如祛斑霜、防晒霜、脱毛膏、健美苗条霜、除臭剂、染发剂、烫发剂、生发剂等。由此可见，化妆品不是药品，不具有预防和治疗疾病的功能。

二、化妆品的质量特性

化妆品的质量是化妆品进入流通环节、获得消费者认可的基础。合格的化妆品能清洁、保护皮肤和毛发，修饰改善人的精神，带给人们以美的享受。然而，不合格的化妆品，如配方不当，添加了禁用化学成分，或超量使用限用物质，则可能使消费者发生皮肤、毛发等不良反应，严重的甚至造成不可逆转的损伤，直接威胁到消费者的身心健康。

化妆品的质量特性体现在安全性、稳定性、使用性和功效性四个方面。

1. 高度的安全性 由于施用于体表，且使用频次高，因此，安全性是化妆品首先必须确保的一项特性，即不得对施用部位产生刺激或致敏，无经口毒性，无异物混入，不得致皮肤破损等，保证使用者不受到损害。

2. 相对的稳定性 化妆品的稳定性是指在储存和使用过程中，即使是炎热或寒冷的环境，化妆品仍能保持原有的性质特点，无变质、无变色、无变臭、无形态变化、无微生物污染等。由于化妆品由多种成分复合而成，多为热力学不稳定的多相体系，所以稳定性只能相对保持，一般要求保持 2～3 年的时间。化妆品保持一定的稳定性是化妆品使用性和功效性的基础。

3. 良好的使用性 使用性主要是指消费者的使用感受，消费者倾向于以使用感受来评判化妆品的质量，体现在使用感、使用便易程度等方面。例如，使用中产生的稠、稀、浓、淡、黏、弹性、潮湿度、润滑度、与皮肤的融合度，还有香味、颜色、外观、形态、大小、质量、是否便于携带等。

4. 一定的功效性 化妆品的功效性是指使用的特定效果，如清洁、保湿、美白、防晒、祛斑、色彩效果等。功效性是化妆品必备的特性，是消费者使用化妆品所追求的最终目的。功能性不可随意夸大，具有越来越明确的功能性是化妆品不断发展的一个重要趋势。

第二节 我国化妆品行业发展与安全现状

一、我国化妆品行业发展现状

随着经济发展和人民生活水平的提高，化妆品已经逐渐由奢侈品转变为日常生活中的必需品，为广大消费者所使用，化妆品对于保护人体健康、美化生活发挥着重要的作用。被称为“美丽经济”的中国美容化妆品市场，经过 20 多年的迅猛发展，现今已经取得了前所未有的成就。

中国化妆品市场是全世界最大的化妆品新兴市场，在短短的 20 多年里，中国化妆品行业从小到大，由弱到强，从简单粗放到科技领先、集团化经营，全行业形成了一个初具规模、极富生机活力的产业大军。化妆品企业如雨后春笋般越来越多，名目繁多的化妆品品牌层出不穷，市场竞争愈演愈烈。外资日化巨头大多有着几十年甚至上百年的品牌历史，在国际及国内都有着不可磨灭的品牌影响力，高端市场上更是牢牢把握绝大部分市场份额。但是国内亦涌现出一批优秀本土化妆品品牌，如上海家化联合股份有限公司旗下的佰草集，上海伽蓝集团股份有限公司的自然堂及相宜本草、美即面膜等，这也一定程度上改变了当下化妆品市场的竞争格局。

中国产业调研网发布的《2017—2022年中国化妆品市场现状调研分析及发展趋势报告》认为，我国化妆品生产企业主要分布在东部沿海地区的广东、浙江、江苏、上海、福建五个省（市）。目前我国化妆品生产企业已达 5000 家，产值处于亚洲第二、世界第八。2013 年全国化妆品零售总额达 2209 亿元，2014 年，限额以上企业（单位）化妆品类商品零售额同比增长 10.0%，较上年低 3.3 个百分点，增速下滑较为明显。2014 年我国化妆品进口总额为 21.94 亿美元，增长了 69.1%，出口总额为 14.28 亿美元，同比增长 8.3%。

我国正在逐渐发展成为化妆品消费大国，总体消费水平已超越欧盟、日本，仅次于美国，成为世界上化妆品第二消费大国，这无疑给化妆品企业带来了很大的发展空间。市场上化妆品品种齐全、琳琅满目，品类多达 2.5 万余种。近年来又不断引入了很多新技术，如多相乳化技术、微乳化技术、脂质体包覆技术、纳米技术和液晶技术等，大大提高了化妆品的品质及功效。但在繁荣的市场之中，也鱼目混杂着不少假冒伪劣产品，化妆品行业也呈现出一些急需解决的问题。

（1）化妆品产品的通用名、属性名标注不规范，消费者无法识别产品真实的属性和用途。

（2）化妆品概念性炒作严重，标签使用夸大不实的宣传用语或医疗术语，误导、欺骗消费者，或是在宣传配方中宣称含有而实际不含有的成分。

（3）化妆品标签缺乏对原料的全成分标注，剥夺了消费者对于产品的知情权。

（4）少数化妆品企业超量、超范围使用限用物质，违规添加禁用物质，损害消费者利益。

（5）化妆品标准化体系欠完善，产品标准和检验方法标准滞后，对一些化妆品产品宣称的功效无法验证。

（6）化妆品原料方面，基础性研究不够，质量监管控制缺失，对一些新原料的使用安全性还无法开展即时准确的评估。

（7）我国化妆品的卫生法规、技术标准、标签管理等工作，由于分别属于不同的行政主管部门分管，缺乏协调统一性。

（8）化妆品检验技术不能与时俱进，特别是对化妆品中禁、限用物质及功效原料的检验技术还有待提高。

（9）部分化妆品企业生产条件简陋、生产设备落后、生产技术人员匮乏、生产管理意识薄弱，无法保证产品质量。

二、我国化妆品的安全现状

化妆品关系着人们的使用安全和身体健康，其质量安全越来越受到消费者和社会各界的关注。我国在提高化妆品供给总量、增加产品多样性及改进产品功效方面取得了令世人瞩目的成就，产品安全水平也在逐渐提高。

然而，与过去相比，虽然我国化妆品卫生状况有显著改善，但是我国化妆品安全总体形势不容乐观，近十年来，接连发生多起化妆品安全事件。2005 年国家原卫生部对北京、天津、山西、吉林、上海、江苏、浙江、福建和广东 9 省（市）生产企业、美容美发店、药店及化妆品批发市场等生产经营的宣称具有“祛痘、除螨及除皱”等功能的化妆品抗生素、糖皮质激素、雌激素等禁用物质专项监督抽检，结果显示，宣传祛痘、除螨类化妆品中，抗生素的检出率为 25.4%，宣传具有除皱功能化妆品中激素检出率为 3.2%。

上海质量技术监督局公布的 2014 年第二季度上海市化妆品商品包装监督抽查结果显示，一些品牌的化妆品包装空隙率不合格。国家质量监督检疫总局公布的《进境食品化妆品不合格信息（2014 年 8 月）》和《进境食品化妆品不合格信息（2015 年 8 月）》中，不合格化妆品分别有 13 和 20 批次，一些较昂贵的品牌化妆品也在其中。

2005 年，原卫生部通报的化妆品不良反应有 1053 例，共涉及 2295 种化妆品。通过对化妆品不良反应的监测和研究结果可以看出，化妆品不良反应的产生和分布具有一定的共性和普遍性，与化妆品的使用目的、部位、组成成分等有关，一般以女性为主，平均年龄在 20～30 岁，发病部位以面部最多，其中变应性接触性皮炎最为常见，全身性反应较少。

眼部化妆品、染发剂和面部化妆品最常引起不良反应，芳香剂和防腐剂是最常引起过敏反应的化妆品成分。芳香剂是化妆品中最常见的过敏源，存在于清洁剂、口腔卫生护理品、洗涤用品等多种化妆品中，由 10～300 种成分组成，在由化妆品引起的变应性接触性皮炎中占 30%以上。

三、不合格化妆品对人体造成的损害

影响化妆品的质量特性的因素有很多。例如，在化妆品的生产过程中，原料质量差、原料处理不当、产品配方变更、产品工艺变更、清洁不当、操作不当、交叉污染及其他人为因素等，都有可能影响到化妆品的质量特性，使之成为不合格产品。

不合格化妆品给人体造成的损害最常见的是皮肤病，这主要是指人们在日常生活中使用化妆品引起的皮肤及其附属器官的病变，是一组有不同临床表现、不同诊断和处理原则的临床综合征。发病前有明确的化妆品接触史，并且皮肤损害的原发部位是使用该化妆品的部位，这里还必须排除非化妆品因素引起的皮肤病。

根据国家发布的《化妆品皮肤病诊断标准及处理原则》，常见的化妆品皮肤病主要有 6 种。

（1）化妆品接触性皮炎：接触化妆品而引起的刺激性接触性皮炎和变应性接触性皮炎。这是化妆品皮肤病最多见的类型，多发生在面部、颈部。一般来说，使用频率较高的普通护肤品常常引起变应性接触性皮炎；而诸如除臭、祛斑、脱毛类等特殊用途化妆品，则常在接触部位引起刺激性接触性皮炎。

（2）化妆品光感性皮炎：指使用化妆品后，又经过光照而引起的皮肤炎症性改变，是化妆品中的光感物质引起皮肤黏膜的光毒性反应或光变态反应。化妆品中的光感物质可见于防腐剂、染料、香料及唇膏中的荧光物质等成分中，防晒化妆品中的遮光剂，如氨基苯甲酸及其酯类化合物，也有可能引起光感性皮炎。

（3）化妆品皮肤色素异常：指接触化妆品的局部或其邻近部位发生的慢性色素异常改变，如色素沉着和色素脱失。其中，以色素沉着较为多见，多发生于面颈部，可以单独发生，也可以和皮肤炎症同时存在，或者发生在接触性皮炎、光感性皮炎之后。

（4）化妆品痤疮：指由化妆品引起的面部痤疮样皮疹，大多是由于化妆品对毛囊口的机械性堵塞引起，如不恰当地使用粉底霜、遮瑕霜、磨砂膏等产品，引起黑头、粉刺或加重已存在的痤疮，也可能造成毛囊炎症。

（5）化妆品毛发损伤：指应用化妆品后引起的毛发损伤。化妆品损伤毛发机制多为物理及化学性损伤，可以是化妆品的直接损伤，也可能是化妆品中某些成分对毛发本身和毛囊的正常结构和功能的破坏。临床上可表现为发质的改变，发丝的断裂、分叉和脱色、质地变脆、失去光泽等，也可以发生不同程度的脱发。

（6）化妆品指甲损伤：指使用指甲化妆品所导致的指甲本身及指甲周围组织的病变。指甲化妆品包含修护用品（如表皮去除剂、磨光剂等）、涂彩用品（指甲油）和卸除用品（洗甲水）三大类，这些化妆品中多含有有机溶剂、合成树脂、有机染料、色素及某些限用化合物如丙酮、氢氧化钾、硝化纤维等，它们多数都有一定的毒性，对指甲和皮肤有刺激性，甚至导致过敏。

化妆品安全风险存在于研发、生产、流通及使用等各个环节。需要指出的是，合格的化妆品也会引起对人体的损害，如皮肤过敏等，化妆品中的某些化学成分对个别人体会产生异常的损害，这有别于不合格的、非法的或劣质的化妆品对人体所产生的必然损害，两者不能混为一谈。因此，有专家认为，参照药品不良反应的定义，化妆品不良反应的定义应为，合格的化妆品在正常和合理的用法用量下所产生的意外或与效果相反的损害。

第三节　我国目前的化妆品监管体系

随着我国经济水平的快速提升和人民群众生活质量的日益提高，化妆品行业的发展日新月异，无论从是行业规模还是产品的数量和质量都有了很大的变化。作为与人民群众生活息息相关的健康产品，国家加大了对化妆品安全的监管力度，从研发、生产、流通等全环节制定了一系列法规，保障化妆品安全。

目前的化妆品监督管理法规体系主要包括法规、部门规章、规范性文件和技术标准等部分。

1. 法规　1989 年 9 月 26 日，国务院批准制定了《化妆品卫生监督条例》，1990 年 1 月 1 日起实施。该条例分六章共 35 条，分别从化妆品生产的卫生监督、化妆品经营的卫生监督、化妆品卫生监督机构与职责等方面制定了严格的要求，并在罚则一章中明确了对各种化妆品的违规生产、销售行为按照情节轻重进行处罚。

2. 部门规章　以《化妆品卫生监督条例》为核心，我国卫生行政管理部门制定了一系列部门规章对化妆品进行监管，主要有《化妆品卫生监督条例实施细则》（1991 年 3 月 27 日原卫生部令第 13 号）。其他相关政府部门根据自身职能要求出台部门规章，如《进出口化妆品检验检疫监督管理办法》（国家质量监督检验检疫总局令第 143 号）、《化妆品标识管理规定》（2007 年 7 月 24 日国家质量监督检验检疫总局令第 100 号）、《化妆品广告管理办法》（1993 年 7 月 13 日国家工商行政管理总局令第 12 号）等。

3. 规范性文件　规范性文件主要有《化妆品安全技术规范》（2015 年版）、《关于印发化妆品行政许可申报受理规定的通知》（国食药监许〔2009〕856 号）、《关于印发化妆品命名规定和命名指南的通知》（国食药监许〔2010〕72 号）、《关于印发化妆品行政许可检验管理办法的通知》（国食药监许〔2010〕82 号）、《关于印发化妆品生产经营日常监督现场检查工作指南的通知》（国食药监许〔2010〕89 号）、《关于印发化妆品技术审评要点和化妆品技术审评指南的通知》（国食药监许〔2010〕393 号）、《关于印发国际化妆品原料标准中文名称目录（2010 年版）的通知》（国食药监许〔2010〕479 号）、《关于印发国产非特殊用途化妆品备案管理办法的通知》（国食药监许〔2011〕181 号）、《关于印发化妆品新原料申报与审评指南的通知》（国食药监许〔2011〕207 号）、《关于印发国产非特殊用途化妆品备案管理办法的通知》（国食药监许〔2011〕181 号）、《关于加快推进保健食品化妆品安全风险控制体系建设的指导意见》（国食药监许〔2011〕132 号）等。

4. 技术标准　技术标准可分为通用基础标准、卫生标准、方法标准、产品标准和原料标准几大类。

（1）通用基础标准：如《消费品使用说明化妆品通用标签》（GB 5296.3）、《化妆品分类》（GB/T 18670）、《限制商品过度包装要求 食品和化妆品》（GB 23350）、《化妆品检验规则》（QB/T 1684）、《化妆品产品包装外观要求》（QB/T 1685）等。

（2）卫生标准：如《化妆品卫生标准》（GB 7916）、《化妆品安全性评价程序和方法》（GB 7919）、《化妆品皮肤病诊断标准及处理原则》系列标准（GB 17149）等。

（3）方法标准：如《化妆品卫生化学标准检验方法》系列标准（GB/T 7917）、《化妆品微生物标准检验方法》系列标准（GB 7918）、《化妆品通用检验方法》系列标准（GB/T 13531）、《化妆品皮肤病诊断标准及处理原则总则》（GB 17149.1）、《化妆品中四十一种糖皮质激素的测定液相色谱/串联质谱法和薄层层析法》（GB/T 24800.2）、《化妆品中十九种香料的测定气相色谱—质谱法》（GB/T 24800.10）等。

（4）产品标准：如《化妆水》（QB/ T 2660）、《香水、古龙水》（QB/T 1858）、《香粉（蜜粉）》（GB/T 29991）、《洗面奶（膏）》（QB/T 1645）、《润肤膏霜》（QB/T 1857）、《化妆粉块》（QB/T 1976）、《发油》（QB/T 1862）、《洗发液（膏）》（QB/T 1974）、《洗发液、洗发膏》（GB/T 29679）、《护发素》（QB/T 1975）、《定型发胶》（QB 1644）、《发用摩丝》（QB 1643）、《染发剂》（QB/T 1978）、《发乳》（QB/T 2284）、《头发用冷烫液》（QB/T 2285）、《烫发剂》（GB/T 29678）、《发用啫喱（水）》（QB/T 2873）、《唇膏》（QB/T 1977）、《润唇膏》（GB/T 26513）、《沐浴剂》（QB 1994）、《润肤乳液》（QB 2286）、《指甲油》（QB/T 2287）、《洗手液》（QB 2654）、《浴盐》（QB/T 2744）、《护肤啫喱》（QB/T 2874）、《面膜》（QB/T 2872）等。

（5）原料标准：如《化妆品用芦荟汁、粉》（QB/T 2488）。

第四节　化妆品质量分析检测的特点和基本原则

一、化妆品质量分析检测的目的和任务

化妆品质量分析检测的目的和任务就是利用化学分析、仪器分析、生化分析、物性测试等手段来确定化妆品的卫生指标、理化指标、禁限用物质化学成分与含量、安全性等是否符合国家规定的质量标准。根据检验目的不同，可分为企业自检和政府监管部门监督检验两种类型。企业自检是为了保证和改进产品质量，政府部门监督检验是为了对产品进行行政许可和监管，维护消费者安全。

二、化妆品质量分析检测的特点

化妆品的种类繁多，成分复杂，检测的内容很丰富，检测方法亦多种多样，具有以下特点。

1. 检测对象多样化　化妆品分析检测的对象包括原料（基质原料和辅料）、半成品、成品、生产设备、生产环境及人员卫生状况等，涉及种类多、范围广。其中，对基质原料的检测又包括油质原料、粉质原料、胶质原料和溶剂原料。对辅料的检测则包括表面活性剂、香料香精、防腐剂、着色剂、抗氧化剂、包材及其他功能原料如防晒剂、保湿剂、美白剂、染发剂、烫发剂等。

2. 检测指标多样化　除常规感官检测指标、理化检测指标、卫生化学检测指标、微生物检测指标和有害成分检测指标外，根据产品属性，还有许多针对性的检测指标，见表 1-1。

表 1-1　化妆品分析检测指标类型及检测内容

检测指标类型		具体内容
感官检测		色泽、香型、外观、触感和摩擦感、涂抹效果等
理化检测	通用物理参数测定	密度、熔点、沸点、色度、黏度、折光率、旋光度、水分、pH、电导率等
	通用化学参数测定	酸值、酯值、碘值、皂化值、不皂化物、总脂肪物、氧化脂肪酸等

续表

检测指标类型		具体内容
卫生检测		铅、汞、砷、甲醇等
微生物检测		菌落总数、金黄色葡萄球菌、铜绿假单胞杆菌、大肠杆菌、真菌与酵母菌等
有害成分检测	禁用成分检测	斑蝥素、六氯代苯、汞和汞化合物、铅和铅化合物、乌头碱及其盐类、砷及砷化合物、硒及硒化合物、疫苗、毒素或血清、抗生素类、肾上腺素、糖皮质激素、雌激素类、孕激素类、苯、二硫化碳、四氯化碳、人的组织细胞或其他产品、利多卡因、麻醉药类等，以及白芷、杭白芷、大风子、北五加皮、白附子、白花丹等毒性中药
	限用成分检测	香水和香料中的苯甲醇、口腔卫生产品中的氟化钙和单氟磷酸钙、生发剂中的斑蝥素、洗头香波中的奎宁及其盐类、去头屑香波中的硫化硒、染发剂中的无机亚硫酸盐类和亚硫酸氢盐类、护发产品中的过氧化锶、睫毛和眉毛产品中的硝酸银、指甲硬化剂中的甲醛、人造指甲中的过氧苯甲酰、氢醌和氢醌二甲基醚等。
针对性检测		化妆粉块的疏水性、染发产品的泡沫性、染发产品的染发能力、指甲油的干燥时间、气雾剂产品的喷出率等
其他	功效物质检验、标签标识检测、计量检验等	

3. 检测手段多样化　化妆品分析检测的手段既有常用的化学分析方法，如用氢氧化钾-乙醇溶液加热水解测定香料的酯值或含酯量；也有先进的仪器分析方法，如用分光光度法测定化妆品中砷的含量，液相色谱-紫外检测法测定化妆品中甲醛的含量。而对化妆品的感官指标如色泽、香型等进行检测时，则不需要检测仪器与试剂，只凭借人的视觉、嗅觉进行判断即可。

三、化妆品质量分析检测的基本原则

无论是企业自检还是政府监督检验，化妆品分析检测均应遵循质量、安全、快速、可操作和经济的原则。

（1）质量原则：要求保证检测质量，即检测方法成熟稳定，具有较高的精密度、准确度和良好的选择性，确保实验数据和结论的科学性、可信性和重复性。

（2）安全原则：要求所使用的检测方法不会对操作人员造成危害和对环境造成污染或形成安全隐患。

（3）快速原则：鉴于化妆品分析检测的对象大多为现场检测或大量样品的筛选，因此，要求所使用的检测方法必须反应速率快，检测效率高。

（4）可操作原则：要求检测方法的操作步骤简单明确，具备专业基础知识的人员经过短期培训都可以理解与掌握。

（5）经济原则：要求检测方法所需要的条件易于达到，便于普及。

四、化妆品质量分析检测技术操作的一般要求

化妆品质量分析检测技术操作的一般要求规定如下。

（1）名词及单位：符合国家规定的标准要求。

（2）计量器具：按照国家规定及规程计量和校正。

（3）称量精密度：用数值的有效数位表示，其中，准确称取是指用精密天平进行的称量操作，其精度为±0.0001g；吸取是指用移液管、刻度吸量管取液体物质的操作。

（4）使用试剂：均为分析纯，所使用的水为满足分析要求的蒸馏水、软化水或其他相当纯度的水，除非特别声明。

（5）采样：必须注意样品的生产日期、批号、代表性和均匀性。

（6）检验方法的选择：同一检验项目，如有两个或两个以上检验方法时，可根据不同条件选择使用，但必须以国家标准（GB）方法中的第一种为仲裁方法。

（7）检验相关要求：①必须做空白试验。空白试验是指除不加样品外，采用完全相同的分析步骤、试剂和用量进行平行操作所得的结果，用于扣除样品中试剂本底和计算检验方法的检出限。②必须做平行试验。

（8）备查：样品在检验结束后应保留一个月，以备需要时复查。

第二章

化妆品质量分析检测的基础知识

第一节　数 值 修 约

一、术语和定义

1. 数值修约 通过省略原数值的最后若干位数字，调整所保留的末位数字，使最后所得到的值最接近原数值的过程。经数值修约后的数值称为（原数值的）修约值。

2. 修约间隔　修约值的最小数值单位。修约间隔的数值一经确定，修约值即为该数值的整数倍。如指定修约间隔中为 0.1，修约值应在 0.1 的整数倍中选取，相当于将数值修约到一位小数；如指定修约间隔为 100，修约值应在 100 的整数倍中选取，相当于将数值修约到“百”数位。

3. 极限数值　标准（或技术规范）中规定考核的以数量形式给出且符合该标准（或技术规范）要求的指标数值范围的界限值。

二、数值修约规则

1. 确定修约间隔

（1）指定修约间隔为 10^{-n}（n 为正整数），或指明将数值修约到 n 位小数。

（2）指定修约间隔为 1，或指明将数值修约到“个”数位。

（3）指定修约间隔为 $10n$（n 为正整数），或指明将数值修约到 $10n$ 数位，或指明将数值修约到“十”“百”“千”……数位。

2. 进舍规则

（1）拟舍弃数字的最左一位数字小于 5，则舍去，保留其余各位数字不变。例如，将 12.1498 修约到个数位，得 12；将 12.1498 修约到一位小数，得 12.1。

（2）拟舍弃数字的最左一位数字大于 5，则进一，即保留数字的末位数字加 1。例如，将 1268 修约到“百”数位，得 13×10^2（特定场合可写为 1300）。

（3）拟舍弃数字的最左一位数字是 5，且其后有非 0 数字时进一，即保留数字的末位数字加 1。例如，将 10.5002 修约到个数位，得 11。

（4）拟舍弃数字的最左一位数字为 5，且其后无数字或皆为 0 时，若所保留的末位数字为奇数（1，3，5，7，9），则进一，即保留数字的末位数字加 1；若所保留的末位数字为偶数（0，2，4，6，8），则舍去。例如，修约间隔为 0.1 时，拟修约数值 1.050 修约为 10×10^{-1}。

（5）负数修约时，先将它的绝对值按（1）～（4）的规定进行修约，然后在所得值前面加上负号。例如，将“−0.0365”修约到三位小数为“-36×10^{-3}”。

（6）不得多次连续修约。拟修约数字应在确定修约间隔或指定修约数位后一次修约获得结果，不得多次连续修约。例如，修约 97.46，修约间隔为 1。正确的做法：97.46→97；

不正确的做法：97.46→97.5→98。

3. 修约程序 在具体实施中，有时测试与计算部门先将获得数值按指定的修约数位多一位或几位报出，而后由其他部门判定。为避免产生连续修约的错误，应按下述步骤进行。

（1）报出数值最右的非零数字为 5 时，应在数值右上角加“+”或加“–”或不加符号，分别表明已进行过舍、进或未舍未进。例如，16.50^{+} 表示实际值大于 16.50，经修约舍弃为 16.50；16.50^{-}表示实际值小于 16.50，经修约进一为 16.50。

（2）若对报出值需进行修约，当拟舍弃数字的最左一位数字为 5，且其后无数字或皆为零时，数值右上角有“+”者进一，有“–”者舍去。数字修约到个数位示例见表 2-1。

表 2-1 数字修约到个数位示例

实测值	报出值	修约值
15.454 6	15.5^{-}	15
–15.454 6	-15.5^{-}	–15
16.520 3	16.5^{+}	17
–16.520 3	-16.5^{+}	–17
17.500 0	17.5	18

4. 0.5 单位修约和 0.2 单位修约

（1）0.5 单位修约（半个单位修约）：0.5 单位修约是指按指定修约间隔对拟修约的数值 0.5 单位进行的修约。0.5 单位修约方法如下：将拟修约数值 X 乘以 2，按指定修约间隔对 $2X$ 进行修约，所得数值（小于 $2X$ 修约值）再除以 2。按 0.5 单位修约到个位数示例见表 2-2。

表 2-2 按 0.5 单位修约到个位数示例

拟修约数值 X	$2X$	$2X$ 修约值	X 修约值
48.25	96.50	96	48.0
48.38	96.76	97	48.5
48.28	96.56	97	48.5
–48.75	–97.50	–98	–49

（2）0.2 单位修约：0.2 单位修约是指按指定修约间隔对拟修约的数值 0.2 单位进行的修约。0.2 单位修约方法如下：将拟修约数值 X 乘以 5，按指定修约间隔对 $5X$ 进行修约，所得数值（$5X$ 修约值）再除以 5。按 0.2 单位修约到百位数示例见表 2-3。

表 2-3 按 0.2 单位修约到百位数示例

拟修约数值 X	$5X$	$5X$ 修约值	X 修约值
830	4150	4200	840
842	4210	4200	840
832	4160	4200	840
–930	–4650	–4600	–920

三、极限数值的表示和判定

1. 书写极限数值的一般原则

（1）规定考核的以数量形式给出的指标或参数等，应当规定极限数值。极限数值表示符合要求的数值范围的界限值，它通过给出最小极限值和（或）最大极限值，或给出基本数值与极限偏差值等方式表达。

（2）极限数值的表示形式及书写位数应适当，其有效数字应全部写出。书写位数表示的精确程度，应能保证产品或其他对象应有的性能和质量。

2. 表示极限数值的用语

（1）表达极限数值的基本用语及符号见表 2-4。

表 2-4　表达极限数值的基本用语及符号

基本用语	符号	特定情形下的基本用语			备注
大于 *A*	$>A$		多于 *A*	高于 *A*	测定值或计算值恰好为 *A* 值时不符合要求
小于 *A*	$<A$		少于 *A*	低于 *A*	测定值或计算值恰好为 *A* 值时不符合要求
大于或等于 *A*	$\geqslant A$	不小于 *A*	不少于 *A*	不低于 *A*	测定值或计算值恰好为 *A* 值时符合要求
小于或等于 *A*	$\leqslant A$	不大于 *A*	不多于 *A*	不高于 *A*	测定值或计算值恰好为 *A* 值时符合要求

注：*A* 为极限数值。

（2）基本用语可以组合使用表示极限值范围。

对特定的考核指标 *X*，允许采用表 2-5 中的用语和符号，同一技术文件中一般只应使用一种符号表示方式。

表 2-5　对于特定的考核指标 *X* 允许采用的表达极限数值的组合用语及符号

组合基本用语	组合允许用语	符号		
		表示方式Ⅰ	表示方式Ⅱ	表示方式Ⅲ
大于或等于 *A* 且小于或等于 *B*	从 *A* 到 *B*	$A\leqslant X\leqslant B$	$A\leqslant\cdot\leqslant B$	$A\sim B$
大于 *A* 且小于或等于 *B*	超过 *A* 到 *B*	$A<X\leqslant B$	$A<\cdot\leqslant B$	$>A\sim B$
大于或等于 *A* 且小于 *B*	至少 *A* 不足 *B*	$A\leqslant X<B$	$A\leqslant\cdot<B$	$A\sim<B$
大于 *A* 且小于 *B*	超过 *A* 不足 *B*	$A<X<B$	$A<\cdot<B$	

（3）基本数值 *A* 带有绝对极限上偏差值 $+b_1$ 和绝对极限下偏差值 $-b_2$，指从 $A-b_2$ 到 $A+b_1$，符合要求，记为 $A_{-b_2}^{+b_1}$。当 $b_1=b_2=b$ 时，$A_{-b_2}^{+b_1}$ 可简记为 $A\pm b$。

（4）基本数值 *A* 带有相对极限上偏差值 $+b_1\%$ 和相对极限下偏差值 $-b_2\%$，指实测值或其计算值 *R* 对于 *A* 的相对偏差值 $[(R-A)/A]$ 从 $-b_2\%$ 到 $+b_1\%$ 符合要求，记为 $A_{-b_2}^{+b_1}\%$。当 $b_1=b_2=b$ 时，可记为 $A(1\pm b\%)$。

（5）对于基本数值 *A*，若极限上偏差值 $+b_1$ 和（或）极限下偏差值 $-b_2$ 使得 $A+b_1$ 和（或）$A-b_2$ 不符合要求，则应附加括号，写成 $A_{-b_2}^{+b_1}$（不含 b_1 和 b_2）或 $A_{-b_2}^{+b_1}$（不含 b_1）、$A_{-b_2}^{+b_1}$（不含 b_2）。

3. 测定值或其计算值与规定的极限数值作比较的方法　在判定测定值或其计算值是否符合要求时，应将测试所得的测定值或其计算值与规定的极限数值作比较，比较的方法可采用全数值比较法或修约值比较法。

当有关文件中对极限数值（包括带有极限偏差值的数值）无特殊规定时，均应使用全数值比较法。如果规定采用修约值比较法，则应加以说明。当规定了使用其中一种比较方法时，一经确定，不得改动。

（1）全数值比较法：将测试所得的测定值或计算值不经修约处理（或虽经修约处理，但应标明它是经舍、进或未进未舍而得），用该数值与规定的极限数值作比较，只要超出极限数值规定的范围（不论超出程度大小），都判定为不符合要求。示例见表 2-6。

表 2-6 全数值比较法和修约值比较法的示例和比较

项目	极限数值	测定值或其计算值	按全数值比较是否符合要求	修约值	按修约值比较是否符合要求
中碳钢抗拉强度/MPa	≥14×100	1349	不符合	13×100	不符合
		1351	不符合	14×100	符合
		1400	符合	14×100	符合
		1402	符合	14×100	符合
NaOH 的质量分数/%	≥97.0	97.01	符合	97.0	符合
		97.00	符合	97.0	符合
		96.96	不符合	97.0	符合
		96.94	不符合	96.9	不符合
中碳钢的硅的质量分数/%	≤0.5	0.452	符合	0.5	符合
		0.500	符合	0.5	符合
		0.549	不符合	0.5	符合
		0.551	不符合	0.6	不符合
中碳钢的锰的质量分数/%	1.2～1.6	1.151	不符合	1.2	符合
		1.200	符合	1.2	符合
		1.649	不符合	1.6	符合
		1.651	不符合	1.7	不符合
盘条直径/mm	10.0±0.1	9.89	不符合	9.9	符合
		9.85	不符合	9.8	不符合
		10.10	符合	10.1	符合
		10.16	不符合	10.2	不符合
盘条直径/mm	10.0±0.1（不含 0.1）	9.94	符合	9.9	不符合
		9.96	符合	10.0	符合
		10.06	符合	10.1	不符合
		10.05	符合	10.0	符合
盘条直径/mm	10.0±0.1（不含+ 0.1）	9.94	符合	9.9	符合
		9.86	不符合	9.9	符合
		10.06	符合	10.1	不符合
		10.05	符合	10.0	符合
盘条直径/mm	10.0±0.1（不含−0.1）	9.94	符合	9.9	不符合
		9.86	不符合	9.9	不符合
		10.06	符合	10.1	符合
		10.05	符合	10.0	符合

（2）修约值比较法：将测定值或其计算值进行修约，修约数位应与规定的极限数值数位一致。

当测试或计算精度允许时，应先将获得的数值按指定的修约数位多一位或几位报出，然后按规定修约至规定的数位。将修约后的数值与规定的极限数值进行比较，只要超出极限数值规定的范围（不论超出程度大小），都判定为不符合要求。示例见表 2-6。

（3）两种判定方法的比较：对测定值或其计算值与规定的极限数值在不同情形用全数值比较法和修约值比较法的比较结果的示例见表 2-6。对同样的极限数值，若它本身符合要求，则全数值比较法比修约值比较法相对较严格。

第二节　试验数据的处理和误差分析

一、误差的定义和分类

1. 误差的定义　一个物体的尺寸或质量，一种材料的抗拉强度或弹性模量都存在一个客观真正的值，称为真值。在对其进行测量时，得到的结果称为实测值。误差就定义为实测值与真值之差，其公式为

$$\varepsilon = x - x_0 \tag{2-1}$$

式中：

ε——误差；

x 和 x_0——分别为实测值和真值。

（1）在测量中，如果 x_0 代表某一物体的真实长度，x 代表某一次的实测值，则 $\varepsilon = x - x_0$ 就表示测量误差。由于真值 x_0 是未知的，在经过多次测量后，便可得到测量值的算术平均值 $\bar{x}$，用 $\bar{x}$ 代替 x_0，便可得 $\nu = x - \bar{x}$，称 ν 为测量的偏差（或离差）。有时，可用对偏差的分析来代替对误差的分析。

（2）在生产上，产品的某项技术参数往往给定一个标称值，这时将其作为真值 x_0。误差 $\varepsilon = x - x_0$ 就表示某一实测值与标称值之差。

（3）在计算中，某物体的运动速度为（100±0.1）m/s，其中 100m/s 代表真值 x_0，而 ±0.1m/s 表示误差，称它为计算误差。

2. 真值和平均值　由于测量仪器、测量方法、环境、人的观察能力等条件的限制，真值往往是无法测得的。但当测量的次数不断增加时，根据随机的正误差和负误差出现的概率相等并抵消的原理，在没有系统误差的条件下，平均值会趋近于真值。基于这种思想，用平均值（即子样的平均值）来估计和推断真值（在一定的量置信度下），并在条件许可的情况下，尽量增加测量次数。

（1）算术平均值：设一组观测值为 x_1，x_2，…，x_n，n 是观测次数，则算术平均值 $\bar{x}$ 定义为

$$\bar{x} = \frac{1}{n}(x_1 + x_2 + \cdots + x_n) = \frac{1}{n}\sum_{i=1}^{n} x_i \tag{2-2}$$

假设观测值 x_i 服从正态分布，则可证明，在一组等精度的测量中算术平均值为最佳值。

（2）均方根平均值：这种方法来源于计算分子的平均动能，后推广用于误差的计算中，其定义为

$$\bar{x} = \frac{1}{\sqrt{n}}\sqrt{x_1^2 + x_2^2 + \cdots + x_n^2} = \sqrt{\frac{1}{n}\sum_{i=1}^{n} x_i^2} \tag{2-3}$$

（3）加权平均值：如对同一物理量用不同方法测定，或由不同的人员测定，则在计算平均值中常常对比较可靠的数据予以加权，然后再平均，称加权平均，其定义为

$$\overline{x}=\frac{w_1x_1+w_2x_2+\cdots+w_nx_n}{w_1+w_2+\cdots+w_n}=\sum_{i=1}^{n}w_ix_i\Big/\sum_{i=1}^{n}w_i \quad (2\text{-}4)$$

式中：

x_1，$x_2, \cdots, x_n$——一组观测值；

w_1，$w_2, \cdots, w_n$——对应于各观测值的加权数。

（4）中位值：将一组观测值按从小到大（或从大到小）的次序排列，则处在最中间位置的值就称为中位值。如果观测次数 n 为奇数，则排列在中间的那个数就是中位值。如果 n 为偶数，则中位值就是位于中间两个数的平均值。中位值的最大优点是求法简单，且与两端数据的变化无关，在数理统计中应用很广。

（5）几何平均值：一组 n 个观测值连乘，然后再开 n 次方得到的值称为几何平均值，其公式为

$$\overline{x}=\sqrt[n]{x_1x_2\cdots x_n} \quad (2\text{-}5)$$

上式两边取对数，则

$$\lg\overline{x}=\frac{1}{n}[\lg x_1+\lg x_2+\cdots+\lg x_n]=\frac{1}{n}\sum_{i=1}^{n}\lg x_i \quad (2\text{-}6)$$

上式说明，一组观测值取对数后的算术平均值，它的反对数就是这组观测值的几何平均值。

3. 误差的分类 在测量中，无论所用的仪器多么精密，方法多么完善，试验者多么细心，所得结果往往也不尽相同。在生产中，尽管工艺和加工方法均一致，最后产品的尺寸、重量或其他技术参数也会存在差异。在计算中，计算工具的精度不同或计算方法不同也会带来不同的舍弃误差。

误差可按不同的方法分类。按误差的绝对值和相对值可分为绝对误差和相对误差，按误差的性质及其产生原因，误差可分为系统误差、偶然误差和过失误差。

（1）系统误差：指在重复测量中，其值恒定不变或遵循一定规律变化的一类误差，又称确定性误差或恒定误差。系统误差的来源主要有工具误差、装置误差、人身误差、外界误差和方法误差。

工具误差指由测量工具、仪器等产生的误差，又称为仪差。它是由于测量工具或仪器不完善而产生的，如刻度不准、砝码未校正等。

装置误差指由于测量设备和仪器的电路、安装、布置和调整不恰当而造成的误差。

人身误差（个人误差或人差）指由于测量人员的感觉器官不完善而引起的误差，如某人在读数时视线总是偏向一边，从而造成读数误差，这种误差往往因人而异。

外界误差（环境误差）指由于周围环境如温度、气压、温度和电磁场等的影响而产生的误差。

方法误差（理论误差）指由于测量方法本身所依据的理论、模型不完善所带来的误差。

系统误差的出现是有规律的，其产生的原因是可知的和能够找到的。对试验中所用的测量工具、仪器的精度进行鉴定，便可降低系统误差。对于不能消除的系统误差，要设法估计出其数值大小，以便进行修正。

（2）偶然误差（随机误差）：在消除了系统误差或降低系统误差至一定范围后，对同一对象进行反复测量时，结果也会出现差异，这时产生的误差称为偶然误差。

偶然误差的特点是时大时小，时正时负，其产生原因是多方面的、不确知的，因而也

是无法控制的。在同样条件下，对同一个物理量作重复测定，若测量次数足够多，则可发现偶然误差完全服从统计性规律。当测量次数无限增大时，偶然误差的算术平均值将趋近于零，因此，多次测量结果的算术平均值将接近于真值。

二、直接测定量的误差表示法

通过测量能直接得到结果的量称为直接测定量，如人的高度和重量、拉伸试样的载荷和伸长量等。通过几个量的测量后要经过计算才能得到的量称为间接测定量，如物质的密度、熔点、沸点、折光率等。

1. 误差的分布规律　在不致引起误会的情况下，常把偶然误差简称为误差。误差的特点有：①绝对值相等的正误差和负误差，其出现的概率相同；②绝对值小的误差出现的概率大，而绝对值大的误差出现的概率小；③误差有一定的极限，绝对值很大的误差出现的概率接近于零；④当测量次数 $n\to\infty$时，误差的算术平均值趋近于零，这是由于正负误差互相抵消的结果。

2. 误差的表示方法

（1）范围误差：是指一组测量值中最大值与最小值之差，表示误差的变化范围。例如，对某样品进行试验得到 10 个抗拉强度 R_m（MPa）的数据为 745、750、751、759、763、766、770、781、784、785，则其范围误差为（785—745）MPa= 40 MPa。范围误差的优点是直观、简便，缺点是只取决于一组测量值的两个极端值，而与测量次数无关，与中间数据的大小无关，这显然与偶然误差和测量次数有关这一事实相违背。

（2）算术平均误差：是表示误差的较好方法，其定义为

$$\delta = \frac{1}{n}\sum_{i=1}^{n}\left|x_i - \overline{x}\right| \tag{2-7}$$

式中：

δ——算术平均误差；

x_i——第 i 个观测值；

$\overline{x}$——n 个观测值的算术平均值；

$\left|x_i - \overline{x}\right|$——偏差的绝对值。

因为偏差有正有负，所以取绝对值加以平均。以上面 10 个 R_m 数据为例，其中 $\overline{x} = 765.4$ 计算得到 δ=11.8。算术平均误差的优点是比范围误差精细，考虑了每一个$\left|x_i - \overline{x}\right|$，其缺点是无法鉴别两组测量值间的偏差大小。例如，有两组测量值，尽管其 δ 可相等，但其偏差$(x_i - \overline{x})$可以很分散。

（3）标准误差：也称均方根误差，其计算式为

$$\sigma = \sqrt{\frac{1}{n}\sum_{i=1}^{n}\left(x_i - \overline{x}\right)^2} \tag{2-8}$$

在观测次数 n 较小时，标准误差常表示为

$$\sigma = \sqrt{\frac{1}{n-1}\sum_{i=1}^{n}\left(x_i - \overline{x}\right)^2} \tag{2-9}$$

标准误差 σ 是各观测值 x_i 的函数，且对 x_i 的大小比较敏感，所以是表示精密度的一个较好的指标，已广泛用于误差分析中。

三、平均值的置信区间

在报告化验结果中仅写出平均值的数值是不够确切的，有时需用平均值的置信区间来说明。

在一定置信度下，以平均值为中心，包括真实值的可能范围称为平均值的置信区间，又称为可靠性区间界限，用下式表示：

$$平均值的置信区间=\overline{x}\pm t\frac{S}{\sqrt{n}}=\overline{x}\pm tS_{\overline{x}} \tag{2-10}$$

式中：

$\overline{x}$——算术平均值；

S——标准偏差；

n——测定次数；

t——置信系数，见表 2-7；

$S_{\overline{x}}$——平均值的标准偏差。

表 2-7　置信系数 t

自由度 $f=n-1$	置信度（P）		
	90%时 t 值	95%时 t 值	99%时 t 值
1	6.31	12.71	63.66
2	2.92	4.30	9.92
3	2.35	3.18	5.84
4	2.13	2.78	4.60
5	2.01	2.57	4.03
6	1.94	2.45	3.71
7	1.90	2.36	3.50
8	1.86	2.31	3.35
9	1.83	2.26	3.25
10	1.81	2.23	3.17
20	1.72	2.09	2.84
30	1.70	2.04	2.75
60	1.67	2.00	2.66
120	1.66	1.98	2.62
∞	1.64	1.96	2.58

假设要求化验结果的准确度有 95%的可靠性，这个 95%就称为置信度，又称置信水平，它表示对化验结果的可信程度。置信度是根据化验对准确度的要求来确定的。

第三节　溶液的配制

一、分析检测用水的要求

在化妆品分析中需要用到大量的水，如器皿的洗涤、试剂的配制等，自来水或天然水由于存在各种盐类、有机物、微生物、颗粒物等而不能直接用于化妆品的分析检测。因此，需要将水纯化，制备出满足化妆品检测需要的纯水。根据《分析实验室用水规格和试验方法》（GB/T6682）的规定，分析实验室用水分为三个等级，它们的技术指标要求有一定差异（表 2-8）。

（1）一级水：一般用二级水经过蒸馏或离子交换后，再经过 0.22μm 滤膜过滤，纯度最高，基本上不含有溶解或胶态离子杂质及有机物，常用于高效液相色谱分析等。

（2）二级水：一般用三级水经过蒸馏、离子交换等方法来制备，可含有微量的溶解或胶态离子杂质及有机物，常用于无机痕量分析。

（3）三级水：用自来水经过蒸馏、离子交换等方法来制备，常用于实验常规分析。

表 2-8　实验室用水的技术指标

项目		一级水	二级水	三级水
外观		无色透明液体	无色透明液体	无色透明液体
pH 范围（25℃）		—	—	5.0～7.5
吸光度（254nm，1cm 光程）	≤	0.001	0.010	—
电导率（25℃），（mS/m）	≤	0.01	0.10	0.50
可氧化物质（以 O 计），（mg/L）<		—	0.08	0.40
可溶性硅（以 SiO_2 计），（mg/L）<		0.01	0.02	—
蒸发残渣（105℃±2℃），（mg/L）	≤	—	1.0	2.0

一般情况下，一级水现用现制，二级、三级水可适量储存在经过清洁处理并用同级水洗涤过的密闭的聚乙烯容器中。

二、常用标准溶液的配制和标定

1. 盐酸标准滴定溶液

（1）配制

1）盐酸标准滴定溶液[c（HCl）=1mol/L]：量取 90ml 盐酸，加适量水并稀释至 1000ml，混匀。

2）盐酸标准滴定溶液[c（HCl）=0.5mol/L]：按①操作，但盐酸的量改为 45ml。

3）盐酸标准滴定溶液[c（HCl）=0.1mol/L]：按①操作，但盐酸的量改为 9ml。

4）溴甲酚绿-甲基红混合指示液：量取 30ml 溴甲酚绿乙醇溶液（2g/L），加入 20ml 甲基红乙醇溶液（1g/L），混匀。

（2）标定

1）盐酸标准滴定溶液[c（HCl）=1mol/L]：准确称取约 1.5g 在 270～300℃干燥至恒重的基准无水碳酸钠，加 50ml 水使之溶解，加 10 滴溴甲酚绿-甲基红混合指示液，用本溶液滴定至溶液由绿色转变为紫红色，煮沸 2min，冷却至室温，继续滴定直到溶液由绿色变为暗紫色。

2）盐酸标准滴定溶液[c（HCl）=0.5mol/L]：按①操作，但基准无水碳酸钠的量改为约 0.8g。

3）盐酸标准滴定溶液[c（HCl）=0.1mol/L]：按①操作，但基准无水碳酸钠的量改为约 0.15g。

4）同时做试剂空白试验。

（3）计算：盐酸标准滴定溶液的浓度按式（2-11）计算。

$$c=\frac{m}{(V_1-V_2)\times 0.0530} \quad (2\text{-}11)$$

式中：

c——盐酸标准滴定溶液的实际浓度，单位为摩尔每升（mol/L）；

m——基准无水碳酸钠的质量，单位为克（g）；

V_1——盐酸标准溶液用量，单位为毫升（ml）；

V_2——试剂空白试验中盐酸标准溶液用量，单位为毫升（ml）；

0.0530——与 1.00ml 盐酸标准滴定溶液[c（HCl）=1mol/L]相当的基准无水碳酸钠的质量，单位为克（g）。

2. 硫酸标准滴定溶液

（1）配制

1）硫酸标准滴定溶液[c（$1/2H_2SO_4$）=1mol/L]：量取 30ml 硫酸，缓缓注入适量水中，冷却至室温，再用水稀释至 1000ml，混匀。

2）硫酸标准滴定溶液[c（$1/2H_2SO_4$）=0.5mol/L]：按①操作，但硫酸的量改为 15ml。

3）硫酸标准滴定溶液[c（$1/2H_2SO_4$）=0.1mol/L]：按①操作，但硫酸的量改为 3ml。

（2）标定

1）硫酸标准滴定溶液[c（$1/2H_2SO_4$）=1mol/L]：准确称取约 1.5g 在 270～300℃干燥至恒重的基准无水碳酸钠，加 50ml 水使之溶解，加 10 滴溴甲酚绿-甲基红混合指示液，用本溶液滴定至溶液由绿色转变为紫红色，煮沸 2min，冷却至室温，继续滴定直到溶液由绿色变为暗紫色。

2）硫酸标准滴定溶液[c（$1/2H_2SO_4$）=0.5mol/L]：按 1）操作，但基准无水碳酸钠的量改为约 0.8g。

3）硫酸标准滴定溶液[c（$1/2H_2SO_4$）=0.1mol/L]：按 1）操作，但基准无水碳酸钠的量改为约 0.15g。

（3）计算：硫酸标准滴定溶液的浓度按式（2-12）计算。

$$c=\frac{m}{(V_1-V_2)\times 0.0530} \quad (2\text{-}12)$$

式中：

c——硫酸标准滴定溶液的实际浓度，单位为摩尔每升（mol/L）；

m——基准无水碳酸钠的质量，单位为克（g）；

V_1——硫酸标准溶液用量，单位为毫升（ml）；

V_2——试剂空白试验中硫酸标准溶液用量，单位为毫升（ml）；

0.0530——与 1.00ml 硫酸标准滴定溶液[c（$1/2H_2SO_4$）=1mol/L]相当的基准无水碳酸钠的质量，单位为克（g）。

3. 氢氧化钠标准滴定溶液

（1）配制

1）氢氧化钠饱和溶液：称取 120g 氢氧化钠，加 100ml 水，振摇使之溶解成饱和溶液，冷却后置于聚乙烯塑料瓶中，密塞，放置数日，澄清后备用。

2）氢氧化钠标准滴定溶液[c（NaOH）=1mol/L]：吸取 56ml 澄清的氢氧化钠饱和溶液，

加适量新煮沸过的冷水至 1000ml，摇匀。

3）氢氧化钠标准滴定溶液[c（NaOH）=0.5mol/L]：按 2）操作，但氢氧化钠饱和溶液的量改为 28ml。

4）氢氧化钠标准滴定溶液[c（NaOH）=0.1mol/L]：按 2）操作，但氢氧化钠饱和溶液的量改为 5.6ml。

5）酚酞指示液：称取酚酞 1g 溶于适量乙醇中，再稀释至 100ml。

（2）标定

1）氢氧化钠标准滴定溶液[c（NaOH）=1mol/L]：准确称取约 6g 在 105～110℃干燥至恒重的基准邻苯二甲酸氢钾，加 80ml 新煮沸过的冷水，使之尽量溶解，加 2 滴酚酞指示液，用本溶液滴定至溶液呈粉红色，0.5min 不褪色。

2）氢氧化钠标准滴定溶液[c（NaOH）=0.5mol/L]：按 1）操作，但基准邻苯二甲酸氢钾的量改为约 3g。

3）氢氧化钠标准滴定溶液[c（NaOH）=0.1mol/L]：按 1）操作，但基准邻苯二甲酸氢钾的量改为约 0.6g。

4）同时做空白试验。

（3）计算：氢氧化钠标准滴定溶液的浓度按式（2-13）计算。

$$c = \frac{m}{(V_1 - V_2) \times 0.2042} \qquad (2\text{-}13)$$

式中：

c——氢氧化钠标准滴定溶液的实际浓度，单位为摩尔每升（mol/L）；

m——基准邻苯二甲酸氢钾的质量，单位为克（g）；

V_1——氢氧化钠标准溶液用量，单位为毫升（ml）；

V_2——试剂空白试验中氢氧化钠标准溶液用量，单位为毫升（ml）；

0.2042——与 1.00ml 氢氧化钠标准滴定溶液[c（NaOH）=1mol/L]相当的基准邻苯二甲酸氢钾的质量，单位为克（g）。

4. 氢氧化钾标准滴定溶液[c（KOH）=0.1mol/L]

（1）配制：称取 6g 氢氧化钾，加入新煮沸过的冷水溶解，稀释至 1000ml，混匀。

（2）标定：准确称取 0.6g 在 105～110℃干燥至恒重的基准邻苯二酸氢钾，加 80ml 新煮沸过的冷水，使之尽量溶解，加 2 滴酚酞指示液，用本溶液滴定至溶液呈粉红色，0.5min 不褪色。同时做空白试验。

（3）计算：氢氧化钾标准滴定溶液的浓度按式（2-14）计算。

$$c = \frac{m}{(V_1 - V_2) \times 0.2042} \qquad (2\text{-}14)$$

式中：

c——氢氧化钾标准滴定溶液的实际浓度，单位为摩尔每升（mol/L）；

m——基准邻苯二酸氢钾的质量，单位为克（g）；

V_1——氢氧化钾标准溶液用量，单位为毫升（ml）；

V_2——试剂空白试验中氢氧化钾标准溶液用量，单位为毫升（ml）；

0.2042——与 1.00ml 氢氧化钾标准滴定溶液[c（KOH）=1mol/L]相当的基准邻苯二甲酸氢钾的质量，单位为克（g）。

5. 高锰酸钾标准滴定溶液[c（$1/5KMnO_4$）=0.1mol/L]

（1）配制：称取3.3g高锰酸钾，加1000ml水，煮沸15min，加塞静置2天以上。过滤，置于具玻璃塞的棕色瓶中密塞保存。

（2）标定：准确称取约0.2g在110℃干燥至恒重的基准草酸钠，加入250ml新煮沸过的冷水、10ml硫酸，搅拌使之溶解，迅速加入约25ml高锰酸钾溶液。待褪色后加热至65℃，继续用高锰酸钾溶液滴定至溶液呈微红色，保持0.5min不褪色。滴定终了时，溶液温度应不低于55℃。同时做空白试验。

（3）计算：高锰酸钾标准滴定溶液的浓度按式（2-15）计算。

$$c=\frac{m}{(V_1-V_2)\times 0.0670} \tag{2-15}$$

式中：

c——高锰酸钾标准滴定溶液的实际浓度，单位为摩尔每升（mol/L）；

m——基准草酸钠的质量，单位为克（g）；

V_1——高锰酸钾标准溶液用量，单位为毫升（ml）；

V_2——试剂空白试验中高锰酸钾标准溶液用量，单位为毫升（ml）；

0.0670——与1.00ml高锰酸钾标准滴定溶液[c（$1/5KMnO_4$）=1mol/L]相当的基准草酸钠的质量，单位为克（g）。

6. 草酸标准滴定溶液[c（$1/2H_2C_2O_4·2H_2O$）=0.1mol/L]

（1）配制：称取6.4g草酸，加适量水使之溶解，稀释至1000ml，混匀。

（2）标定：吸取25ml草酸标准溶液，加入250ml新煮沸过的冷水、10ml硫酸，搅拌使之溶解，迅速加入约25ml高锰酸钾溶液。待褪色后加热至65℃，继续用高锰酸钾溶液滴定至溶液呈微红色，保持0.5min不褪色。滴定终了时，溶液温度应不低于55℃。同时做空白试验。

（3）计算：草酸标准滴定溶液的浓度按式（2-16）计算。

$$c=\frac{(V_1-V_2)\times c_{KMnO_4}}{5V} \tag{2-16}$$

式中：

c——草酸标准滴定溶液的实际浓度，单位为摩尔每升（mol/L）；

c_{KMnO_4}——高锰酸钾标准溶液的浓度，单位为摩尔每升（mol/L）；

V_1——高锰酸钾标准溶液用量，单位为毫升（ml）；

V_2——试剂空白试验中高锰酸钾标准溶液用量，单位为毫升（ml）；

V——草酸标准溶液用量，单位为毫升（ml）。

7. 硝酸银标准滴定溶液[c（$AgNO_3$）=0.1mol/L]

（1）配制

1）称取17.5g硝酸银，加入适量水使之溶解，稀释至1000ml，混匀，避光保存。

2）需用少量硝酸银标准溶液时，可准确称取4.3g在硫酸干燥器中干燥至恒重的硝酸银（优级纯），加适量水使之溶解，移至250ml容量瓶中，稀释至刻度，混匀，避光保存。

3）淀粉指示液：称取0.5g可溶性淀粉，加入约5ml水，搅匀后缓缓倾入100ml沸水中，边加边搅拌。煮沸2min，冷却至室温，备用。该指示液应临用时配制。

4）荧光黄指示液：称取0.5g荧光黄，用乙醇溶解并稀释至100ml。

（2）标定：采用配制①配制的硝酸银标准溶液的标定：准确称取 0.2g 在 270℃干燥至恒重的基准氯化钠，加入 50ml 水使之溶解。加入 5ml 淀粉指示液，用硝酸银标准溶液避光滴定，近终点时，加入 3 滴荧光黄指示液，继续滴定混浊液由黄色变为粉红色。

采用配制②配制的硝酸银标准溶液不需要标定。

（3）计算

1）采用配制①配制的硝酸银标准溶液的浓度按式（2-17）计算。

$$c=\frac{m}{V\times 0.05844} \tag{2-17}$$

式中：

c——硝酸银标准滴定溶液的实际浓度，单位为摩尔每升（mol/L）;

m——基准氯化钠的质量，单位为克（g）;

V——硝酸银标准溶液用量，单位为毫升（ml）;

0.05844——与 1.00ml 硝酸银标准滴定溶液[c（$AgNO_3$）=1mol/L]相当的基准氯化钠的质量，单位为克（g）。

2）采用配制②配制的硝酸银标准溶液的浓度按式（2-18）计算。

$$c=\frac{m}{V\times 0.1699} \tag{2-18}$$

式中：

c——硝酸银标准滴定溶液的实际浓度，单位为摩尔每升（mol/L）;

m——硝酸银（优级纯）的质量，单位为克（g）;

V——配制成的硝酸银标准溶液的体积，单位为毫升（ml）;

0.1699——与 1.00ml 硝酸银标准滴定溶液[c（$AgNO_3$）=0.1mol/L]相当的硝酸银的质量，单位为克（g）。

8. 碘标准滴定溶液[c（$1/2I_2$）=0.1mol/L]

（1）配制

1）称取 13.5g 碘，加 36g 碘化钾、50ml 水，溶解后加入 3 滴盐酸及适量水，稀释至 1000ml。过滤，密闭，置阴凉处，密闭避光保存。

2）酚酞指示液：称取 1g 酚酞，用乙醇溶解并稀释至 100ml。

3）淀粉指示液：称取 0.5g 可溶性淀粉，加入约 5ml 水，搅匀后缓缓倾入 100ml 沸水中，边加边搅拌。煮沸 2min，冷却至室温，备用。该指示液应临用时配制。

4）硫酸（1+35）：吸取 10ml 硫酸，慢慢倒入 350ml 水中，混匀。

（2）标定：准确称取 0.15g 在 105℃干燥 1h 的基准三氧化二砷，加入 10ml 氢氧化钠溶液（40g/L），微热使之溶解。加入 20ml 水及 2 滴酚酞指示液，加入适量硫酸（1+35）至红色消失，再加 2g 碳酸氢钠、50ml 水及 2ml 淀粉指示液。用碘标准溶液滴定至溶液显浅蓝色。

（3）计算：碘标准滴定溶液的浓度按式（2-19）计算。

$$c=\frac{m}{V\times 0.04946} \tag{2-19}$$

式中：

c——碘标准滴定溶液的实际浓度，单位为摩尔每升（mol/L）;

m——基准三氧化二砷的质量，单位为克（g）;

V——碘标准滴定溶液用量，单位为毫升（ml）；

0.04946——与 0.1ml 碘标准滴定溶液[$c(\frac{1}{2}I_2)$=1mol/L]相当的基准三氧化二砷的质量，单位为克（g）。

9. 硫代硫酸钠标准滴定溶液[c（$Na_2S_2O_3·5H_2O$）=0.1mol/L]

（1）配制

1）称取 26g 硫代硫酸钠及 0.2g 碳酸钠，加入适量新煮沸过的冷水使之溶解，稀释至1000ml，混匀，置棕色试剂瓶中放置 7～10 天后过滤备用。

2）淀粉指示液：称取 0.5g 可溶性淀粉，加入约 5ml 水，搅匀后缓缓倾入 100ml 沸水中，边加边搅拌。煮沸 2min，冷却至室温，备用。该指示液应临用时配制。

3）硫酸（1+8）：吸取 10ml 硫酸，慢慢倒入 80ml 水中，混匀。

（2）标定：准确称取 0.15g 在 120℃干燥至恒重的基准重铬酸钾，置于 500ml 碘量瓶中，加入 50ml 水使之溶解。加入 2g 碘化钾，振摇使之溶解。再加入 20ml 硫酸（1+8），密塞，摇匀，于暗处放置 10min 后用 250ml 水稀释。用硫代硫酸钠标准溶液滴定至溶液呈浅黄绿色，再加入 3ml 淀粉指示液，继续滴定至蓝色消失而显亮绿色。反应液及稀释用水的温度应不高于 20℃。同时做空白试验。

（3）计算：硫代硫酸钠标准滴定溶液的浓度按式（2-20）计算。

$$c=\frac{m}{(V_1-V_2)\times 0.04903} \tag{2-20}$$

式中：

c——硫代硫酸钠标准滴定溶液的实际浓度，单位为摩尔每升（mol/L）；

m——基准重铬酸钾的质量，单位为克（g）；

V_1——硫代硫酸钠标准溶液用量，单位为毫升（ml）；

V_2——试剂空白试验中硫代硫酸钠标准溶液用量，单位为毫升（ml）；

0.04903——与 1.00ml 硫代硫酸钠标准滴定溶液[c（$Na_2S_2O_3·5H_2O$）=0.1mol/L]相当的基准重铬酸钾的质量，单位为克（g）。

10. 乙二胺四乙酸二钠标准滴定溶液（$C_{10}H_{14}N_2O_8Na_2·2H_2O$）[$c$（$Na_2S_2O_3·5H_2O$）= 0.1mol/L]

（1）配制

1）乙二胺四乙酸二钠标准滴定溶液[c（$C_{10}H_{14}N_2O_8Na_2·2H_2O$）=0.05mol/L]：称取 20g 乙二胺四乙酸二钠（$C_{10}H_{14}N_2O_8Na_2·2H_2O$），加入 1000ml 水，加热使之溶解，冷却后摇匀，置于玻璃瓶中保存备用。避免与橡皮塞、橡胶管接触。

2）乙二胺四乙酸二钠标准滴定溶液[c（$C_{10}H_{14}N_2O_8Na_2·2H_2O$）=0.02mol/L]：按①操作，但乙二胺四乙酸二钠的量改为 8g。

3）乙二胺四乙酸二钠标准滴定溶液[c（$C_{10}H_{14}N_2O_8Na_2·2H_2O$）=0.01mol/L]：按①操作，但乙二胺四乙酸二钠的量改为 4g。

4）氨水-氯化铵缓冲液（pH=10）：称取 5.4g 氯化铵，加适量水溶解后，加入 35ml 氨水，再加水稀释至 100ml。

5）氨水（4+10）：量取 40ml 氨水，加水稀释至 100ml。

6）铬黑 T 指示剂：称取 0.1g 铬黑 T[6-硝基-1-（1-萘酚-4-偶氮）-2-萘酚-4-磺酸钠]，加入 10g 氯化钠，研磨混合均匀。

（2）标定

1）乙二胺四乙酸二钠标准滴定溶液[c（$C_{10}H_{14}N_2O_8Na_2 \cdot 2H_2O$）=0.05mol/L]：准确称取0.4g在800℃灼烧至恒重的基准氧化锌，置于小烧杯中，加入1ml盐酸，溶解后移入100ml容量瓶中，加水稀释至刻度，混匀。吸取30～35ml此溶液，加入70ml水，用氨水（4+10）中和至pH=7～8，再加10ml氨水-氯化铵缓冲液（pH=10），用乙二胺四乙酸二钠标准溶液滴定，接近终点时加入少许铬黑T指示剂，继续滴定至溶液自紫色转变为纯蓝色。

2）乙二胺四乙酸二钠标准滴定溶液[c（$C_{10}H_{14}N_2O_8Na_2 \cdot 2H_2O$）=0.02mol/L]：准确称取0.16g在800℃灼烧至恒量的基准氧化锌，置于小烧杯中，加入0.4ml盐酸，溶解后移入100ml容量瓶中，加水稀释至刻度，混匀。吸取30～35ml此溶液，加入70ml水，用氨水（4+10）中和至pH=7～8，再加10ml氨水-氯化铵缓冲液（pH=10），用乙二胺四乙酸二钠标准溶液滴定，接近终点时加入少许铬黑T指示剂，继续滴定至溶液自紫色转变为纯蓝色。

3）乙二胺四乙酸二钠标准滴定溶液[c（$C_{10}H_{14}N_2O_8Na_2 \cdot 2H_2O$）= 0.01mol/L]：准确称取0.16g在800℃灼烧至恒量的基准氧化锌，置于小烧杯中，加入0.4ml盐酸，溶解后移入200ml容量瓶，加水稀释至刻度，混匀。吸取30～35ml此溶液，加入70ml水，用氨水（4+10）中和至pH=7～8，再加10ml氨水-氯化铵缓冲液（pH=10），用乙二胺四乙酸二钠标准溶液滴定，接近终点时加入少许铬黑T指示剂，继续滴定至溶液自紫色转变为纯蓝色。

同时做试剂空白试验。

（3）计算：乙二胺四乙酸二钠标准滴定溶液的浓度按式（2-21）计算。

$$c = \frac{m}{(V_1 - V_2) \times 0.08138} \qquad (2\text{-}21)$$

式中：

c——乙二胺四乙酸二钠标准滴定溶液的实际浓度，单位为摩尔每升（mol/L）；

m——基准氧化锌的质量，单位为克（g）；

V_1——乙二胺四乙酸二钠标准溶液用量，单位为毫升（ml）；

V_2——试剂空白试验中乙二胺四乙酸二钠标准溶液用量，单位为毫升（ml）；

0.08138——与1.00ml乙二胺四乙酸二钠标准滴定溶液[c（$C_{10}H_{14}N_2O_8Na_2 \cdot 2H_2O$）=1mol/L]相当的基准氧化锌的质量，单位为克（g）。

三、特殊试剂的配制

1. 常用酸碱浓度表 常用的酸碱浓度见表2-9。

表2-9 常用酸碱浓度（市售商品）

试剂名称	质量分数（%）	相对密度	浓度（mol/L）
盐酸	36.5	1.18	12（HCl）
硝酸	63.02	1.4	16（HNO_3）
硫酸	98.1	1.84	18（H_2SO_4）
磷酸	98.0	1.70	15（H_3PO_4）
甲酸	46.02	1.20	23（HCOOH）
乙酸	60.05	1.04	6.3（CH_3COOH）
冰醋酸	60.05	1.05	17（CH_3COOH）
氨水	17.0	0.8～8	15（$NH_3 \cdot H_2O$）

2. 常用酸碱指示剂的配制 酸碱指示剂一般用质量体积百分浓度表示。常用指示剂的配制方法及变色范围见表2-10。

表2-10 常用指示剂的配制方法及变色范围

指示剂名称	配制方法	变色范围（pH）	颜色变化
酚酞	1g溶于100ml 60%乙醇溶液	8.2～10.0	无色—红
甲基橙	0.1g溶于100ml水	3.1～4.4	红—黄
甲基红	0.1g溶于100ml 60%乙醇溶液	4.4～6.2	红—黄
石蕊	0.5～1g溶于100ml水	5.0～8.0	红—蓝
中性红	0.1g溶于100ml 60%乙醇溶液	6.8～8.0	红—黄橙
溴酚蓝	0.1g溶于100ml 20%乙醇溶液	3.0～4.6	黄—紫蓝
百里酚蓝	0.1g溶于100ml 20%乙醇溶液	1.2～2.8	红—黄
百里酚酞（麝香草酚酞）	0.1g溶于100ml乙醇溶液	9.3～10.5	无色—蓝
茜素黄	0.1g溶于100ml水	10.1～12.0	黄—紫
对硝基酚	0.2g溶于100ml水	5.0～7.4	无色—黄

3. 氧化还原滴定指示剂的配制 用于氧化还原滴定反应的指示剂有以下几种类型。

（1）氧化还原型指示剂：这种指示剂本身就是氧化剂或还原剂，它的氧化型和还原型颜色不同。因此，在等量点附近发生氧化还原反应，从而引起颜色改变，指示终点的到达。常用的氧化还原滴定指示剂有以下几种。

1）二苯胺磺酸钠（5g/L）：称取0.5g二苯胺磺酸钠，溶于100ml水中，必要时过滤备用。需现用现配。

2）邻苯氨基苯甲酸（2g/L）：称取0.2g邻苯氨基苯甲酸，加热溶于100ml 0.2%Na_2CO_3溶液中，过滤备用。该试剂可保持几个月不分解。

3）邻二氮菲亚铁（1g/L）：称取0.1g邻二氮菲亚铁溶于100ml浓度为0.025mol/L的硫酸亚铁溶液中，可放置1年不变质。

（2）金属指示剂：金属指示剂用于配位滴定中，常用的有以下几种。

1）铬黑T（5g/L）：称0.5g铬黑T和2.0g盐酸羟胺，溶于15ml三乙醇胺中，用乙醇稀释至100ml。可保持6个月不分解。

2）钙指示剂：钙指示剂[2-羟基-1-（2-羟基-4-磺酸-1-萘偶氮）-3-萘甲酸]（$C_{21}H_{14}N_2O_7S$）的水溶液和乙醇溶液都不稳定。常用配制方法是，称取0.20g钙指示剂或其钠盐与10g在105℃干燥的氯化钠，置于研钵中研细混匀，储存于棕色磨口瓶中。可长期使用。

3）酸性铬蓝K（5g/L）：称0.5g铬蓝K溶于10ml pH = 10的$NH_3 \cdot H_2O\text{-}NH_4Cl$缓冲溶液中，加50ml水使之完全溶解，然后加入40ml乙醇。

4）二甲酚橙：1g二甲酚橙与100g干燥KNO_3混合研细，密闭，干燥保存。可长期使用。

（3）沉淀滴定指示剂

1）铬酸钾（50g/L）：将5g铬酸钾溶解于100ml水中。

2）铁铵矾（100g/L）：加热溶解10g硫酸高铁铵于20ml浓度为6mol/L的硝酸和80ml水中。

3）二苯偶氮碳酰（0.25g/L）：将 0.025g 二苯偶氮碳酰溶于 100ml 乙醇中。

4）荧光素（5g/L）：将 5g 荧光素溶于 100ml75%的乙醇中。

（4）淀粉指示剂（5g/L）：称取 0.5g 可溶性淀粉，于烧杯中加 10ml 水调匀，慢慢地倒入 90ml 沸水中，微沸 2min，静置，取上层清液加 1mg HgI_2 以抑制细菌作用。如果现配现用则无需加入 HgI_2。

四、常用洗涤液的配制和使用方法

（1）重铬酸钾-浓硫酸洗液（5g/l）：称取化学纯重铬酸钾 100g 于烧杯中，加入 100ml 水，微热使之溶解。将烧杯置于冷水中冷却，搅拌下慢慢加入化学纯硫酸。开始时有沉淀析出，当硫酸加到一定量后沉淀可溶解，加硫酸至溶液总体积为 1000ml。

重铬酸钾-浓硫酸洗液是强氧化剂，但氧化作用比较慢，直接接触器皿数分钟至数小时才有作用。器皿取出后要用自来水充分冲洗，最后用纯水淋洗 3 次。

（2）碱性高锰酸钾洗液：取高锰酸钾（$KMnO_4$）4g 加少量水溶解后，再加入 10%氢氧化钠 100ml。

用碱性高锰酸钾作洗液，作用缓慢，适合用于洗涤有油污的器皿。

（3）碱性乙醇洗液：溶解 120g 氢氧化钠固体于 120ml 水中，用 95%乙醇稀释至 1L。

在用铬酸洗液洗涤无效时，可改用碱性乙醇洗液清洗各种油污。由于碱对玻璃的腐蚀，玻璃磨口不能长期在该洗液中浸泡，因此，该洗液须存放于胶塞瓶中，防止挥发、防火。久置易失效。

（4）酸性草酸或酸性羟胺洗液：称取 10g 草酸或 1g 盐酸羟胺，溶于 10ml 盐酸（1+4）中。此两种洗液用于洗涤氧化性物质。对沾在器皿上的氧化剂，酸性草酸洗液作用较慢，酸性羟胺洗液作用较快且易洗净。

（5）硝酸洗液：常用浓度为（1+9）或（1+4），主要用于浸泡清洗测定金属离子时的器皿。一般要浸泡过夜，取出后用自来水冲洗，再用去离子水冲洗。

除上述几种常用洗液外，还可配制一定浓度的肥皂洗液、合成洗涤剂洗液等，用于油脂和有机物的洗涤。

第四节 样品的采集

化妆品分析检测的全过程包括样品采集、样品预处理、样品测定、数据分析及结果报告五个步骤。在这几个步骤中，样品的采集和预处理所需要花的时间往往是样品分析测试时间的许多倍，样品的制备在误差来源中也占较大的比例。因此样品的采集和预处理的效果如何直接关系到检测分析结果的准确性。

一、采样的目的和要求

采样的基本目的是从被检的总体物料中取得有代表性的样品，通过对样品的检测，得到在允许误差范围内的数据结果，从而求得被检物料的某一或某些特性的平均值及其变异性。

采样的基本原则是采得的样品必须具备充分的代表性。在分析工作中，需要检测的物料往往是大量的，而其组成却极有可能是不均匀的。检测分析时所称取的试样一般只有几克或者更少，而分析结果又要求必须能代表全部物料的平均组成。因此，如果采样方法不正确，即使分析工作做得非常仔细且正确，也是毫无意义的。更严重的是，因提供的无代表性的分析数据，极有可能把不合格品判定为合格品或者把合格品判定为不合格品，其结果将直接给生产企业、用户或消费者带来难以估量的损失。

采样是一种和检测准确度密切相关的、技术性很强的工作，采样者应接受过专门的操作训练，采样前应对选用的采样方法和装置进行可行性实验，熟练掌握采样操作技术。熟悉被采样品的特性和安全操作的有关知识和处理方法，严防爆炸、中毒、燃烧、腐蚀等事故的发生。此外，要求做好以下几点：

（1）制订采样方案：确定批量大小、采样单元、采样部位、样品量、样品数、采样工具、采样操作方法、采样安全措施、样品的制备方法及样品的保存环境和保存时间等。

（2）样品的保存：盛样容器在使用前必须洗净、干燥，且具有符合要求的盖、塞或阀门，其材质必须不与样品物质发生化学反应，无渗透性。盛样容器贴上标签，其内容包括样品名称、编号、总体物批号及数量、生产单位、采样部位、样品量、采样日期、采样者姓名等。

（3）采样记录：采样时，应记录被采物料的状况和采样操作，如物料的名称、来源、编号、数量、包装情况、保存环境、采样部位、样品量、样品数、采样日期、采样者姓名等。

化妆品种类繁多，采样条件千变万化，采样时应根据采样的基本原则和一般要求，按照实际情况选择最佳采样方案和采样技术。

二、化妆品成品采样方法

采样之前，首先检查样品封口、包装容器的完整性，目测样品的性能和特征，并使样品彻底混合。打开包装后，应尽可能快地取出所要测定部分进行分析。如果开封后的样品必须保存，容器应该在充惰性气体下密闭保存。采样的方法应根据产品的性质、包装物的形状而采取不同的方法。常见的样品类型及相应的采样方法有以下几种。

1. 液体样品 液体样品是指使用瓶子、安瓿或管状容器包装的溶于油类、乙醇或水中的化妆品，如香水、化妆水、乳液、润肤液等。采样前，需剧烈振摇容器，使内容物混匀，目测样品的性能和特征。打开容器，取出足够量的待分析样品，然后仔细地将容器严密封闭。

2. 半固态样品 半固态样品是指使用管状、塑料瓶和罐状容器包装的，呈均匀乳化状态的化妆品，包括膏、霜、蜜、凝胶类产品。细颈容器包装类的样品取样时，应将最初挤出的不少于 1cm 长的样品弃去，然后挤出足够量的待分析样品，立即将取完样的容器严密封闭。广口容器包装类的样品取样时，应先刮弃表面层，取出所需量的样品后立即封闭容器。

3. 固体样品 固体样品是指呈固态的化妆品，如散粉、粉饼、口红等固态产品。散粉类样品取样时，应在打开容器前先剧烈振摇，使内容物充分混匀，然后取出足够量的待分析样品，封闭容器。块状、腊状类样品应先刮弃表面层之后再取样。

4. 气雾剂样品 气雾剂样品是指在盛有化妆品的密封罐中充有作为载体的气体的产品，容器带有释放装置，允许内容物以固体或液体粒子的形式连同气体喷射出来，如发胶、摩丝等。取样时，应先充分摇匀，使用一个专用接头，将气雾剂罐中的部分样品转移进一个带阀门的小口玻璃瓶中。在此转移玻璃瓶中可清楚地观察样品，它们可分为 4 种：①匀相气雾剂产品，可供直接分析；②含两个液相的气雾剂产品，两相需分别分析，一般下层为不含助推剂的水溶液；③含悬浮粉末的气雾剂，除去粉末后可分析液相；④泡沫状气雾剂，一般预先加入一定量的消泡剂（常用 2-甲氧基乙醇 5～10g）至转移瓶中，在不损失液体的情况下去除推进气体。

第五节　样品的预处理

一、测定无机成分的样品预处理

在化妆品的无机成分测定中，有时一些质地均匀的液体样品如香水、洗发液等，可以不经预处理直接进行测定。但在绝大多数情况下，样品必须经过预处理，先制成样液，然后再进行定性和定量分析。一般来说，待测元素在样品中的含量都很低，而样品的基体成分和样品中含有的大量水分会给测定带来干扰和困难，因此需要对试样进行消解以除去其中的有机成分或从试样中浸提出待测定的成分。

消解除去试样中有机成分或从试样中浸提出待测成分的方法和手段有很多，有干法、湿法；有在高压下，也有在低压下；有在密闭系统中，也有在开放系统中；有用无机酸碱试剂，也有用有机溶剂，等等。这些方法各有特点，具体选用时，应结合试样性质、待测元素、分析方法及实验设备等综合考虑。

化妆品中无机成分测定的预处理方法主要有干灰化法、湿消解法、浸提法和微波消解法等。

1. 干灰化法　干灰化法是在供给能量的前提下直接利用氧以氧化分解样品中有机物的方法，包括高温炉干灰化法、等离子体氧低温灰化法、氧弹法及氧瓶法。其中，高温炉干灰化法是最古老也是最简单的方法。利用高温下空气中的氧将有机物碳化和氧化，挥发掉挥发性组分，同时，试样中不挥发性组分也多转变为单体、氧化物或耐高温盐类。高温炉干灰化法的一般操作步骤分为干燥、碳化、灰化和溶解灰分残渣四个过程。

操作：称取一定量混匀的试样置于坩埚中，在水浴或电炉上蒸干水分后微火碳化至不冒烟，移入箱式电阻炉，在550℃下灰化4～6h。为加速有机物质的灰化并防止待测元素的挥发，可预先加入一定量的灰化助剂如氧化镁、硝酸镁等。向灰分中加少许水使润湿，然后用盐酸分几次溶解灰分，加水定容后备用。

牙膏、粉底霜、眼影、爽身粉等化妆品因含有多量$CaCO_3$、$MgCO_3$、Al_2O_3、TiO_2、Fe_2O_3、$Ca_3(PO_4)_2$等成分，干法灰化后，用盐酸（1+1）溶解时，Ca^{2+}、Mg^{2+}等溶在HCl溶液中，2ml硫脲-抗坏血酸不能完全掩蔽这些金属及碱金属离子的干扰，使测定结果产生误差。因此，这类样品不宜用干灰化法来消解有机物。

口红、湿粉底、染发剂等黏度大且不易分解的样品也不适合用干灰化法。因为这类样品不能与灰化辅助剂充分混匀，在灰化时，砷易气化和吸附损失。且这类样品用灰化法往往有机物分解不彻底，砷不易溶解出来，从而使测定结果产生误差。

2. 湿消解法　湿消解法又称湿灰化法，是利用氧化性酸和氧化剂对有机物进行氧化、水解以分解有机物的方法。常用的氧化性酸和氧化剂有硫酸、硝酸、高氯酸和过氧化氢。有时单一的氧化性酸在操作过程中不易将试样完全分解，有时容易产生危险，因此在实际工作中一般不采用，代之以两种或两种以上氧化性酸或氧化剂的联合使用，以发挥各自的作用，使有机物能够快速而又平稳的消解。

操作：称取一定量混匀试样于圆底烧瓶中，加入一定量硝酸和硫酸，加热回流消解至消解液呈无色、微黄色或黄色液体。如有必要，可过滤，除去固体物质。用蒸馏水洗滤纸数次，合并洗涤液于滤液中。加入盐酸羟胺溶液，加水定容后备用。若样品中含有乙醇等挥发性有机溶剂，应在消解前先在水浴或电热板上低温加热将有机溶剂挥发。对于含油脂蜡质较多的试样，消解后过滤时，可预先将消解液冷冻使油脂蜡质凝固。

3. 微波消解法 微波消解法是利用微波将有机物消解的方法，其原理是，加入硝酸和过氧化氢溶液预处理的样品在微波电场的作用下，分子高速碰撞，微波能转变为热能。在加热条件下，由于酸的氧化及活性增加，使样品能够在较短时间内被消解，无机物以离子态存在于试液中。

操作：称取一定量混匀的试样于清洗干净的聚四氟乙烯溶样杯中（若含有乙醇等挥发性有机溶剂，称量前先在水浴或电热板上低温加热挥发）。油脂类和膏粉类等干性物质，如唇膏、睫毛膏、胭脂、眉笔、唇线笔、粉饼、眼影、痱子粉、爽身粉等，取样后加少量水润湿摇匀。加入适量硝酸和过氧化氢，混匀，使样品充分浸没。100℃下恒温加热 20min，冷却。按照微波溶样系统操作手册进行操作，把装有样品的溶样杯放进预先准备好的干净的高压密闭溶样罐中，拧上罐盖（不要过紧）。5～20min 内消解完毕（根据样品的消解难易程度选择合适的时间），取出冷却。将溶样杯放入沸水浴中加热，驱除样品中多余的氮氧化物，以免干扰测定。将样品转移至具塞比色管中，用水洗涤溶样杯数次，合并洗涤液，加水定容后备用。

微波消解法与经典的消解方法相比，具有快速高效、所需试剂量少、环保的优点。

4. 浸提法 浸提法是利用浸提液解离某些与待测元素结合的键，并对待测元素或含待测元素的组分有良好的溶解力，从而将含有待测元素的部分从试样中浸提出来的方法。

操作：称取一定量混匀的试样于具塞比色管中（若含有乙醇等挥发性有机溶剂，称量前先在水浴或电热板上低温加热挥发），加入硝酸和过氧化氢，混匀。若样品产生大量泡沫，可滴加数滴辛醇。在沸水浴中加热 2h，取出，加入盐酸羟胺溶液，加水定容后备用。

浸提法是一种比较简单、安全，并且在某种情况下具有特殊意义的样品预处理方法，但会因元素种类、样品基体种类、样品颗粒大小、浸提液种类和浓度、浸提时间及浸提温度等参数的变化而影响浸提的元素形态和浸出率。因此，使用浸提法要结合样品测试目的并进行预试验。

二、测定有机成分的样品预处理

化妆品中有机成分的分析在化妆品分析中占有非常重要的地位，因为无论以质量计或以品种计，化妆品中 85%以上（以干物质计）的组分是有机成分。

测定有机成分的样品预处理的目的是将待测物从基体中分离出来，经过分组、分离和富集，以满足后继定性、定量方法的特异性和灵敏度的要求。化妆品涉及的基体类型多样，涉及的被测物的理化性质也有很大差异，从而使测定化妆品有机成分的样品预处理变得更为复杂，这里仅就样品预处理的主要原则加以阐述。

测定化妆品中有机成分的样品预处理主要包括两个步骤：一是提取，将待测成分与试样的大量基体进行粗分离；二是纯化或分离，将待测成分与其他干扰测定的成分做进一步的分离或纯化。

1. 提取 将待测有机成分与试样基体分离的方法主要有两种，即溶解抽提和水蒸气蒸馏。

（1）溶解抽提：利用化妆品各组分理化性质的不同，选用适当溶剂将待测成分溶解，从而和基体组分分离。

用于溶解抽提的理想溶剂需具备两个条件：①对待测成分有极好的溶解度，对非待测成分及基体成分溶解度极小或不溶；②沸点较低，易于蒸除。这种理想的溶剂可以全量地溶解抽提待测物而不溶解待测物以外的组分。然而，由于化妆品的组分极其复杂，多种理化性质相似的有机物常常同时存在，实际上不存在所希望的理想溶剂。因此，在考虑溶解抽提时，注重于“全量抽提”，至于同时被抽提溶解的众多其他成分，还需要考虑进行纯化或分离。

溶解抽提中选用合适的溶剂至关重要，因为待测物在不同溶剂中的溶解度不相同。可通过查阅相关手册获得待测物在各种溶剂中溶解性能的信息，也可根据待测物的分子结构及“相似相溶”经验规律来选择适宜的溶剂。

化妆品中禁用、限用物质大多数是极性或可极化的化合物，所以在溶解抽提中多选用极性溶剂，如用二甲基甲酰胺抽提化妆品中色素，用甲醇或乙醇提取化妆品中防腐剂、激素、5-甲氧基补骨脂素等。但对于口红、除臭棒、发蜡等以石蜡为基体的化妆品，由于待测成分被大量非极性有机物如蜡、脂所包裹，质子溶剂和偶极溶剂不是它们的良好溶剂，此时可选用两种性质不同而能互溶的溶剂进行溶解抽提，如用氯仿-乙醇处理口红和除臭棒。为了加速全量溶解和抽提，在选用适宜的溶剂后，可以适当提高温度或采用振荡或超声提取来增加溶解效率，最后用过滤或离心的手段将抽提溶液与样品基体残渣分离。

此外，超声提取也是常用的提取方法，该方法能在短时间内达到很高的提取效率。超声提取选择溶剂时，最常用的提取溶剂是甲醇，乙醚、乙醇和丙酮等也被广泛使用。例如，化妆品中的激素、禁限用物质邻苯二甲酸酯、苯酚氢酮等多采用甲醇超声提取，限用物质香豆素类多采用丙酮或乙醇提取，一些可溶性的锌盐和巯基乙酸、果酸等多采用纯水超声提取，一些限用防腐剂和紫外吸收剂等多采用甲醇、乙腈超声提取。

常用的提取化妆品中有机成分的预处理方法见表 2-11。

表 2-11 提取化妆品中有机成分的预处理方法

预处理方法	原理	应用
蒸馏/挥发	水溶液中蒸发溶剂	去除水、乙醇、挥发性硅酮等溶剂
离心/过滤	液固分离/不同相态分离	有机混合物和无机混合物分离
液液萃取	用于两相不互溶溶剂	提取溶液中被测组分
超声提取	不同溶剂中溶解度不同	从固态或半固态样品分离可溶性物质
柱色谱	被吸附组分随溶剂迁移的速度不同	分离化妆品组分，样品处理量大

（2）水蒸气蒸馏：相对分子质量较小且有不止一个官能团的化合物，可以采用水蒸气蒸馏的方法使之与基体分离，并且可通过控制样品的酸碱性与具有不同官能团的化合物分开。例如，将化妆品样品加入足量的水和适量的盐酸，使溶液呈酸性，进行蒸馏。此时化妆品中的苯甲酸、水杨酸、对羟基苯甲酸、山梨酸、脱氢乙酸、丙酸等含羧基或含酚羟基的化合物均可蒸出。蒸馏残渣用氢氧化钠等碱溶液调 pH 至碱性，再进行第二次蒸馏，就可将样品中含氨基、亚氨基等碱性基团的低沸点的有机碱性化合物蒸馏出来。

水蒸气蒸馏操作简单方便，但其应用受待测组分沸点高低的限制。

2. 纯化和分离 经前期抽提粗分离获得的样品溶液可否直接用于定量分析，决定于选用定量方法的特异性、抗干扰性和化妆品组成的复杂性。如果粗分离后的样品溶液不能满足后继定性、定量分析方法，就需要做进一步的纯化或分离。常用的纯化或分离方法有溶剂萃取法、柱色谱法、固相萃取法和固相微萃取法等。

（1）溶剂萃取法：利用化合物在两种互不相溶（或微溶）的溶剂中溶解度或分配系数

的不同，使化合物从一种溶剂内转移到另一种溶剂中。经过反复多次萃取，将绝大部分的化合物提取出来。

选择合适的萃取剂是保证萃取操作能够正常进行且经济合理的关键。化妆品禁用、限用物质中，大量物质具有弱酸或弱碱性，根据不同待测成分的分子结构，选择适宜的萃取溶剂并配合适宜的 pH，可以分离溶解抽提粗分离得到的组分，以满足后续定量分析的需要。

溶剂萃取法操作简便，使用的仪器设备简单，是实验室最常用的萃取方法之一。但萃取时间长，需要使用大量有机溶剂，污染环境。

（2）柱色谱法（图 2-1）：是样品负荷量大、价格低廉的一种色谱法，分为吸附柱色谱法和分配柱色谱法。

吸附柱色谱法又称液-固色谱法。以有吸附性能的固体为固定相，以液体为流动相，利用不同溶质分子在吸附剂（固定相）和洗脱剂（流动相）之间吸附、解吸和溶解能力的不同而彼此分离。常用的吸附剂有硅胶和氧化铝。

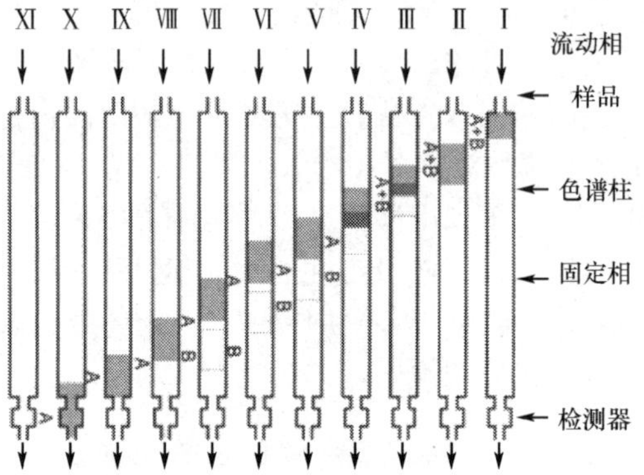

图 2-1　柱色谱法原理示意图

分配柱色谱法又称液-液色谱法。以能吸留固定相液体的惰性物质作为支持载体，与不互溶溶剂组成固定相-流动相体系，不同溶质在双相间分配比的不同导致迁移速率不同，从而达到分离目的。分配柱色谱法因固定相和流动相的不同分为正相色谱法和反相色谱法。正相色谱是以极性溶剂为固定相，非极性溶剂为流动相，适于分离极性较弱的有机化合物，如着色剂、类固醇、芳胺、酚类、芳香剂、生物碱等。反相色谱是以非极性溶剂为固定相，极性溶剂为流动相，适于分离极性较强的有机化合物，如醇类、酮类、芳烃等。

经过柱色谱法分离出来的样品常常采用蒸馏/挥发法除去溶剂，加入提取液后用超声提取法提取，微孔滤膜法过滤后，处理成分析液。方法较为简单、快速、实用，适用于大多数化妆品的测定。但是，对于含蜡质量大的样品或膏霜类样品，用此法往往提取不完全，回收率较低。

（3）固相萃取法：其原理是基于固相和样品母液对待测物和其他干扰成分或基质的吸附力不同而将它们分离（图 2-2）。例如，在固相对待测物的吸附力大于样品母液的情况下，当样品通过固相萃取柱时，分析物被吸附在固体表面，其他组分则随样品母液通过柱子，最后用适当的溶剂将分析物洗脱下来。反之，若选择对待测物吸附很弱或不吸附，而对干扰化合物有较强吸附的固相吸附剂时，可让待测物先淋洗下来加以收集，而使干扰化合物保留（吸附）在吸附剂上，两者得到分离。一般在多数的情况下使待测物保留在吸附剂上，最后用强溶剂洗脱，这样更有利于样品的净化。

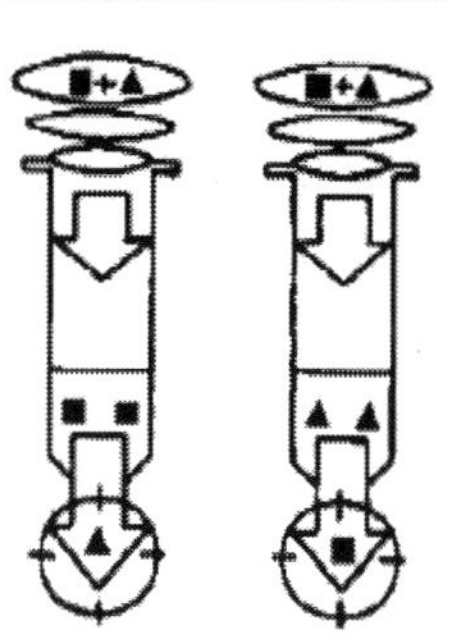

■ 需要的化合物　▲ 干扰物质

图 2-2　固相萃取的两种分离模式示意图

固相萃取法的操作包括柱子纯化与活化、上样、淋洗、洗脱等几个步骤（图 2-3）。

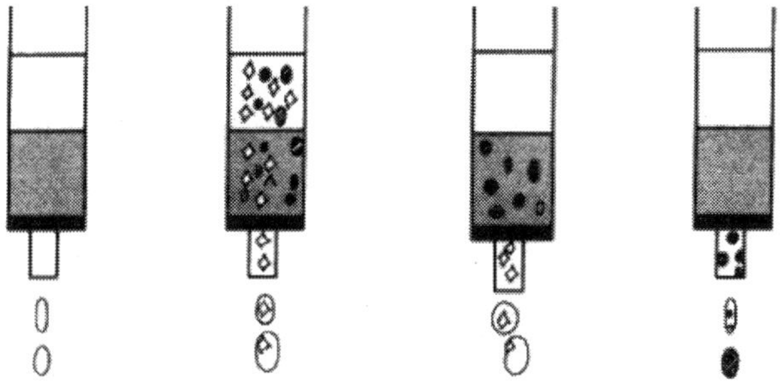

(a)　(b)　(c)　(d)

图 2-3　固相萃取操作流程示意图

（a）萃取柱活化；（b）上样；（c）洗去干扰杂质；（d）洗脱及收集待分析物

◇干扰杂质 ●待分析物

常用的固相萃取填料有键合硅胶、高分子聚合物、吸附型填料、混合型及专用柱系列等。固相萃取分离机制与溶剂的选择见表 2-12。选择合适的萃取条件后，可使样品的萃取、富集、净化一步完成，然后直接进行气相色谱或高效液相色谱分析。

表 2-12　固相萃取法分离机制与溶剂的选择

分离机制	典型的弱溶剂（保留条件）	典型的强溶剂（洗脱条件）
正相固相萃取	正己烷、甲苯等离子强度低的缓冲溶液（<0.1mol/L）	二氯甲烷、甲醇等离子强度高的缓冲溶液（>0.1mol/L）
反相固相萃取	缓冲溶液或低浓度的甲醇或乙腈	乙腈、甲醇或溶剂与水的混合物
阳离子交换固相萃取	反离子强度低的溶液	反离子强度高的溶液
阴离子交换固相萃取	离子强度低的缓冲溶液（<0.1mol/L）	离子强度高的缓冲溶液（<0.1mol/L）

（4）固相微萃取法：固相微萃取是在固相萃取基础上发展起来的一种新的萃取分离技术。该技术最初应用于环境化学分析（水、土壤、大气等），几乎可以用于气体、液体、生物、固体等样品中各类挥发性或半挥发性物质的分析。随着研究的深入和方法本身的不断完善及装置的改进，现在已逐步扩展到食品、天然产物、医药卫生、临床化学、生物化学、毒理和法医学等诸多领域。

固相微萃取法的工作原理是，以熔融石英光导纤维或其他材料作为基体支持物，利用“相似相溶”的特点，在其表面涂渍不同性质的高分子固定相薄层（吸附剂），通过直接或顶空方式，对待测物进行提取、富集、进样和解析。然后将富集了待测物的纤维直接转移到气相色谱（GC）或高效液相色谱（HPLC）仪器中，通过一定的方式解吸附，然后进行分离分析。

选择石英纤维上的涂层时，要使目标化合物能吸附在涂层上，而干扰化合物和溶剂不吸附，一般情况下，非极性的目标化合物选择非极性涂层；极性的目标化合物选择极性涂层。采样时，先将固相微萃取针管（不锈钢套管）穿过样品瓶密封垫，插入样品瓶中，然后推出萃取头，将萃取头浸入样品（浸入方式）或置于样品上部空间（顶空方式），进行萃取，萃取时间为2～30min，以达到目标化合物吸附平衡为准，最后缩回萃取头，将针管拔出。

用于GC时，将固相微萃取针管插入GC进样口，推手柄杆，伸出纤维头，使用进样口的高温热解吸目标化合物，解吸后被载气带入色谱柱。用于HPLC时，则将针管插入固相微萃取/HPLC接口解吸池，然后再利用HPLC的流动相通过解吸池洗脱目标化合物，并将目标化合物带入色谱柱（图2-4）。

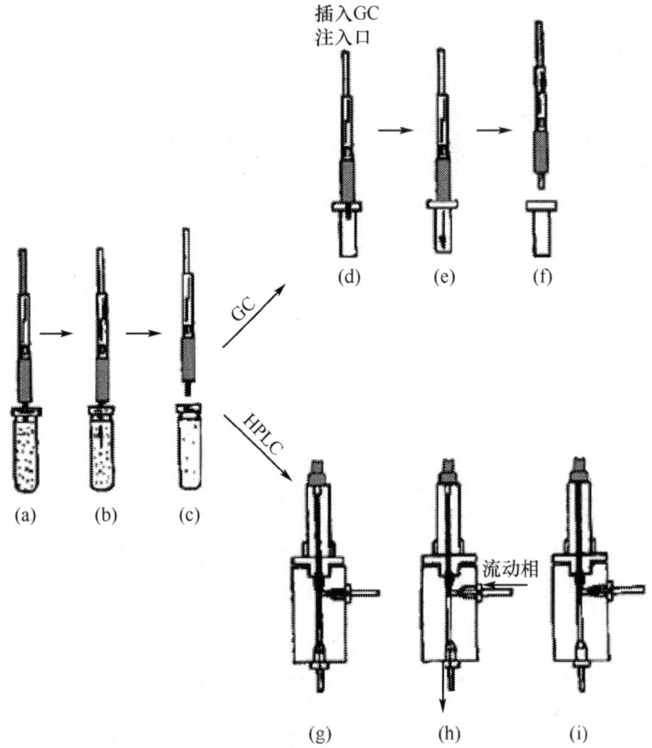

图2-4　固相微萃取的采样和进样操作流程示意图

（a）穿透样品瓶密封垫；（b）暴露/提取；（c）撤回萃取头；（d）插入GC注入口；（e）暴露/解吸；（f）撤回萃取头；（g）插入进样装置；（h）连接HPLC柱；（i）撤回萃取头

固相微萃取分为萃取过程和解吸过程两步：①萃取过程，具有吸附涂层的萃取纤维暴露在样品中进行萃取。②解吸过程，将以完成萃取过程的萃取器针头插入色谱进样装置的气化室内，使萃取纤维暴露在高温载气中，并使萃取物不断地被解吸下来，进入后序的气相色谱或高效液相色谱分析。

固相微萃取有以下几个特点：①集取样、萃取、浓缩和进样于一体，操作方便，耗时短，测定快速高效。②无需任何有机溶剂，是真正意义上的固相萃取，避免了对环境的二次污染。③仪器简单，无需附属设备，适于现场分析，也易于操作。④灵敏度高，可以实现超痕量分析，可以达到纳克每克级别的检测。

第三章

化妆品及其原料物理参数的测定

实验一 化妆品稳定性的测定

一、实验目的

1. 了解乳化剂在化妆品中的作用，掌握乳化体系的特点、影响因素。
2. 掌握化妆品稳定性测定的方法和原理。

二、实验原理

化妆品是多种成分复合而成的多相分散体系，其中既有水溶性成分，也有油溶性成分。油相分散于水相，称为水包油型，反之为油包水型。水相与油相间存在的界面张力，使得化妆品多为热力学不稳定体系，趋于分层、分相或破乳，导致化妆品的使用性和适用性受到直接影响。温度除了直接影响乳化体系的稳定性外，还可以改变组分的溶解性、黏性等物理性质，此外，对组分的化学性质也有一定影响，根据是描述化学反应速率常数与温度之间关系的 Arrhenius 方程，即温度增加 10℃，大多数化学反应速度加倍，因而，化妆品在 50℃存放 4.5 个月，相当于在 20℃经历 3 年，这也是温度加速试验的理论根据。光照是导致化妆品化学性质不稳定的又一因素，化妆品中含有的不饱和键的油脂、醛类、酚类物质在光照、空气和高温的作用下极易发生化学反应，产生颜色、气味的变化。

为了保证产品在储存、使用过程中性能稳定，不发生物理化学变化，有必要进行稳定性试验，常规的稳定性试验是将样品在通常的温湿度和光照条件下放置一个保质周期，观察样品状态，该方法试验周期长，不适用于实际生产中的质量控制。加速稳定性试验，即强化实验，在短时间内改变化妆品样品存放的环境条件（如温度、湿度、光照）或给予样品一定物理量负荷，观察样品状态的变化，以缩短实验周期。环境条件的改变可采用高温、低温、高-低温循环、光照、避光或光照-避光循环，以模拟气候与昼夜的变化。应力实验，即给予样品一定的应力负荷如通过离心分离加速重力对体系的影响，以观察乳化体系的稳定性。

三、仪器与试剂

仪器：天平（精度 0.02g）；恒温箱（精度±1℃）；离心机；冰箱（低温至−20℃）；温度计（100℃，精度±1℃）；试剂瓶（50ml）；离心管（15ml）。

试剂：乳液化妆品；膏霜化妆品。

四、操作步骤

1. 耐热试验 预先将恒温箱调至测试温度，除唇膏测试温度为（45±1）℃外，其他类型化妆品的测试温度均为（40±1）℃。把样品装填在无色透明的试样瓶中，高度5～10cm，样品应装实无气泡，置于规定温度±1℃的恒温箱内，保持24h后取出，恢复至室温后，仔细观察样品状态变化，如有无颜色、光泽、透明性、气味的变化，有无气孔、气泡、麻点、疏松、塌陷，是否有异物、悬浮物，是否有沉淀、分层、絮结、析水、析油、固化、软化、龟裂现象。

2. 耐寒试验　预先将冰箱调至测试温度，洗面奶、膏霜、洗发液、护发素、沐浴露测试温度为−10～−5℃，发膏、润肤乳液测试温度为−15～−5℃，把样品装填在无色透明的试样瓶中，高度5～10cm，样品应装实无气泡，置于规定温度范围下的冰箱内，保持24h，发膏保持8h，取出恢复至室温后，仔细观察样品状态变化，是否有沉淀、分层、絮结、析水、析油、固化、软化、龟裂现象。

3. 温度循环试验　将装有试样的无色透明试样瓶在−5℃及40℃下循环存放5次，每次分别存放24h，即每个循环包括在−5℃存放24h后，在室温下存放24h，再放入40℃恒温箱中存放24h，依次循环5次，观察样品状态变化，如有无颜色、光泽、气味的变化，有无气孔、气泡、麻点、疏松、塌陷，是否有异物、悬浮物，是否有沉淀、分层、絮结、析水、析油、固化、软化、龟裂现象。

4. 光照试验　将试样装填在无色透明试样瓶中，固定在旋转架上，放置在装有氙灯的恒温箱内，温度设置为室温或40℃的较高温度，使旋转架围绕氙灯旋转，使样品受到均一照射，样品离光源的距离控制在25～40cm，样品照射30d，取出观察样品的颜色和气味的变化。

五、注意事项

1. 耐热实验中装填样品时，避免样品中存有气泡，影响判定。
2. 严格控制实验中的温度、时间、器皿的气密性。

六、思考题

1. 影响体系稳定性的因素有哪些？会导致什么样的影响？
2. 温度加速稳定性试验的理论依据是什么？
3. 离心加速稳定性试验的理论依据是什么？

实验二　pH的测定

一、实验目的

1. 了解pH计的工作原理。
2. 掌握酸度法测定化妆品pH的方法。

二、实验原理

pH是溶液中氢离子活度的一种表示方法，也是溶液酸碱程度的衡量标准。pH测量系统属于原电池系统，可将化学能转化为电能，其端电压被称为电极电位，由两个半电池构成，其中一个为参比电极（甘汞电极），另一个为测量电极（玻璃电极）。参比电极的电位在一定温度下是恒定的，与被测溶液中H^+的浓度无关，如25℃时饱和甘汞电极的电势为

0.245V。测量电极的电位随待测溶液H^+浓度的变化而变化，测量电极前端球泡的特殊玻璃膜对H^+敏感，当电极浸入溶液时，玻璃膜处于内部溶液和外部被测溶液之间，此时跨越玻璃膜产生膜内外电位差，与H^+浓度的关系符合能斯特方程，即电极的电位差与被测溶液的pH成正比。

化妆品的pH主要取决于原料的理化性质和配方组成，在化妆品的保存和使用过程中空气的氧化作用、微生物的污染都会导致有机物的腐败变质，从而改变化妆品的pH。健康人的皮肤pH在4.5～6.5，呈弱酸性，过酸过碱的pH不仅影响化妆品功效的正常发挥，还可造成皮肤刺激性皮炎和损伤，因此pH是评价化妆品安全性和稳定性的一项重要指标。

三、仪器与试剂

仪器：天平（精度0.0002g）；酸度计（带有温度补偿系统，精度至少为0.01）；磁力搅拌器（附有加温控制功能）；电热套或电热板；容量瓶（1000ml）；烧杯（100ml）。

试剂：去离子水；邻苯二甲酸氢钾；无水磷酸氢二钠；磷酸二氢钾；硼砂；化妆品（乳液、膏霜、水剂均可）。

四、操作步骤

1. 溶液配制

（1）去离子水：去离子水加热煮沸15min，冷却至室温备用。

（2）pH 4.01邻苯二甲酸氢钾标准缓冲液：称取干燥至恒重的优级纯邻苯二甲酸氢钾10.1200g，于100ml烧杯中，加煮沸冷却后的去离子水溶解，用容量瓶定容至1000ml，贮存于聚乙烯塑料瓶中备用。

（3）pH 6.86磷酸盐标准缓冲液：称取干燥至恒重的优级纯无水磷酸氢二钠3.5500g，磷酸二氢钾3.3900g于100ml烧杯，加煮沸冷却后的去离子水溶解，用容量瓶定容至1000ml，贮存于聚乙烯塑料瓶中备用。

（4）pH 9.18硼砂标准缓冲液：称取优级纯硼砂3.8000g，于100ml烧杯中，加煮沸冷却后的去离子水溶解，用容量瓶定容至1000ml，贮存于聚乙烯塑料瓶中备用。

2. 样品处理

（1）直测法（适用于水剂类样品和水包油型乳液）：取适量样品直接放入烧杯，调节至规定温度，备用。

（2）稀释法（适用于水包油型膏霜、水凝胶和水性黏稠样品）：称取试样约5g（精确至0.01g），加入煮沸冷却后的去离子水45ml，搅拌均匀，调节至规定温度，备用。

3. 仪器校正

（1）打开电源开关，预热20min以后，按“pH/mV”按钮，使仪器进入pH测量状态。

（2）按“温度”按钮，使仪器显示为溶液温度值（此时温度指示灯亮），然后按“确认”键，仪器确定溶液温度后回到pH测量状态。

（3）把用蒸馏水清洗过的电极插入pH=6.86的磷酸盐标准缓冲溶液中，待读数稳定后按“定位”键，使读数为该溶液当时温度下的pH（如混合磷酸盐标准缓冲溶液20℃时，pH=6.86），然后按“确认”键，仪器再次进入pH测量状态，标准缓冲溶液的pH与温度关系对照见表3-1。

表 3-1 缓冲溶液的 pH 与温度关系对照表

温度（℃）	pH		
	0.050mol/kg 邻苯二钾酸氢钾	0.025mol/kg 混合物磷酸盐	0.010mol/kg 硼砂
5	4.00	6.95	9.39
10	4.00	6.92	9.33
15	4.00	6.90	9.28
20	4.00	6.88	9.23
25	4.00	6.86	9.18
30	4.01	6.85	9.14
35	4.02	6.84	9.11
40	4.03	6.84	9.07
45	4.04	6.84	9.04
50	4.06	6.83	9.03
55	4.07	6.83	8.99
60	4.09	6.84	8.97

（4）把用蒸馏水清洗过的电极插入 pH=4.00（或 pH=9.18）的标准缓冲溶液中，待读数稳定后按“斜率”键（此时 pH 指示灯快闪烁，表明仪器在斜率标定状态）使读数为该溶液当时温度下的 pH（如邻苯二甲酸氢钾标准缓冲溶液 10℃时，pH=4.00），然后按“确认”键，仪器进入 pH 测量状态，标定完成。

（5）标定的缓冲溶液一般第一次用 pH=6.86 的溶液，第二次用接近被测溶液 pH 的缓冲液，如被测溶液为酸性时，缓冲溶液应选 pH=4.00 的邻苯二甲酸钾缓冲溶液；如被测溶液为碱性时则选 pH=9.18 的硼砂标准缓冲液。

4. 样品测定

（1）用煮沸冷却后的去离子水清洗电极头部，再用被测溶液清洗一次。

（2）用温度计测出被测溶液的温度值。

（3）按“温度”键，使仪器显示为被测溶液温度值，然后按“确认”键。

（4）把电极插入被测溶液内，用玻璃棒轻轻搅拌，至读数不再变化时，该读数即为被测样品的 pH。

5. 结果计算 测定结果以三次测量的平均值表示，精确至 0.01。

五、注意事项

（1）新玻璃 pH 电极或长期干储存的电极，在使用前应在保护液中浸泡 24h 后才能使用，经常使用的 pH 电极在停用时，电极的敏感部分应浸泡在饱和氯化钾保护液中。

（2）忌用浓硫酸或铬酸洗液洗涤电极的敏感部分，不可在无水或脱水的液体（如四氯化碳、浓乙醇）中浸泡电极，不可在碱性或氟化物的体系、黏土及其他胶体溶液中放置时间过长，以致电极响应迟钝。

（3）常温电极一般在 5～60℃温度范围内使用，如果在低于 5℃或高于 60℃时使用，应选用特殊的低温电极或高温电极。

（4）仪器使用前，先要标定，一般来说，仪器在连续使用时，每天要标定一次。

（5）仪器标定时，选用合适的标准缓冲溶液来标定，应使被测溶液的 pH 介于两标定的标准缓冲溶液之间。

（6）标定一经完成，“定位”和“斜率”按钮就不得随意触动，否则必须重新标定。

（7）仪器标定和样品测定时，电极及所有溶液的温度应一致，或同时调至室温校正和测定。

（8）配制标准缓冲溶液的去离子水必须煮沸冷却后再使用。

六、思考题

1. pH 计的工作原理是什么？
2. pH 测定的用水为什么要煮沸冷却，如果不煮沸对结果有什么影响？
3. 哪些类型的化妆品可以测定 pH，哪些类型的化妆品不能测定 pH，为什么？

实验三　密度的测定

方法一　密 度 瓶 法

一、实验目的

1. 熟悉密度瓶法测定密度的原理。
2. 掌握密度瓶法测定液体、半固体、粉体类等具有流动性的化妆品原料和成品相对密度的测定方法。

二、实验原理

密度瓶具有一定的容积，在一定温度下，使用同一密度瓶分别称量等体积的样品和蒸馏水的质量，两者之比即为该温度下样品的相对密度。

密度是物质的特性之一，在一定温度、压力下物质的密度是恒定的，因此可以利用密度来对化妆品原料进行定性鉴定或纯度鉴别，此外还可利用密度对半成品和成品化妆品进行稳定性的考察。

三、仪器与试剂

仪器：天平（精度为 0.0002g）；密度瓶（25ml，带有温度计，温度计的精度为 0.5℃，适用于液体样品的测定）；密度瓶（25ml，无温度计，适用于粉体和黏稠样品的测定）；温度计（100℃，精度为 1℃）；恒温水浴槽（温控精度±1℃）。

试剂：蒸馏水（煮沸冷却备用）；乳液化妆品；粉状化妆品或原料。

四、操作步骤

1. 样品测定

（1）依次用铬酸洗液、蒸馏水、乙醇、乙醚清洗密度瓶，干燥至恒重（精确至 0.0002g），称其质量，记为 m_0。

（2）向密度瓶中加入新鲜煮沸冷却至比规定温度低约 2℃的蒸馏水，装满密度瓶，插入温度计，然后将瓶置于规定温度的恒温水浴中，保持 20min。

（3）蒸馏水达到规定温度后，用滤纸擦去毛细管溢出的水，盖上盖子，然后将密度瓶从水浴中取出，擦干外部水分，称其质量，记为 m_1。

（4）将试样小心加入到洁净干燥的同一密度瓶中，插入温度计，盖好盖子，按照上述测量水值的方法进行恒温处理并称其质量，记为 m_2。

2. 结果计算 样品相对密度的计算按式（3-1）计算，以三次测量的平均值为最终结果。

$$D_{t_0}^{t}=\frac{m_2-m_0}{m_1-m_0} \tag{3-1}$$

式中：

$D_{t_0}^{t}$——试样在 t℃时相对于 t_0℃时同体积水的相对密度；

m_0——密度瓶的质量，单位为克（g）；

m_1——水和密度瓶的质量之和，单位为克（g）；

m_2——试样和密度瓶的质量之和，单位为克（g）。

五、注意事项

1. 测定较黏稠样品时，宜使用具有毛细管的密度瓶。
2. 水及样品必须装满密度瓶，瓶内不得有气泡。
3. 拿取已达恒温的密度瓶时，不得用手直接接触密度瓶球部，以免液体受热流出。应带隔热手套拿取瓶颈或用工具夹取。
4. 水浴中的水必须清洁无油污，防止瓶外壁被污染。

六、思考题

1. 容量瓶和水浴槽中水的洁净状况对实验结果有什么影响？
2. 温度是如何影响实验结果的？

方法二　密 度 计 法

一、实验目的

1. 了解密度计的工作原理。
2. 掌握密度计测定液体或半固体化妆品原料、半成品、成品相对密度的方法。

二、实验原理

密度计的底部封存少量铅粒，使其重心下移，确保密度计竖直立在液体中。密度计的工作原理符合阿基米德原理，即浮在液体中的密度计所受的重力与浮力相等。每个温度下密度计所受的重力是不变的，在不同的液体里，由于密度不同，密度计排开的液体的体积也就不一样，致使密度计浸没在液体的长度与液体的密度相对应，在对应的位置上标示相应密度，待密度计在被测液体中平衡后就可直接读取液体的密度值。

三、仪器与试剂

仪器：密度计（分度值为 0.01）；恒温水浴槽（精度±1℃）；温度计（100℃，精度 0.5℃）；量筒（250ml）。

试剂：蒸馏水（煮沸冷却备用）；白油。

四、操作步骤

1. 样品测定

（1）将蒸馏水置于洁净干燥的量筒中，插入温度计，再将量筒置于规定温度的恒温水浴中，保持20min。

（2）待蒸馏水达到规定温度后，用密度计测其密度，记为 p_0。

（3）将试样加入到另一洁净干燥的量筒中，按照测定蒸馏水密度的方法进行恒温处理和测定，所测密度记为 p_1。

2. 结果计算　样品相对密度的计算按式（3-2）计算，以三次测量的平均值为最终结果。

$$D_{t_0}^{t}=\frac{\rho_1}{\rho_0} \tag{3-2}$$

式中：

$D_{t_0}^{t}$——试样在 t℃时相对于 t_0℃时同体积水的相对密度；

ρ_1——试样在 t℃时的密度，单位为克/毫升（g/ml）；

ρ_0——水在 t_0℃时的密度，单位为克/毫升（g/ml）。

若测试样品密度，只需用密度计测定规定温度下样品，读数即为样品的密度，而不必测定水的密度。

五、注意事项

1. 首先估计待测样品密度值的可能范围，根据要求的精度选择测定范围适宜的密度计。
2. 测量时，用手拿住最高刻线以上部位垂直取放。
3. 容器要清洗干燥后再慢慢倒进待测样品，避免产生气泡，密度计浸入液体部分不得附有气泡。
4. 密度计使用前要洗涤清洁，密度计浸入样品后，若液面的弯月面不正常，应重新洗涤密度计。
5. 读数时以弯月面下部刻线为准，读数时密度计不得与容器壁、底及搅拌器接触。
6. 对不透明样品，只能用弯月面上缘读数法读数。

六、思考题

1. 密度计最小刻度间距是均等的吗？为什么？
2. 乳液样品中的气泡对测定结果有什么影响？

实验四　浊度的测定

一、实验目的

1. 了解浊度计的工作原理。
2. 掌握浊度计测定液体化妆品原料、半成品或成品浊度的方法。

二、实验原理

浊度，即透明液体的混浊程度，由含有的微量不溶性悬浮物质或颗粒所致。混浊度的单位为“NTU”或“FTU”，1 NTU 相当于 1L 的水中含有 1mg 的 SiO_2 时，所产生的混浊程度，1 FTU 相当于 1L 的水中 1.25mg 硫酸肼和 12.50mg 六次甲基四胺生成的聚合物所产生的混浊程度，1 NTU=1 FTU。

光度计根据光的透射、散射原理测定液体的浊度，一束 890nm 的平行红外光束在透明液体中传播，如果液体中无悬浮颗粒存在，那么光束在直线传播时不会改变方向；若有悬浮颗粒，光束在遇到颗粒时就会改变传播方向发生光反射，并产生散射光，颗粒越多（浊度越高）光的散射就越严重。即散射光强、入射光强相互之间比值和液体浊度之间存在一定的相关性，通过测定二者比值来测定液体的浊度，与入射光成 90°方向的散射光强度符合雷莱公式 $I_s=(KNV^2/\lambda^4)\times I_O$，其中 I_O 为入射光强度，I_s 为散射光强度，N 为单位溶液微粒数，V 为微粒体积，λ 为入射光波长，K 为被测液体常数，与液体属性有关。在入射光保持恒定的条件下，在一定浊度范围内，散射光强、入射光强的比值与溶液的浊度成正比，上式可表示为 $I_s/I_O=K'N$（K'为常数），根据公式，可以通过测量液体中微粒的散射光强度来测量液体的浊度。

三、仪器与试剂

仪器：浊度计；分析天平（精度 0.0001g）；恒温水浴槽（精度±1℃）；容量瓶（100ml、1000ml）；移液管（5ml）。

试剂：0 浊度超纯水（0.22μm 滤膜过滤）；硫酸肼；六次甲基四胺。

四、操作步骤

1. 溶液配制

（1）0.01g/ml 硫酸肼溶液：准确称取 10.0000g 硫酸肼，溶于 200ml 0 浊度水中，溶液转入 1000ml 容量瓶中，定容至刻度，摇匀后用 0.22μm 孔径的微孔滤膜过滤。

（2）0.1g/ml 六次甲基四胺溶液：准确称取 100.0000g 六次甲基四胺，溶于 400ml 0 浊度水中，溶液转入 1000ml 容量瓶中，定容至刻度，摇匀后用 0.22μm 孔径的微孔滤膜过滤。

（3）4000 NTU 福尔马肼（Formazine）标准溶液的制备：准确移取 0.01g/ml 硫酸肼溶液和 0.1g/ml 六次甲基四胺溶液各 100ml 混匀，密封后放置在 25℃的恒温箱或恒温水浴中，避光静置 24h 即成 4000 NTUFormazine 标准液。

（4）400 NTU Formazine 标准溶液的制备：准确移取 10ml 4000NTU Formazine 标准溶液于 100ml 容量瓶中，用 0 浊度水稀释定容至刻度，即为 400 NTU Formazine 标准溶液。

（5）其他各浊度的标准溶液配制参见表 3-2。

表 3-2 浊度标准溶液的稀释配制表

配制溶液浊度（NTU）	400NTU 储存液（ml）	4000NTU 储存液（ml）
10	2.5	—
100	25.0	2.5
400	—	10.0
700	—	17.5
1000	—	25.0

注：配制 100ml 相应浊度的溶液

2. 样品测定

（1）接通电源，打开仪器，预热 20min。

（2）将 0 浊度水倒入干净的试样瓶中，盖好保护盖，用无绒布擦拭干净水印和指印，放入试样座内，使试样瓶上的“十”字刻度的竖线对准试样座上的白色定位线，盖上遮光盖。

（3）待读数稳定后调节“调零”旋钮使仪器读数为 0。

（4）将 10 NTU 浊度标准溶液倒入干净的试样瓶中，盖好保护盖，擦拭干净后放入试样座内，调节“校正”旋钮使仪器读数为 10 NTU。

（5）用蒸馏水将试样瓶清洗干净，并用被测样品润洗两次，然后将样品缓慢倒入试样瓶，避免产生气泡，按上述要求放置好试样瓶，按“测量”键，待读数稳定后读取结果。

（6）若数值超出了仪器的量程，需进行稀释，使测得结果在仪器量程范围内。

3. 结果计算

以三次测量的平均值为最终测定结果，浊度按式（3-3）计算。

$$\text{浊度}=K\times T \tag{3-3}$$

式中：

K——稀释倍数；

T——稀释后浊度值。

五、注意事项

1. 为了将比色皿带来的误差降到最低，在校准和测量过程中使用同一试样瓶。
2. 避免用手接触试样瓶的透光面。
3. 浊度小于 200 NTU 的浊度标准溶液不能长期保存，应现配现用。
4. 酸性样品最好存放在塑料瓶内。

六、思考题

1. 浊度计能否测定有颜色的液体？为什么？
2. 被测样品的浓度过高对测定结果有什么影响？
3. 根据雷莱公式，光的散射与哪些因素有关？

实验五　黏度的测定

一、实验目的

1. 了解旋转黏度计的工作原理。
2. 掌握旋转黏度计测定化妆品原料、半成品和成品黏度的方法。

二、实验原理

液体在流动时，在其分子间产生内摩擦的性质，称为液体的黏性，黏性的大小用黏度表示，用来表征流体黏滞性。化妆品的水剂和乳液都属于流体，黏性是其重要的物理性质和技术指标，适宜的黏度是确保化妆品体系稳定性的重要因素，同时黏度对产品的使用和外观也有一定影响，因此黏度是确定化妆品配方及工艺稳定性的重要依据。

旋转黏度计上同步电机准确平稳地运转，并通过游丝带动转子转动。当转子受到阻力为 0 时，转子和电机同步旋转；当转子受到被测液体黏滞阻力时，游丝产生扭矩，转子的旋转滞后于电机旋转。当游丝的张力与液体阻力达到平衡时，转子滞后于电机的张角是固定的。通过测量张角，根据设定的转速和使用的转子计算出被测液体黏度。

三、仪器与试剂

仪器：旋转式黏度计 NDJ-5；恒温水浴槽（精度±1℃）；高型烧杯（100ml）；温度计等。

试剂：纯化水；乳液型化妆品。

四、操作步骤

1. 仪器安装

（1）将保护架装在仪器上（向右旋入装上，向左旋出卸下）。

（2）通过粗略估算被测液体的黏度范围选择适用的转子，将选配好的转子旋入连接螺杆。

2. 样品测定

（1）将被测液体置于直径不小于 70mm 的高型烧杯或直筒形容器中，准确地控制被测液体温度。

（2）旋转升降钮（可借用升降台）使转子浸入被测液体中，直至转子液面标志（转子杆上的凹槽或刻度）和被测物液面相平。

（3）调整位于支架前端的两水平调正螺钉以调整仪器水平。

（4）打开电源开关，按转子选择键，选择相应的转子类型，设定转速和温度，开动电机开关，使转子在液体中旋转，待读数稳定后按停止键读取数值。

（5）当指针所指的数值过高或过低时，可变换转子和转速。

（6）测定完毕，关掉电源，清洗转子并放回原处。

3. 结果计算 每个样品平行测定三次，取其平均值作为最终结果。

五、注意事项

1. 连接螺杆和转子连接端面及螺纹处应保持清洁，否则将影响转子的正常连接及转动时的稳定性。

2. 每次使用完毕后应及时清洗转子（不得在仪器上进行转子清洗），清洁后要妥善安放于转子架中。

3. 精确控制被测液体的温度。

4. 将转子以足够长的时间浸入被测液体，同时进行恒温保护，使其能和被测液体温度一致。

5. 确保液体的均匀性。

6. 测定时尽可能将转子置于容器中心。

7. 防止转子浸入液体时有气泡黏附于转子下面。

8. 若无法估算被测液体的大致黏度时，应假定为较高的黏度，试用由小到大的转子和由慢到快的速度。

六、思考题

1. 影响流体黏度的因素有哪些?
2. 流体黏度的大小与所用转子型号和转速有什么关系?

实验六 折光率的测定

一、实验目的

1. 了解阿贝折光仪的工作原理。
2. 掌握阿贝折光仪测定液体类化妆品原料、半成品和成品折射率的方法。

二、实验原理

折光率是物质最重要的物理常数之一，可作为液体定性、定量测定的依据，用于未知化合物的鉴定、溶液浓度的测定、液体稳定性的检测。

光从介质 1 射入介质 2 发生折射时，如图 3-1 中的（1）所示，入射角 α_m 与折射角 β_M 的正弦之比 $\eta_{2,1}$ 称为介质 2 相对介质 1 的折射率，即“相对折射率”（Snell 定律），即：

$$\eta_{2,1} = \frac{\sin\alpha_m}{\sin\beta_M} = \frac{v_m}{v_M}$$

式中：

v_m——光在第一种介质中的传播速度；

v_M——光在第二种介质中的传播速度；

α_m——入射角；

β_M——折射角。

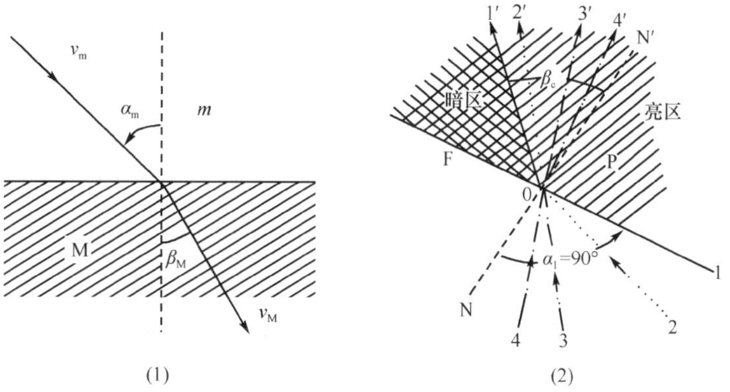

图 3-1 折光仪工作原理示意图

阿贝折光仪是根据光的临界反射来设计的，试样 m 置于测量棱镜 P 的镜面 F 上，而棱镜的折光率大于试样的折光率。如果入射光正好沿着棱镜与试样的界面 F 射入，即当入射角 α_m=90°，所对应的折射角 β_M<90°为最大折射角，称为临界角。因此大于临界角的区域构成暗区，小于临界角的区域构成亮区，如图 3-1 中的（2）所示。

如果已知棱镜 P 的折光率 η_2，并且在温度、单色光波长都保持恒定值的实验条件下，根据公式 $\eta_2/\eta_1=\sin\beta_p/\sin\alpha_m$，测定临界角就能计算出被测试样的折光率 η_1。

为了测定临界角，阿贝折光仪采用了“半明半暗”的方法，使入射光光以0°～90°的所有角度从样品射入透镜，这时透镜中临界角以内的整个区域均有光线通过，是亮区；而临界角以外的全部区域没有光线通过，是暗区，明暗两区域的界线十分清楚。透镜上方用目镜观测，就可看见一个界线十分清晰的半明半暗的现象。

介质不同，临界角也就不同，目镜中明暗两区的界线位置也不一样。如果在目镜中刻上一“十”字交叉线，改变介质与目镜的相对位置，使每次明暗两区的界线总是与“十”字交叉线的交点重合，通过测定其相对位置（角度）并经换算，便可得到折光率，阿贝折光仪的标尺上所刻的读数即是换算后的折光率。

三、仪器与试剂

仪器：阿贝折光仪；恒温水浴槽（精度±0.5℃）；滴管；擦镜纸；脱脂棉。

试剂：无水乙醚；溴代萘丙酮；橄榄油。

四、操作步骤

1. 仪器校准

（1）仪器开机预热15min。

（2）在折射棱镜的抛光面加1～2滴溴代萘，贴上标准试样的抛光面，当读数视场指示于标准试样的数值时，观察目镜内明暗分界线是否在“十”字线的交点处，若有偏差则用螺丝刀微调物镜固定旋钮，使分界线位移至十字线中心。校正完毕后，使用过程中不得随意进行物镜的调节。

2. 样品测定

（1）加样，松开锁钮，开启辅助棱镜，使其磨砂的斜面处于水平位置，用滴管加少量丙酮清洗镜面（勿使管尖端碰撞镜面），使难挥发的沾污物溶解，用擦镜纸（切勿用滤纸）轻轻吸干镜面残液。待镜面干燥后，滴加数滴试样（橄榄油）于辅助棱镜的毛镜面上，闭合辅助棱镜，旋紧锁钮。若试样易挥发，则可在两棱镜接近闭合时从加液小槽中加入，然后闭合两棱镜，旋紧锁钮。

（2）对光，转动手柄，使刻度盘标尺上的示值为最小，调节反射镜，使入射光进入棱镜组，同时从测量望远镜中观察，使视场最亮；调节目镜，使视场中准丝最清晰。

（3）粗调，转动手柄，使刻度盘标尺上的示值逐渐增大，直至观察到视场中出现彩色光带或黑白临界线为止，如图3-2中（1）所示。

（4）消色散，转动消色散手柄，使视场内呈现一个清晰的明暗临界线，如图3-2中（2）所示。

（5）精调，转动手柄，使临界线正好处在“十“形准丝交点上，若此时又呈微色散，可重调节消色散手柄，使临界线明暗清晰。调节过程在右边目镜看到的图像颜色变化如图3-2中（3）所示。

（6）读数，打开刻度盘罩壳上方的小窗，使光线射入，从读数望远镜中读出标尺上相应的示值。由于眼睛在判断临界线是否处于准丝交点上时，容易疲劳，为减少偶然误差，应转动手柄，重复测定三次，三个读数相差不能大于0.0002，取其平均值。

3. 结果计算 试样的成分对折光率的影响极其灵敏，由于沾污或试样中易挥发组分的蒸发，导致试样组分发生微小的改变，使测定结果偏差较大，因此测一个试样须重复三次取样，测定三个样品的数据，取其平均值作为最终测定结果。

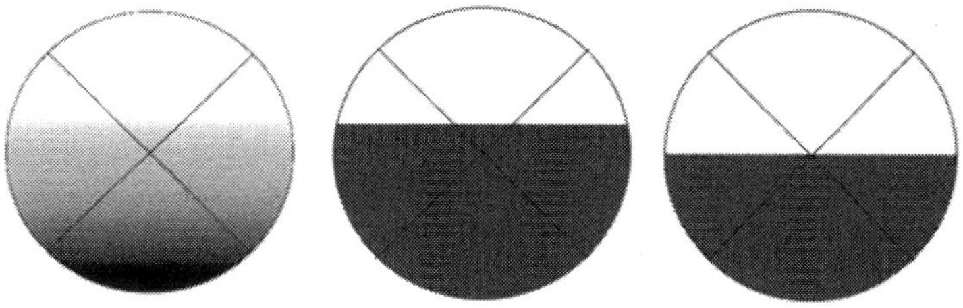

(1) (2) (3)

图 3-2 调节过程中视场中图像的变化

（1）调节前视场中的色散现象；（2）视场中色散消除后的现象；（3）调整后读数时视场中的现象

五、注意事项

1. 被测液体中不应有固体物，严防划坏棱镜表面，样品最好过滤后测定。
2. 保持仪器洁净，棱镜在每次测试完后用脱脂棉蘸取乙醇乙醚混合液（1∶1）擦洗干净，挥发干燥后仪器装箱。
3. 勿用折光仪测定强酸、强碱及有腐蚀性的液体。

六、思考题

1. 什么是临界折射？
2. 测定折光率的影响因素有哪些？对测定结果有什么影响？

实验七 电导率的测定

一、实验目的

1. 了解电导率仪的工作原理。
2. 掌握电导率仪测定化妆品水性原料、水包油型半成品和成品电导率的测定方法。

二、实验原理

电导率是用来描述物质传输电流能力强弱的参数，液体的电导率与溶质或分散介质的电离强度、浓度及温度等因素密切相关。电导率的基本单位是西门子（S），由于电导池的几何形状影响电导率值，所以标准的测量中用单位 S/cm 来表示电导率，以补偿电极尺寸造成的差别。

电导率测量仪的测量原理是将两块平行的极板（即电极）插入溶液中，在极板的两端加上一定的电势，测量极板间流过的电流或电阻率的大小来确定电导率。单位电导率（C）简单地说是所测电导率（G）与电导池常数（L/A）的乘积，这里的 L 为两块极板之间的液柱长度，A 为极板的面积。

三、仪器与试剂

仪器：电导率仪（范围 0～2×10^{5}μs/cm）；电导电极；恒温水浴槽（精度±0.5℃）；温度计（精度应高于±0.5℃）。

试剂：氯化钾；超纯水。

四、操作步骤

1. 溶液配制

（1）1mol/L 氯化钾标准溶液：称取在 105℃干燥 2h 优级纯氯化钾（或基准试剂）74.3650g，用新制备的超纯水（20℃±2℃）溶解后移入 1L 容量瓶中，并稀释至刻度，混匀。

（2）0.1mol/L 氯化钾标准溶液：称取在 105℃干燥 2h 优级纯氯化钾（或基准试剂）7.4365g，用新制备的超纯水（20℃±2℃）溶解后移入 1L 容量瓶中，并稀释至刻度，混匀。

（3）0.01mol/L 氯化钾标准溶液：称取在 105℃干燥 2h 优级纯氯化钾（或基准试剂）0.7440g，用新制备的超纯水（20℃±2℃）溶解后移入 1L 容量瓶中，并稀释至刻度，混匀。

（4）0.001mol/L 氯化钾标准溶液：于使用前准确吸取 0.01mol/L 氯化钾标准溶液 100ml，移入 1L 容量瓶中，用新制备的超纯水（20℃±2℃）稀释至刻度，混匀。

以上氯化钾标准溶液，应放入聚乙烯塑料瓶或硬质的玻璃瓶中，密封保存。氯化钾标准溶液在不同温度下的电导率如表 3-3 所示。

表 3-3　不同温度下不同浓度氯化钾标准溶液的电导率

氯化钾浓度（mol/L）	温度（℃）	电导率（μs/cm）
1.000	0	65 176
	18	97 838
	25	111 342
0.100	0	7 138
	18	11 167
	25	12 856
0.010	0	773.6
	18	1 220.5
	25	1 408.8
0.001	25	146.93

2. 样品测定

（1）仪器开机预热 15min。

（2）按“功能“键，选择校准溶液的类型和参数，根据使用的电极型号选择电极电导常数，根据待测样品选择适宜的温度补偿系数。

（3）按“校准”键，进入校准模式，将电导电极在超纯水中洗净并甩干，经校准液润洗后浸入校准溶液中，搅动后静置，待测量值稳定后再按“校准”键，仪器会自动显示校准溶液的电导率，校准完毕后，仪器进入测量模式。

（4）电极用超纯水洗净并甩干，经试样溶液润洗后放入试样溶液中，搅动、静置，待数值稳定后，读取读数即为该溶液的电导率值。

（5）试样的电导率大小不同，应使用电导常数不同的电极。不同电导率的试样可参照表 3-4 选用不同电导常数的电极。

表 3-4　不同电导常数的电极测定范围

电导常数（cm^{-1}）	电导率（μs/cm）
0.01	0.05～20
0.10	0.10～200
1.00	1.00～2000
10.00	10.00～20 000

3. 结果计算

重复取样测定三次，测定结果读数相对误差均在±3%以内，求平均值即为最后结果。

五、注意事项

1. 电导率仪使用频繁较高时，应定期进行调试，并校正电极常数。
2. 保持电极清洁，最好用超纯水清洗。
3. 电极不用时应浸泡在超纯水中，以防电极钝化。
4. 铂电极的表面不能擦拭，只能在水中晃动清洗，以免损坏铂镀层。
5. 盛放试样的容器要严防离子污染。
6. 电极沾污有机物后，可用温热的洗涤剂或乙醇、乙醚清洗。

六、思考题

1. 影响电导率测定的因素有哪些？
2. 电导率仪的基本原理是什么？

实验八　发泡率的测定

一、实验目的

1. 了解罗氏泡沫仪的构造和工作原理。
2. 掌握泡沫仪测量一定条件下泡沫半衰期的方法。

二、实验原理

泡沫与洗涤作用并没有直接的联系，泡沫量的多少并不表示洗涤效果的好坏。但在某些情况下，泡沫对污垢去除有一定的帮助。例如，洗涤餐具时，洗涤液的泡沫可以将洗下来的油滴带走；擦洗地面时，泡沫有助于带走尘土、粉末等固体污垢。另外，脂肪性油污对洗涤液有消泡的作用，当洗涤剂量一定时，油污越多，产生的泡沫就越少，所以泡沫可作为洗涤产品洗涤能力的指标。此外，泡沫量也是判定漂洗是否干净的重要依据。因此发泡力和泡沫稳定性是洗涤产品洗涤能力的重要参考指标。

洗涤液发泡力和泡沫稳定性采用 Ross-Miles 法测定，将样品用一定硬度的水配制成特定浓度的试样溶液，在一定温度条件下，将 200ml 试液从 90cm 高度处流到刻度管底部 50ml 相同试液的表面，液面产生撞击，混入空气，产生气泡，测量试液刚好流完时的泡沫高度作为试样的发泡力，并测定若干时间后泡沫的高度，评估泡沫的稳定性。

三、仪器和试剂

仪器：Ross 泡沫仪（支架、自动恒温水浴）；恒温水浴槽（带有循环水泵，可控制水温于 40℃±0.5℃）；分析天平（精度 0.0001g）；量筒（500ml）；容量瓶（1000ml）。

试剂：无水氯化钙；七水硫酸镁。

四、实验步骤

1. 溶液配制 150mg/kg 硬水配制：称取七水硫酸镁 0.149g，无水氯化钙 0.0999g，用蒸馏水溶解于 1000ml 容量瓶中，并稀释至刻度，摇匀。

2. 样品处理 准确称取实验样品 2.50g，用 150mg/kg 硬水溶解，转移至 1000ml 容量瓶中，用硬水定容至刻度，摇匀，放置于 40℃±0.5℃的恒温水浴中陈化 30min，作为试液待用。

3. 样品测定

（1）刻度管内壁预先用铬酸洗液浸泡过夜，使用时用蒸馏水冲洗至无酸。

（2）实验开始时，打开恒温水浴装置，确保在正式实验前水温达到 40℃±1℃。

（3）试液陈化时，启动水泵使循环水通过刻度管夹套，并使水温稳定在 40℃±1℃。

（4）试验前先用蒸馏水冲洗刻度管内壁，再用试液冲洗，冲洗应完全，内壁不能留有泡沫。

（5）关闭刻度管活塞，自刻度管底部装入试液至 50ml 刻度线以上，静置 5min，调节活塞，使试液面恰在 50ml 刻度处，此试液必须预先加热到 40℃。

（6）将滴液管注满 200ml 试液（温度为 40℃），并垂直安装到测量装置上，使其梗管最下端与刻度管上部 900mm 刻度线平齐，并严格对准刻度管的中心，使滴液管流出的试液正好沿着刻度管的中心流下。

（7）打开滴液管的活塞至最大，使试液流下，当滴液管中的试液流完时，立即启动秒表，记录初始泡沫的高度，并分别记录 5min、10min 后的泡沫高度，泡沫高度以泡沫边缘与顶点的平均高度作为测定结果。

（8）重复以上试验三次，每次试验之间必须将管壁冲洗干净。三次试验的平均值作为最后结果，各次测量误差不应超过 5mm。

五、注意事项

1. 装置必须全部垂直，否则液面不平读不准。

2. 试液在放入滴液管前应预热到 41.5℃左右，注入以后正式操作时的温度适为 40℃±0.5℃，否则温度高低，对数据影响很大。

3. 有些溶液的泡沫活动不稳定，数分钟后泡沫表面破裂，导致泡沫表面高低不平，此时高度读数取估计的平均数字。

六、思考题

1. 为什么使用硬水配制试液？使用纯化水和自来水可以吗？

2. 影响发泡力测定的因素有哪些？

3. 改进的 Ross-Miles 法与 Ross-Miles 法实验原理相同，最大的改变之处是在滴液管的下部加装了计量管，加装计量管的目的是什么？

实验九 熔点的测定

一、实验目的

1. 了解熔点的概念及熔点测定的意义。
2. 熟悉不同熔点测定方法的原理，掌握透光度法测定熔点的技术方法。

二、实验原理

固态物质受热后，从开始熔化（初熔）至完全熔化（全熔）的温度范围就是该化合物的熔点，实际上是熔点范围，也称熔程或熔距。物质的熔点与其纯度和压强有关。纯净的固体化合物一般都有固定的熔点，在一定的外界压力下，固、液两相间的变化非常敏锐，纯净的固体有机化合物自初熔至全熔的温度不超过 0.5～1℃，若混有杂质则熔点有显著变化，熔程扩大，熔点也往往下降。物质的熔点，通常是指一个大气压下的情况，如果压强变化，熔点也会发生变化。对于大多数物质，熔化过程是体积变大的过程，当压强增大时，这些物质的熔点升高；但水与大多数物质不同，冰融化成水的过程体积缩小（金属铋、锑等也是如此），当压强增大时冰的熔点反而降低。熔点是物质固有的物理属性，不同的物质其熔点一般不同，因此熔点测定是物质鉴别的手段，也是纯度检测的方法之一。

熔点测定的方法有毛细管法、显微熔点法及依据光学原理的数字熔点法。毛细管法和显微熔点法测试原理相同，都是通过观察熔化过程中物质形态的变化确定初熔和终熔的温度，二者不同之处在于后者借助显微放大技术更容易观察物质的变化过程。

数字熔点法基于光的反射和折射原理，物质在固体状态时对入射光的反射作用较强，折射作用较弱，在熔化状态时，折射作用显著增强，致使熔化过程中随温度的升高透光度产生跃变。根据物质熔化前后，透光度的跃变，确定初熔和终熔温度。

三、仪器与试剂

仪器：数字熔点仪；毛细管（一端封闭）；长玻璃管（两端开口，长约 50cm）；研钵。

试剂：苯甲酸。

四、操作步骤

1. 样品装填 将 0.1～0.2g 待测样品粉末（干燥、迅速研碎）放在干净的表面皿上聚成小堆，将毛细管开口垂直插入此小堆内将样品挤入毛细管中，在桌面上蹾几下，再在玻璃管中自由落下 10 次左右，使样品装填均匀、紧密，样品装填高度以 2～3mm 为宜。

2. 样品测定

（1）开机运行仪器。

（2）设置预置温度和升温速度，预置温度应比沸点高至少 10℃，升温速率一般以 1℃/min 为宜。

（3）待仪器当前温度稳定且与预置温度一致后，将装有试样的毛细管装入升温槽中，按“开始”键。

（4）测试完毕后仪器自动显示初熔、终熔温度和熔化曲线。

3. 结果计算 连续测定三次，记录每次的初熔和终熔温度，计算平均值，作为样品的熔程，两次测量的误差控制在1℃内。

五、注意事项

1. 熔点管要干燥、洁净。
2. 样品充分研细，避免吸潮和污染。
3. 熔点管装填样品要均匀、紧密。
4. 接近熔点时升温速度一定要慢，保持1℃/min升温速度为宜。

六、思考题

1. 熔点相同的两种物质等量混合熔点有什么变化？
2. 加热速度对熔点测定有什么影响？
3. 样品颗粒的大小、均匀度及填充紧密程度对测定结果有什么影响？

实验十 沸点的测定

方法一 蒸馏法测沸点

一、实验目的

1. 了解蒸馏的原理，熟悉蒸馏的装置及操作方法。
2. 掌握常压下测定液体沸点的原理和方法。

二、实验原理

沸点对有机化合物来说，是一个重要的物理常数。纯物质在一定压力下具有恒定的沸点。若有杂质的掺入，沸点则会发生降低或升高的现象，并且在蒸馏过程中沸点会逐渐变化。因此，测定沸点可检验物质的纯度。

液体分子由于分子动能有从液体表面逸出的倾向，这种倾向随温度的升高而增大，进而在液面上部形成蒸气，当分子由液体逸出的速度与分子由蒸气冷凝为液体的速度相等时，液面上的蒸气达到饱和，称为饱和蒸气。它对液面所施加的压力称为饱和蒸气压。液体的蒸气压只与温度有关，即液体在一定温度下具有一定的蒸气压。当液体的蒸气压增大到与外界压力（通常指大气压力）相等时，会有大量气泡从液体内部逸出，即液体沸腾，这时的温度称为液体的沸点。沸点是有机化合物的重要物理常数。

纯净的液体有机化合物在一定的压力下具有一定的沸点，利用这一点，可以测定纯净液体有机物的沸点。但是具有固定沸点的液体不一定都是纯净的化合物，因为有些有机化合物常和其他化合物形成二元或三元共沸混合物，在一定条件下，它们也有恒定沸点。

蒸馏是将液体有机物加热到沸腾状态，使液体变成蒸气，又将蒸气冷凝为液体的过程。通过蒸馏可除去不挥发性杂质，也可以分离沸点相差大于30℃的液体混合物，还可以测定纯净的液体有机物的沸点及定性检测有机物的纯度。由于蒸馏测定沸点的方法样品用量较多，也称为常量法。

三、仪器与试剂

仪器：加热套；温度计（100℃）；量筒（50ml）；圆底烧瓶（100ml）；冷凝管；蒸馏头；接收管；锥形瓶；沸石。

试剂：乙醇。

四、操作步骤

1. 蒸馏装置安装　常压蒸馏最常用的装置由蒸馏瓶、温度计、冷凝管、接收管和接收瓶等组成（图 3-3）。

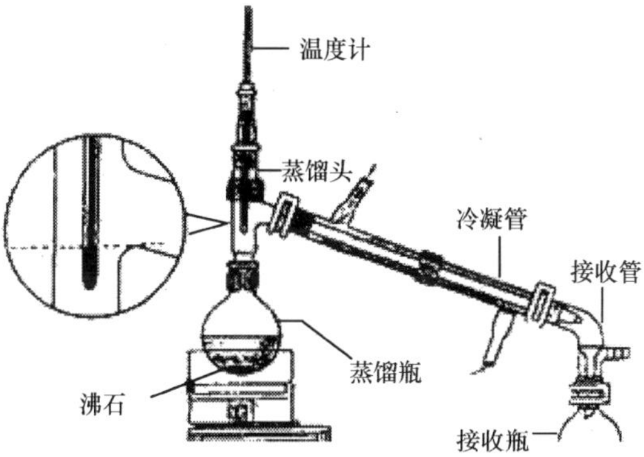

图 3-3　蒸馏装置示意图

安装的顺序是先从热源（煤气灯、酒精灯或电炉）处开始，按“由下而上，由左到右（或由右到左）”的顺序，依次安放铁架台、电热套、蒸馏瓶、蒸馏头、具塞温度计、冷凝管、接收管、接收瓶，使温度计水银球的上限和蒸馏瓶支管的下限在同一水平线上，蒸馏瓶用铁夹垂直夹好。安装冷凝管时，应先调整好位置使其与蒸馏头支管同轴，然后松开冷凝管铁夹，使冷凝管沿此轴转动和蒸馏瓶相连，这样才不致折断蒸馏瓶支管。铁夹不应夹得太紧或太松，以夹住后稍用力尚能转动为宜。整个装置要求准确端正，无论从正面或侧面观察，全套装置中各仪器的轴线都要在同一平面内。所有的铁夹和铁架都应尽可能整齐地放在仪器的背后。

2. 蒸馏

（1）加料：仪器装好后，取下温度计，通过玻璃漏斗或直接沿着面对支管口的瓶壁倒入 30ml 样品于蒸馏瓶中（注意不能使液体从支管流出）。加入几粒沸石，装好带温度计的塞子，检查仪器的各部分连接是否紧密。

（2）加热：打开冷凝水，缓缓通入冷水，开始加热，冷凝水自下而上，蒸气自上而下。注意观察蒸馏瓶里的现象和温度上升的情况，加热一段时间后，液体沸腾，蒸气逐渐上升，上升到温度计水银球时，温度计水银柱急剧上升。此时调节热源，使蒸气不要立即冲入蒸馏瓶的支管中，而是冷凝回流，让水银球上液滴和蒸气温度达到平衡。待温度稳定后，再稍加大火焰，进行蒸馏。调节加热速度，控制馏出液滴以每秒钟 1～2 滴为宜。整个蒸馏过程中，水银球上应始终保持有液滴。

（3）沸点观察及馏出液收集：温度稳定前的馏分，常为沸点较低的液体。待温度稳定后，蒸出的物质为较纯的物质。记下此时温度计的读数，若是纯物质则蒸至最后一滴时，停止蒸馏；若是混合物，则温度计示数开始上升时，再次记下此时温度计的读数。前后两次读数即为样品的沸点范围。

（4）仪器拆除：蒸馏完毕，先停止加热，稍冷后停止通水，拆除仪器。仪器拆除的顺序和装配时相反，先拆除接收瓶，然后依次拆下接收管、冷凝管和蒸馏瓶等。

3. 结果 样品重复蒸馏三次，以三次测定结果的平均值为最终结果。

五、注意事项

1. 沸石必须在加热前加入，如加热前忘记加入，补加时必须先停止加热，待被蒸物冷至沸点以下方可加入。若在液体达到沸点时投入沸石，会引起猛烈的暴沸，部分液体可能冲出瓶外引起烫伤或火灾。如果沸腾中途停止过，在重新加热前应重新加入新的沸石。
2. 蒸馏时的速度不能太快，也不能进行得太慢，以每秒钟 1～2 滴为宜。
3. 样品装填量最多不超过蒸馏瓶容积的 2/3。
4. 仪器安装顺序先下后上，先左后右，拆卸顺序相反。

六、思考题

1. 如何通过常量法测定液体的沸点判断其一物质的纯度？如果液体物质具有恒定的沸点，能否认为一定是纯物质？为什么？
2. 蒸馏时为什么要使温度计水银球的上限和蒸馏瓶支管的下限在同一水平线上？蒸馏前为什么要加入沸石？
3. 加热时温度太高或太低对测定结果有什么影响？

方法二 微量法测沸点

一、实验目的

1. 熟悉微量法测定物质沸点原理。
2. 掌握微量法测定物质沸点的操作方法。

二、实验原理

液体沸点与大气压力有关，当液体的蒸气压增大到与外界压力（通常指大气压力）相等时，会有大量气泡从液体内部逸出，液体沸腾，这时的温度称为液体的沸点。

三、仪器与试剂

仪器：酒精灯；温度计（0～100℃）；提勒管（Thiele tube）；毛细管（直径 1mm）；橡皮圈。

试剂：乙醇；白油。

四、操作步骤

1. 样品管制备 沸点管由内管和外管组成，外管为一根内径 3～4mm，长约 5cm 底端封闭的玻璃管，内管为内径约 1mm，长约 4cm 上端封闭的毛细管。取毛细管在酒精灯上加热将其一端封闭，待用。

2. 加样　将白油装入干燥的提勒管中，使液面没过上支管 0.5～1cm，取 1～2 滴样品于沸点管的外管中（液面高 2～3mm），放入内管（封闭的那一端向上，开口端向下）。然后将沸点管用橡皮圈固定在温度计上，使样品位置在温度计水银球中央，放入提勒管的油浴中，使温度计水银球位于提勒管上下支管的中间位置。

3. 沸点测定　酒精灯加热油浴，加热时，由于气体膨胀，内管中会有小气泡缓缓逸出，在到达或超过该液体的沸点时，将有一连串的小气泡快速地逸出(同时排出内管中的空气)。此时要停止加热，使油浴自行冷却，气泡逸出的速度即慢慢减缓。在气泡不再冒出，而液体刚要进入内管的瞬间（即最后一个气泡刚欲缩回内管中时注意仔细观察），表示毛细管内的蒸气压与外界压力相等（图 3-4）。记录此时温度计读数，此时的温度即为该液体的沸点。

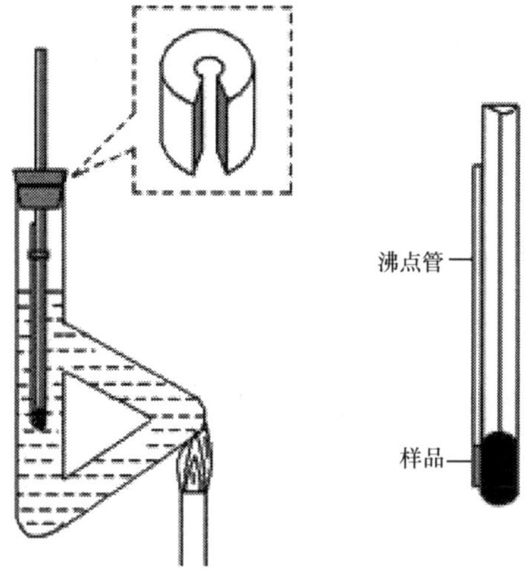

图 3-4　提勒管测沸点示意图

4. 结果　样品重复蒸馏三次，以三次测定结果的平均值为最终结果。

五、注意事项

1. 样品位置应在温度计水银球中央。
2. 温度计水银球中央应处于提勒管上下支管的中间位置。
3. 封闭毛细管时，玻璃管必须均匀加热。
4. 加热不能过快，样品不能太少，以防液体全部汽化。

六、思考题

1. 为什么最后一个气泡冒出时的温度是样品的沸点？
2. 加热速度太快或太慢、沸点管内管空气未排除干净对测定结果有什么影响？
3. 沸点管内管上端未封好，将会有什么现象？

第四章

化妆品及其原料化学参数的测定

实验十一　洗涤产品中有效物含量的测定

一、实验目的

1. 了解洗涤产品中有效物的含义。
2. 熟悉其含量测定的原理，掌握测定方法。

二、实验原理

有效物是洗发液、沐浴液、洗手液、洗衣液等洗涤产品质量控制中的重要指标，有效物主要是各种表面活性剂及少量的其他水助溶剂，表面活性剂中以具有良好去污能力的阴离子表面活性剂为主。因此，其含量决定了去污的能力，是衡量清洁效果的最重要指标。

洗涤产品有效物含量的测定，采用乙醇作为萃取剂，溶解样品中阴离子表面活性剂、其他醇溶性的表面活性剂及用于调节黏度的氯化物（主要是氯化钠），过滤去除其他醇不溶性物质，硝酸银滴定乙醇萃取物中的氯化物，有效物含量由乙醇溶解物减去乙醇溶解物中氯化物含量算得。该方法不适用于含有皂基的洗涤产品。

三、仪器与试剂

仪器：分析天平（精度 0.0002g）；恒温烘箱（105℃ ± 2℃）；水浴加热器；抽滤器或小型真空泵；干燥器（直径 36cm）；温度计（精度 0.2℃）；烧杯（250ml、500ml）；古氏坩埚（30ml）；锥形抽滤瓶（500ml）；量筒（100ml）；棕色酸式滴定管（25ml）；三角瓶（250ml）等。

试剂：95 %乙醇；酚酞；氢氧化钠；硝酸；铬酸钾；硝酸银。

四、操作步骤

1. 乙醇溶解物含量的测定

（1）试剂配制

1）95%中性乙醇：95%乙醇煮沸冷却，用氢氧化钠溶液中和至对酚酞呈中性。

2）无水乙醇：煮沸冷却。

（2）步骤：称取样品 2～3g（准确至 0.001g），置于 250ml 烧杯中，加入约 3ml 蒸馏水，用玻璃棒搅拌，使之均匀，无团块。加入 5ml 无水乙醇，继续用玻璃棒搅拌，使样品溶解呈糊状，然后边搅拌边缓缓加入 90ml 无水乙醇，可适当加热，促使其完全溶解。静置片刻至溶液澄清，用倾泻法通过古氏坩埚进行过滤（用吸滤瓶抽滤），清液尽量排干，不溶物尽可能留在烧杯中，再以同样方法，每次用 25ml 95%的热乙醇重复萃取、过滤，操作 4 次。将吸滤瓶中的液体小心地转移至已称重的 500ml（m_1）烧杯中，用 95%的热乙醇冲洗吸滤瓶3次，滤液和洗涤液一同合并于500ml烧杯中（此为乙醇萃取液）。

置于沸水浴中，使乙醇蒸发完全，再将烧杯外壁擦干，置于（105℃±2℃）烘箱内干燥1h，移入干燥器中，冷却30 min并称重（m_2）。

（3）结果计算

乙醇溶解物的含量按式（4-1）计算：

$$m_3 = m_2 - m_1 \tag{4-1}$$

式中：

m_3——乙醇溶解物的含量，单位为克（g）；

m_1——空烧杯的质量，单位为克（g）；

m_2——烘干后试样和烧杯的质量，单位为克（g）。

2. 氯化物的测定

（1）试剂配制

1）50g/L铬酸钾溶液：称取5.00g铬酸钾溶于100ml蒸馏水中，棕色试剂瓶储存。

2）0.1mol/L硝酸银标准溶液：称取分析纯硝酸银16.989g，用水溶解并移入1L棕色容量瓶中，稀释至刻度，摇匀。按第二章中第三节的相关方法进行标定。

3）10g/L酚酞溶液：称取1.00g酚酞，蒸馏水溶解，备用。

4）0.5mol/L硝酸溶液：量取33ml 68%的硝酸，缓缓加入800ml蒸馏水中，然后定容至1000ml。

5）0.5mol/L氢氧化钠溶液：称取20g氢氧化钠，溶解在800ml蒸馏水中，然后定容至1000ml。

（2）步骤：将已称量的烧杯中的乙醇萃取物（m_1）用100ml蒸馏水和20ml 95%的中性乙醇加热溶解，洗涤至250ml三角瓶中，加入3滴酚酞溶液，如呈红色，则以0.5mol/L硝酸溶液中和至红色刚好褪去，如不呈红色，则以0.5mol/L氢氧化钠溶液中和至微红色，再以0.5mol/L硝酸溶液回滴至微红色刚好褪去。然后加入1ml铬酸钾指示剂，用0.1mol/L硝酸银溶液滴定至溶液由黄色变为橙色为止。

（3）结果计算：氯化物含量按式（4-2）计算：

$$m_4 = 0.0585 \times V \times c \tag{4-2}$$

式中：

m_4——氯化物含量（以氯化钠计），单位为克（g）；

c——硝酸银标准溶液的浓度，单位为摩尔/升（mol/L）；

V——滴定试样时消耗的硝酸银标准溶液的体积，单位为毫升（ml）；

0.0585——氯化钠的毫摩尔相对分子质量，单位为克/毫摩尔（g/mmol）。

3. 有效物含量的计算 样品中有效物的含量数值以%表示，按式（4-3）计算。

$$\text{有效物}(\%) = \frac{m_3 - m_4}{m} \times 100\% \tag{4-3}$$

式中：

m_3——乙醇溶解物的含量，单位为克（g）；

m_4——氯化物含量（以氯化钠计），单位为克（g）；

m——取样量，单位为克（g）。

五、注意事项

1. 恒重物品和样品干燥的测定中，不能在室温下冷却，要在干燥器内冷却。
2. 硝酸银溶液滴定时，要确保溶液呈中性。
3. 乙醇及乙醇溶液必须加热去除二氧化碳。

六、思考题

1. 测定乙醇不溶物时，乙醇为什么调至中性？
2. 为什么要测定氯化物的含量？
3. 为什么上述方法不适用于含有皂基的洗涤产品？如果产品中含有皂基时如何测定有效物含量？

实验十二　酸值的测定

一、实验目的

1. 进一步熟悉酚酞指示剂滴定终点的判断。
2. 掌握热乙醇法测定油脂酸值的原理及方法。

二、实验原理

酸值也可以被称为酸价。在化学中，酸价（或称中和值、酸值、酸度）表示中和 1g 化学物质所需的氢氧化钾（KOH）的毫克数。酸价是对化合物（如脂肪酸）或混合物中游离羧酸基团数量的一个计量标准。油脂中的游离脂肪酸与 KOH 发生中和反应，从 KOH 标准溶液消耗量可计算出游离脂肪酸的量，反应式如下：

$$RCOOH + KOH \longrightarrow RCOOK + H_2O$$

典型的测量程序是，将一份质量已知的样品溶于有机溶剂，用浓度已知的氢氧化钾溶液滴定，并以酚酞溶液作为颜色指示剂。酸价可作为油脂变质程度的指标，其单位为 mg/g。

三、仪器与试剂

仪器：水浴锅；微量滴定管（10ml，最小刻度 0.02ml）；分析天平；锥形瓶；量筒。
试剂：氢氧化钾；95 %乙醇；酚酞指示剂。

四、操作步骤

1. 溶液的配制

（1）10g/L 酚酞指示剂：称取 10g 酚酞溶解于 1L 的 95%乙醇溶液中。（在测定颜色较深的样品时,每 100ml 酚酞指示剂溶液,可加入 1ml 的 1% 次甲基蓝溶液观察滴至终点。）

（2）0.1mol/L 氢氧化钾溶液：称取 5.61g 氢氧化钾，溶于适量水中，定容至 1L，摇匀备用。

2. 样品的测定　热乙醇测定法是适用于脂的酸值测定的参考方法（在本方法规定的条件下，短碳链的脂肪酸易挥发）。

（1）取样：根据样品的颜色和估计的酸值按表 4-1 所示称样，装入锥形瓶中。

表 4-1　酸值与取样量对照表

估计的酸值	试样量（g）	试样称重的精确度（g）
<1	20	0.05
1～4	10	0.02
4～15	2.5	0.01
15～75	0.5	0.001
>75	0.1	0.0002

注：试样的量和滴定液的浓度应使得滴定液的用量不超过 10ml。

（2）测定：将含有 0.5ml 酚酞指示剂的 50ml 乙醇溶液置于锥形瓶中，加热至沸腾，当乙醇的温度高于 70℃时，用 0.1mol/L 的氢氧化钾溶液滴定至溶液变色。并保持溶液 15s 不褪色，即为终点。

将中和后的乙醇转移至装有测试样品的锥形瓶中，充分混合，煮沸。用氢氧化钾标准溶液滴定（取决于样品估计的酸值），滴定过程中要充分摇动至溶液颜色发生变化，并且保持 15s 不褪色，即为滴定终点。记录消耗氢氧化钾的体积 V。

3. 结果表示　酸值按式（4-4）计算：

$$S = \frac{56.1 \times V \times c}{m} \tag{4-4}$$

式中：

V——所用氢氧化钾标准溶液的体积，单位为毫升（ml）；

c——所用氢氧化钾标准溶液的准确浓度，单位为摩尔/升（mol/L）；

m——试样的质量，单位为克（g）；

56. 1——氢氧化钾的摩尔质量，单位为克/摩尔（g/mol）。

五、注意事项

1. 所用溶剂及相关容器是中性的，否则会干扰分析结果。如果溶剂呈酸性，会消耗碱标准溶液，导致得到的酸值偏高。如果溶剂呈碱性，溶剂会先中和掉部分脂肪酸，导致得到的分析结果偏低。

2. 乙醇的用量应根据油脂颜色的深浅进行判断。当油脂颜色深时，需加入更多量的乙醇，同时指示剂的量也相应增加。

六、思考题

1. 如果在用乙醇溶解样品前没有用氢氧化钾溶液对其进行中和，测定结果是否相同？为什么？

2. 为什么要将乙醇溶液煮沸后才进行滴定反应？

实验十三　碘值的测定

一、实验目的

1. 了解测定碘值的意义。

2. 了解韦氏（Wijs）试剂的制备方法。
3. 掌握动物脂肪和植物油中碘值测定的原理及方法。

二、实验原理

碘值表示有机化合物中不饱和程度的一种指标。脂肪中的不饱和脂肪酸碳链上有不饱和键，可以吸收卤素（Cl_2、Br_2 或 I_2），不饱和键数目越多，吸收的卤素也越多。每 100g 脂肪，在一定条件下所吸收的碘的克数，称为该脂肪的碘值。碘值主要用于油脂、脂肪酸及聚酯类等物质的测定。不饱和程度越大，碘值越高。

在溶剂中溶解试样，加入韦氏试剂反应一定时间后，加入碘化钾和水，用硫代硫酸钠溶液滴定析出的碘。反应式如下：

$$IBr + KI \longrightarrow KBr + I_2$$

$$2Na_2S_2O_3 + I_2 \longrightarrow Na_2S_4O_6 + 2NaI$$

三、仪器与试剂

仪器：圆底烧瓶（1000ml）；蒸馏瓶（1000ml）；具塞干燥锥形瓶（500ml）；玻璃称量皿（与试样量配套并可置入锥形瓶中）；酸式滴定管；分析天平（分度值 0.001g）；回流装置 1 套。移液管。

试剂：100g/L 碘化钾（KI）；淀粉溶液；0.1mol/L 硫代硫酸钠标准溶液；韦氏试剂；环己烷；冰醋酸。

四、操作步骤

1. 溶液的配制

（1）淀粉溶液：将 5g 可溶性淀粉在 30ml 水中混合，加入 1000ml 沸水，并煮沸 3min，然后冷却。

（2）溶剂：将环己烷和冰醋酸等体积混合。

（3）韦氏试剂：含一氯化碘的乙酸溶液。韦氏试剂中 I/Cl 之比应控制在 1.10± 0.1 的范围内。韦氏试剂稳定性较差，为使测定结果准确，应做空白样品的对照测定。

制备：称取一氯化碘 25g 溶于 1500ml 冰醋酸中。

鉴定：取冰醋酸 2ml，加 10ml 蒸馏水稀释，加入 1mol/L 高锰酸钾 0.1ml，所呈现的颜色在 2h 内保持不变。如果红色褪去，说明有还原物质存在。

精制：取冰醋酸 800ml 放入圆底烧瓶中，加入 8～10g 高锰酸钾，接上回流冷凝器，加热回流约 1h，移入蒸馏瓶中进行蒸馏，回收 118～119℃间的馏出物。

2. 样品的测定

（1）取样：根据样品预估的碘值，称取适量的样品（精确到 0.001g）于玻璃称量皿中，推荐的称样量见表 4-2。

表 4-2 试样称取量

预估碘值（g/100 g）	试样质量（g）	溶剂体积（ml）
<1.5	15.00	25
1.5～2.5	10.00	25
2.6～5.0	3.0	20

续表

预估碘值（g/100 g）	试样质量（g）	溶剂体积（ml）
5.1～20	1.00	20
20～50	0.40	20
50～100	0.20	20
100～150	0.13	20
150～200	0.10	20

注：试样的质量必须能保证韦氏试剂过量 50%～60%，即吸收量 100%～150%。

（2）测定

1）将盛有试样的称量皿放入 500ml 锥形瓶中，根据称样量加入表 4-2 所示与之相对应的溶剂体积溶解试样，用移液管准确加入 25ml 韦氏试剂，盖好塞子，摇匀后将锥形瓶置于暗处。

2）除了不加试样外，其余按（1）的规定，作空白溶剂。

3）对碘值低于 150 的样品，锥形瓶应在暗处放置 1h；碘值高于 150 的、已聚合的、含有共轭脂肪酸的（如桐油、脱水蓖麻油）、含有任何一种酮类脂肪酸（如不同程度的氢化蓖麻油）的，以及氧化到相当程度的样品，应置于暗处 2h。

4）到达规定的反应时间后，加 20ml 碘化钾溶液和 150ml 水。用标定过的硫代硫酸钠标准溶液滴定至黄色接近消失。加几滴淀粉溶液继续滴定，一边滴定一边用力摇动锥形瓶，直至蓝色刚好消失。

5）同时做空白溶液的测定。

3. 结果计算　试样的碘值按式（4-5）计算：

$$W_1 = \frac{12.69 \times c \times (V_1 - V_2)}{m} \tag{4-5}$$

式中：

W_1——试样的碘值，用每 100g 样品吸取碘的克数表示，单位为 g/100g；

c——硫代硫酸钠标准溶液的浓度，单位为摩尔/升（mol/L）；

V_1——空白溶液消耗硫代硫酸钠标准溶液的体积，单位为毫升（ml）；

V_2——样品溶液消耗硫代硫酸钠标准溶液的体积，单位为毫升（ml）；

m——试样的质量，单位为克（g）。

测定结果的取值要求见表 4-3。

表 4-3　测定结果的取值要求

W_1（g/100g）	结果取值到
<20	0.1
20～60	0.5
>60	1

五、注释与注意事项

1. 实验中使用的仪器，包括碘值测定瓶、移液管、滴定管和称样品用的玻璃称量皿，都必须是洁净、干燥的。

2. 开始滴定时快滴慢摇，临近终点时再加入淀粉溶液，并大力摇动。
3. 如需证明实验条件的重复性，可在相同条件下进行两次相互独立的测定。

六、思考题

1. 为什么要做空白溶液测定实验?
2. 为什么在滴定至近终点时才加入淀粉指示剂?

实验十四　皂化值的测定

一、实验目的

1. 掌握化妆品原料皂化值的测定原理及方法。
2. 掌握氢氧化钾-乙醇溶液的制备方法。

二、实验原理

皂化值是指在规定条件下皂化 1g 油脂所需的氢氧化钾克数。皂化值是测定油脂和脂肪酸中游离脂肪酸和甘油酯的含量。可皂化物一般含游离脂肪酸及脂肪酸甘油酯等。皂化值的大小与油脂中所含甘油酯的化学成分有关，一般油脂的相对分子质量和皂化值的关系是：甘油酯相对分子质量越小，皂化值越高。另外，若游离脂肪酸含量增大，皂化值随之增大。

测定皂化值是利用酸碱中和法，将油脂在加热条件下与一定量过量的氢氧化钾-乙醇溶液进行皂化反应。剩余的氢氧化钾以酸标准溶液进行反滴定。并同时做空白试验，求得皂化油脂耗用的氢氧化钾量。其反应式如下：

$$(RCOO)_3C_3H_5 + 3KOH \longrightarrow 3RCOOK + C_3H_5(OH)_3$$
$$RCOOH + KOH \longrightarrow RCOOK + H_2O$$
$$KOH + HCl \longrightarrow KCl + H_2O$$

三、仪器与试剂

仪器：250ml 的耐碱锥形瓶；回流装置 1 套；加热装置；50ml 的滴定管最小刻度为 0.1ml；分析天平；移液管（25ml）。

试剂：氢氧化钾-乙醇溶液；0.5mol/L 盐酸标准溶液；酚酞指示剂；碱性酚酞蓝 6B 溶液；助沸物。

四、操作步骤

1. 溶液的配制

（1）氢氧化钾-乙醇溶液：取约 0.5mol 氢氧化钾溶解于 1L 95%（体积分数）乙醇中。此溶液应为无色或淡黄色。通过下列任一方法可制得稳定的无色溶液。

A 法：将 8g 氢氧化钾和 5g 铝片放在 1L 乙醇中回流 1h 后立即蒸馏。将需要量（约 35g）的氢氧化钾溶解于蒸馏物中。静置数天，然后取清亮的上层清液并弃去碳酸钾沉淀。

B 法：加 4g 特丁醇铝至 1L 乙醇中，静置数天，取上层清液，将需要量的氢氧化钾溶解于其中，静置数天，然后取清亮的上层清液并弃去碳酸钾沉淀。

（2）酚酞溶液：（ρ=0.1g/100 ml）溶于 95% 乙醇（体积分数）；

（3）碱性酚酞蓝 6B 溶液：（ρ=2.5g/100ml ）溶于 95 %（体积分数）乙醇。

2. 样品的测定

（1）取样：称量 2g 试样样品（精准至 0.005g）于锥形瓶中，以皂化值（以 KOH 计）170～200mg/g、称样量 2g 为基础，对于不同范围皂化值样品，以称样量约为一半氢氧化钾-乙醇溶液被中和为依据进行改变。推荐的取样量见表 4-4。

表 4-4 试样取样量

估计的皂化值（以 KOH 计）（mg/g）	取样量（g）
150～200	2.2～1.8
200～250	1.7～1.4
250～300	1.3～1.2
>300	1.1～1.0

（2）测定

1）用移液管精密量取 25.00ml 氢氧化钾-乙醇溶液加到试样中，并加入一些助沸物，连接回流冷凝管与锥形瓶，并将锥形瓶放在加热装置上慢慢煮沸，不时摇动，使油脂维持沸腾状态 60min。对于高熔点油脂和难以皂化的样品须煮沸 2h。加 0.5～1ml 酚酞指示剂于热溶液中，并用盐酸标准溶液滴定到指示剂的粉色刚褪去。如果皂化液是深色的，则用 0.5～1ml 的碱性酚酞蓝 6B 溶液。

2）按以上要求，不加样品，用 25.00ml 的氢氧化钾-乙醇溶液进行空白试验。

3. 结果计算 按式（4-6）中计算试样的皂化值：

$$I_0 = \frac{(V_1 - V_0) \times c \times 56.1}{m} \tag{4-6}$$

式中：

I_0——皂化值（以 KOH 计），单位为毫克/克（mg /g）；

V_0——空白实验所消耗的盐酸标准溶液的体积，单位为毫升（ml）；

V_1——试样所消耗的盐酸标准溶液的体积，单位为毫升（ml）；

c——盐酸标准溶液的实际浓度，单位为摩尔/升（mol/L）；

m——试样的质量，单位为克（g）。

五、注意事项

1. 如果溶液颜色较深，终点观察不明显，可以改用 ρ=10 g/L 百里酚酞作指示剂。

2. 皂化时要防止乙醇从冷凝管口挥发，同时要注意滴定液的体积，酸标准溶液用量大于 15ml，要适当补加中性乙醇，加入量参照酸值测定。

3. 两次平行测定结果允许误差不大于 0.5。

六、思考题

1. 氢氧化钾-乙醇溶液放久了会变黄，为什么？怎么解决？

2. 如果没有进行氢氧化钾-乙醇溶液的空白试验，会对结果产生什么样的影响？

实验十五 不皂化物的测定

一、实验目的

1. 掌握乙醚提取法测定动植物油脂不皂化物含量的原理及方法。
2. 掌握氢氧化钾-乙醇溶液滴定游离脂肪酸的原理及方法。

二、实验原理

不皂化物是动植物油脂品质检验的一项重要指标。不皂化物是指将氢氧化钾皂化后的全部生成物用指定溶剂提取，在规定的操作条件下不挥发的所有物质。通常未经精制油脂，不皂化物含量较高，经精制将其尽可能除去后可作为高等级油脂。油脂化工如制皂工业，当不皂化物含量超过 1% 时就不能直接用于制皂。因此，不皂化物含量高低，直接关系油脂加工损耗，以及油脂加工企业生产成本。

将油脂与氢氧化钾-乙醇溶液在煮沸回流条件下进行皂化，用乙醚从皂化液中提取不皂化物，蒸发溶剂并对残留物干燥后称量。

三、仪器与试剂

仪器：250ml 的锥形瓶；回流冷凝管；圆底烧瓶；500ml 分液漏斗；电热恒温水浴锅；电烘箱；电子天平。

试剂：乙醚；丙酮；1mol/L 氢氧化钾-乙醇溶液；0.5mol/L 氢氧化钾溶液；10g/L 酚酞指示剂溶液。

四、操作步骤

1. 溶液的配制

（1）1mol/L 氢氧化钾-乙醇溶液：在 50ml 水中溶解 60g 氢氧化钾，然后用 95%（体积分数）乙醇稀释至 1000ml。溶液应为无色或浅黄色。

（2）10g/L 酚酞指示剂溶液：称取 1g 酚酞，溶于 100ml95%（体积分数）乙醇溶液中。

2. 样品的测定

（1）取样：称取约 5g 试样，精确至 0.01g，置于 250ml 烧瓶中。

（2）皂化：加入 50ml 氢氧化钾-乙醇溶液和一些沸石于烧瓶中。与回流冷凝管连接好后，小心煮沸回流 1h。停止加热，从回流管顶部加入 100ml 水并旋转摇动。如果提取的不皂化物用于测定生育酚，则必须添加联苯三酚且尽快地完成操作（30min 内）。

（3）不皂化物的提取：冷却后转移皂化液到 500ml 分液漏斗，用 100ml 乙醚分几次洗涤烧瓶和沸石，并将洗液倒入分液漏斗。盖好塞子，倒转分液漏斗，用力摇 1min，小心打开旋塞，间歇释放内部压力。静置分层后，将下层皂化液尽量完全放入第二只分液漏斗中，如果形成乳化液，可加少量乙醇或浓氢氧化钾或氯化钠溶液进行破乳。

采用相同的方法，每次用 100ml 乙醚再提取皂化液两次，收集三次乙醚提取液放入装有 40ml 水的分液漏斗中。

（4）乙醚提取液的洗涤：轻轻转动装有提取液和 40ml 水的分液漏斗（警告：剧烈摇动可能会形成乳化液）。等待完全分层后弃去下面水层。用 40ml 水再洗涤乙醚溶液两次，每次都要剧烈振摇，且在分层后弃去下面水层。排出洗涤液时需留 2ml，然后沿轴线旋转分液漏斗，等待几分钟使保留的水层分离。弃去水层，然后用 40ml 水洗涤至少两次以上。继续用水洗涤，直到加入 1 滴酚酞溶液至洗涤液后，不再呈粉红色为止。

（5）蒸发溶剂：通过分液漏斗的上口，小心地将乙醚溶液全部移至 250ml 烧瓶中。此烧瓶须预先于（103±2）℃的烘箱中干燥，冷却后称量，精确至 0.1mg。在沸水浴上蒸馏回收溶液。加入 5ml 丙酮，在沸水浴上转动时，倾斜握住烧瓶，在缓缓的空气流作用下，将挥发性溶剂完全蒸发。

（6）残留物的干燥与测定：将烧瓶水平放置在（103±2）℃的烘箱中，干燥 15min。然后放在干燥器中冷却，取出称量，准确至 0.1mg。按上述方法间隔 15min 重复干燥，直至两次称量质量相差不超过 1.5mg。如果三次干燥后还不恒重，则不皂化物可能被污染，需要重新进行测定（如果条件允许，尤其是当不皂化物需要进一步检测时，可使用旋转蒸发器）。当需要对残留物中的游离脂肪酸进行校正时，将称量后的残留物溶于 4ml 乙醚中，然后加入 20ml 预先中和至使酚酞指示液呈粉红色的乙醇。用 0.1mol/L 标准氢氧化钾-乙醇溶液滴定至相同的终点颜色。

以油酸来计算游离脂肪酸的质量，并以此校正残留物的质量。

（7）测定次数与空白实验：同一试样需进行两次测定。用相同步骤及相同量的所有试剂，但不加入试样进行空白实验。如果残留物超过 1.5mg，需对试剂和方法进行检查。

3. 结果计算 试样中的不皂化物含量按式（4-7）计算：

$$X=\frac{m_1-m_2-m_3}{m_0}\times 100\% \tag{4-7}$$

式中：

X——试样中不皂化物的含量，以质量分数计（%）；

m_0——试样的质量，单位为克（g）；

m_1——残留物的质量，单位为克（g）；

m_2——空白实验的残留物质量，单位为克（g）；

m_3——游离脂肪酸的质量，如果需要，等于 $0.28\times V\times c$，单位为克（g）。其中：V 为滴定所用标准氢氧化钾-乙醇溶液的体积，单位为毫升（ml）；c 为氢氧化钾-乙醇标准溶液的准确浓度，单位为摩尔/升（mol/L）。

用两次测定数据的算术平均值作为结果。

五、注意事项

1. 最初用乙醚提取时，溶液的碱性很强会形成乳浊层，可滴加几滴 1mol/L 盐酸使分层清晰。

2. 所用分液漏斗的活塞上不宜涂凡士林润滑剂。在合并三次乙醚提取液时，应从分液漏斗上口倒出，不宜从活塞处放出。

3. 在稀的皂化液中会有脂肪酸残留。所以，在称量不皂化物后，必须将残留物溶于中性乙醚、乙醇中，测定脂肪酸的质量。在结果计算中从残留物质量中扣去这部分质量。

4. 油脂与碱的醇溶液共热皂化后，也可用石油醚萃取，其他操作同乙醚法。

六、思考题

1. 在用乙醚提取前，如果皂化液中含有较多的乙醇，会出现什么现象？
2. 对残留物中的游离脂肪酸进行校正时，加入的乙醇溶剂要预先中和，为什么？

实验十六　含皂量的测定

一、实验目的

1. 熟悉溴酚蓝指示剂滴定终点的判断方法。
2. 掌握碘量瓶的使用方法。
3. 掌握化妆品原料的植物油脂中含皂量的测定原理和方法。

二、实验原理

含皂量是指油脂加碱精制后，油脂中残留的皂化物的量。通常用有机溶剂溶解后，加入热水使皂化物溶解，用盐酸标准溶液滴定。

三、仪器与试剂

仪器：250ml 的碘量瓶；5ml 或 10ml 的微量滴定管（分度值 0.02ml）；50ml 的量筒；1ml 的移液管；天平（分度值 0.01g）；恒温水浴锅。

试剂：98 %丙酮水溶液；0.01mol/L 盐酸标准溶液；0.01mol/L 氢氧化钠溶液；1%溴酚蓝溶液。

四、操作步骤

1. 溶液的配制　98%丙酮水溶液：量取 20ml 水加入至 980ml 丙酮中，摇匀。临分析前，每 100ml 溶液中加入 0.5ml 1%溴酚蓝溶液，用 0.01mol/L 氢氧化钠溶液滴定至绿色或蓝色，然后再用 0.01mol/L 盐酸溶液滴定至溶液呈黄色。

2. 样品的测定

（1）用丙酮水溶液清洗碘量瓶，称取样品 40g（精确至 0.01g）置于碘量瓶中，加入 1ml 水，然后置于沸水浴中，充分摇匀。

（2）加入 50ml 丙酮水溶液，在水浴中加热后，充分振摇，静置后分为两层。

（3）用微量滴定管趁热逐滴滴加 0.01mol/L 盐酸标准溶液，每加 1 滴振摇数次，直至溶液从蓝色变为黄色。

（4）重新加热、振摇、滴定至上层呈黄色不褪色，记下消耗盐酸标准溶液的总体积。同时做空白试验。

3. 结果计算

试样的含皂量按式（4-8）计算：

$$X=\frac{(V-V_0)\times c\times 0.304}{m}\times 100\% \qquad (4\text{-}8)$$

式中：

X——油脂中含皂量，以质量分数计（%）；

V——滴定试样溶液消耗盐酸标准溶液的体积，单位为毫升（ml）；

V_0——滴定空白溶液消耗盐酸标准溶液的体积，单位为毫升（ml）；

c——盐酸标准溶液的浓度，单位为摩尔/升（mol/L）；

m——试样质量，单位为克（g）；

0.304——每毫摩尔油酸钠的质量，单位为克/毫摩尔（g/mmol）。

五、注意事项

1. 本方法适用于测定油中含皂量低于 0.05%的油脂，含皂量高的油脂最好取用 4g 样品，0.01mol/L 盐酸标准溶液分析。

2. 如果油脂中含有皂化物，在加丙酮水溶液加热分层后，上层将呈绿色至蓝色。

3. 两次实验结果允许差不超过 0.01%，求其平均值，即为测定结果。测定结果保留至小数点后两位。

六、思考题

1. 为什么要趁热用盐酸标准溶液进行滴定？

2. 丙酮水溶液加热后为什么会分层？上下层各是什么溶剂？

实验十七　过氧化值的测定

一、实验目的

1. 掌握化妆品原料中油脂过氧化值的测定原理与方法。

2. 掌握硫代硫酸钠溶液的配制与标定方法。

二、实验原理

过氧化值表示油脂和脂肪酸等被氧化程度的一种指标。它是每千克样品中的活性氧含量，以过氧化物的毫摩尔量（或毫克当量）表示。过氧化值也可用 mmol/kg（国际单位）表示，每千克毫摩尔的值是每千克毫克当量的一半，用于说明样品是否因被氧化而变质。那些以油脂、脂肪为原料而制成的样品，通过检测其过氧化值来判断其变质程度。

油脂氧化后生成过氧化物、醛、酮等。若样品氧化能力较强，可采用将其溶解在乙酸和异辛烷溶液中，与碘化钾溶液反应，用硫代硫酸钠标准溶液滴定析出的碘。

三、仪器与试剂

仪器：250ml 的碘量瓶；移液管（5ml，25ml）；50 ml 量筒；分析天平；滴定管；烧杯（150ml）；容量瓶（100ml）。

试剂：6mol/L 盐酸溶液；重铬酸钾标准溶液（1.000 mg/ml）；冰醋酸；异辛烷；乙酸与异辛烷混合液（体积比 60∶40）；碘化钾饱和溶液；0.1mol/L 硫代硫酸钠溶液；0.01mol/L 硫代硫酸钠溶液；0.05%次氯酸钠溶液；淀粉溶液。

四、操作步骤

1. 溶液的配制

（1）冰醋酸：用纯净、干燥的惰性气体（二氧化碳或氮气）气流清除氧（警告：冰醋酸对皮肤和组织有强刺激性，有中等毒性，不要误食或吸入）。

（2）异辛烷：用纯净、干燥的惰性气体（二氧化碳或氮气）气流清除氧。[警告：异辛烷是易燃物，在空气中的爆炸极限为 1.1%～6.0%（体积分数）。异辛烷有毒，不要误食或吸入，操作应在通风橱中进行。]

（3）乙酸与异辛烷混合液（体积比 60∶40）：将 3 份冰醋酸与 2 份异辛烷混合。

（4）重铬酸钾标准溶液（1.000mg/ml）：取在 120℃干燥过的基准重铬酸钾约 1.5g 于 150ml 烧杯中，用水溶解，定量转移至 250ml 碘量瓶中，加水至刻度，摇匀，备用。

（5）碘化钾饱和溶液：新配制且不得含有游离碘和碘酸盐。

确保溶液中有结晶存在，并存放于避光处。如果在 30ml 乙酸与异辛烷混合溶液中添加 0.5ml 碘化钾饱和溶液和 2 滴淀粉溶液，出现蓝色，并需要硫代硫酸钠溶液 1 滴以上才能消除，否则重新配制此溶液。

（6）硫代硫酸钠溶液：c（$Na_2S_2O_3$）= 0.1mol/L，临使用前标定。

将 24.9g 五水硫代硫酸钠 $Na_2S_2O_3 \cdot 5H_2O$ 溶解于蒸馏水中，稀释至 1L。

（7）硫代硫酸钠溶液：c（$Na_2S_2O_3$）= 0.01mol/L，临使用前标定。由溶液（6）稀释而成。

（8）淀粉溶液：5g/L。

将 1g 可溶性淀粉与少量冷蒸馏水混合，在搅拌的情况下溶于 200ml 沸水中，添加 250mg 水杨酸作为防腐剂并煮沸 3min 后取下并冷却。

此溶液在 4～10℃的冰箱中可储藏 2～3 周，当滴定终点从蓝色到无色不明显时，需重新配制。

灵敏度验证方法：将 5ml 淀粉溶液加入 100ml 水中，添加 0.05 %碘化钾溶液和 1 滴 0.05 %次氯酸钠溶液，当滴入硫代硫酸钠溶液 0.05ml 以上时，深蓝色消失，即表示灵敏度不够。

2. 样品的测定

（1）0.1mol/L 硫代硫酸钠溶液的标定：精密吸取重铬酸钾标准溶液 25.00ml，加蒸馏水 25ml，加入硫酸溶液 10ml，碘化钾 2g，轻轻振摇使溶解，迅速加入 HCl（6mol/L）5ml，立即密塞，摇匀，水封，在暗处放置 10min。加蒸馏水 100ml，然后用硫代硫酸钠溶液滴定至淡黄色，加入淀粉指示剂 2ml，然后继续用硫代硫酸钠溶液滴定至淡绿色，同时作空白试验。根据消耗的硫代硫酸钠溶液体积与标准重铬酸钾溶液的浓度、体积，计算硫代硫酸钠溶液的浓度。

（2）取样：用纯净、干燥的二氧化碳或氮气冲洗锥形瓶，根据估计的过氧化值，按表 4-5 称样，装入锥形瓶中。

表 4-5　取样量和称量的精确度

估计的过氧化值[mmol/kg（meq/kg）]	样品量（g）	称量的精确度（g）
0～6（0～12）	5.0～2.0	±0.01
6～10（12～20）	2.0～1.2	±0.01

续表

估计的过氧化值[mmol/kg（meq/kg）]	样品量（g）	称量的精确度（g）
10～15（20～30）	1.2～0.8	±0.01
15～25（30～50）	0.8～0.5	±0.001
25～45（50～90）	0.5～0.3	±0.001

（3）过氧化值的测定：

1）将 50ml 乙酸-异辛烷溶液加入碘量瓶中，盖上塞子摇动至样品溶解。

2）加入 0.5ml 饱和碘化钾溶液，盖上塞子使其反应，时间为 1min±1s，在此期间摇动碘量瓶至少 3 次，然后立即加入 30ml 蒸馏水。

用硫代硫酸钠溶液滴定上述溶液，逐渐地、不间断地加入滴定液，同时伴随有力的摆动，直至黄色几乎消失，加入约 0.5ml 淀粉溶液，继续滴定，临近终点时，不断摇动使所有的碘从溶剂中释放出来，逐滴添加滴定液，至蓝色消失，即为终点。

3）异辛烷漂浮在水相的表面，溶剂和滴定液需要充分的时间混合，当过氧化值≥35 mmol/kg（70 meq/kg）时，用淀粉溶液指示终点会滞后 15～30s。为充分释放碘，可加入少量的（浓度为 0.5%～1.0%）高效表面活性剂乳化剂（如吐温 60）以缓解反应液的分层和减少碘释放的滞后时间。

4）当油脂样品溶解性较差时（如硬脂或动物脂肪），按下述步骤操作：在锥形瓶中加入 20 ml 异辛烷，摇动使样品溶解，加 30ml 冰醋酸，再按（2）步骤测定。

5）空白实验：测定须进行空白实验，当空白实验消耗 0.01mol/L 硫代硫酸钠溶液超过 0.1ml，应更换试剂，重新对样品进行测定。

3. 结果表示

（1）过氧化值以每千克中活性氧的毫克当量表示，按式（4-9）计算：

$$P=\frac{1000\times\left(V-V_0\right)\times c}{m} \tag{4-9}$$

式中：

V——用于测定的硫代硫酸钠溶液的体积，单位为毫升（ml）；

V_0——用于空白的硫代硫酸钠溶液的体积，单位为毫升（ml）；

c——硫代硫酸钠溶液的浓度，单位为摩尔每升（mol/L）；

m——试样的质量，单位为克（g）。

（2）过氧化值以毫摩尔每千克表示，按式（4-10）计算：

$$P=\frac{1000\times\left(V-V_0\right)\times c}{2\times m} \tag{4-10}$$

式中各个物理量的含义同式（4-9）。

五、注意事项

1. 析出碘用硫代硫酸钠溶液滴定的方法，受光线的影响较大，光线促进空气对碘化钾的氧化，表现为在较强的光线下有较大的空白值，因此滴定时应尽量避光。

2. 油脂长时间放置于自然光下，也会加速油脂氧化，使测定结果偏高。故油脂保存时一定要装在深色玻璃瓶中，应避免强光，放在阴凉干燥处。在测定时称量后剩下的油脂也要尽量避光放置。

3. 在油脂中加入 0.5ml 饱和碘化钾溶液后，在 1min±1s 的反应时间内，如果剧烈且频繁地振摇碘量瓶，会使测定结果偏高，因此不能剧烈也不能频繁地振摇碘量瓶，只需要缓缓地振摇碘量瓶 3～4 次。

4. 在用硫代硫酸钠溶液滴定的过程中，由于异辛烷漂浮在水相的表面，溶剂和滴定液需要时间充分混合，因此需要用力振荡，且在蓝色将要消失时更要加盖剧烈振荡碘量瓶，振荡后再滴 1～2 滴滴定液至蓝色消失，即为终点。在滴定过程中如果振动幅度太小，就有可能造成硫代硫酸钠溶液与油脂中游离的碘反应不充分，在观察到蓝色将要消失时剧烈振荡碘量瓶蓝色就消失了，这时滴定液可能已经滴过量了，从而使测定结果偏高。

六、思考题

1. 用重铬酸钾作基准物标定硫代硫酸钠溶液时为什么要控制溶液酸度，酸度过高或过低有何影响？

2. 如果在异辛烷和冰醋酸的试剂瓶中没有用惰性气体（二氧化碳或氮气）气流清除氧，会对测定结果产生什么影响？

实验十八　羰基值的测定

一、实验目的

1. 了解盐酸羟胺冷法肟化和热法肟化的区别。
2. 掌握皂化瓶的使用方法。
3. 掌握用盐酸羟胺法测定精油及香料中羰基值和羰基化合物含量的原理和方法。

二、实验原理

羰基值是指中和 1g 香料与盐酸羟胺经肟化反应释放出的盐酸时所需的氢氧化钾的毫克数（肟是羰基化合物和羟胺反应的产物）。本实验分为盐酸羟胺冷法肟化和盐酸羟胺热法肟化两种方法，其实验原理是羰基化合物与盐酸羟胺反应转化为肟，用氢氧化钠溶液滴定这一反应释放出的盐酸。

本法中用盐酸羟胺冷法肟化的方法适用于主要成分为易肟化的醛类或酮类的香料（香茅醛除外，香茅醛需要低温来避免环化和缩醛化现象）；用盐酸羟胺热法肟化的方法适用于主要成分为一般难于肟化的酮类的香料，有关含易肟化的醛类或酮类的精油为柠檬草油、柑果子油、芸香油等，有关含难肟化的甲基酮类的精油为香根油、鼠尾草油、白蒿油等。

三、仪器与试剂

仪器：高型烧杯；锥形瓶；pH 计；10ml 的移液管；玻璃电极；沸水浴装置；带磁搅拌的加热器；分析天平；记录式电位仪（具有复合玻璃电极）；50ml 的滴定管（分度值为 0.1ml）；皂化瓶（耐碱玻璃制成，有磨砂瓶口，容量为 100～250ml，装上一根至少为 1～1.5cm 的带磨砂口的玻璃空气冷凝器）。

试剂：0.5 mol/L 氢氧化钠标准溶液；0.5mol/L 盐酸标准溶液；溴酚蓝指示液；盐酸羟

胺溶液。

四、操作步骤

1. 盐酸羟胺冷法肟化的方法

（1）取样：称取 1～1.5g 香料于高型烧杯或锥形瓶中，精确至 0.0002g。

（2）测定：将 50ml 盐酸羟胺溶液加入试样中，摇匀，在室温静置 1h 或按有关香料产品标准中规定的时间静置。加入 3 滴溴酚蓝指示液，充分混合。用氢氧化钠标准溶液滴定至与盐酸羟胺溶液相同的黄绿色。记录所用的氢氧化钠标准溶液的体积。

注：对于色泽较深的试样或本身的色泽可能会干扰终点判断时，应采用电位滴定法。将 50ml 盐酸羟胺溶液加入试样中，摇匀，在室温静置 1h 或按有关香料产品标准中规定的时间静置。加入 3 滴溴酚蓝指示液，充分混合。溶液中插入玻璃电极，用氢氧化钠标准溶液滴定至溶液的 pH 小于 4.20。静置 15min。用氢氧化钠标准溶液滴定至终点。终点的 pH 在 3.4 左右。

（3）结果表述

1）按式（4-11）计算羰基化合物的含量 A，以质量分数表示，以指定的醛计：

$$A = \frac{M_r \times V \times c}{10 \times m} \tag{4-11}$$

式中：

M_r——有关香料产品标准中规定的醛或酮的相对分子质量；

V——滴定过程中所耗用的氢氧化钠标准溶液的体积，单位为毫升（ml）；

c——氢氧化钠标准溶液的浓度，单位为摩尔每升（mol/L）；

m——试样的质量，单位为克（g）。

2）按式（4-12）计算羰值 B，用每克精油所耗用的氢氧化钾毫克数表示：

$$B = 56.1 \times \frac{V \times c}{m} \tag{4-12}$$

V、c、m 的含义同式（4-11）。

平行试验结果允许差：羰值 1.0；羰基化合物含量 0.5 %。

2. 盐酸羟胺热法肟化的方法

（1）取样：称取 2～2.5g 香料于皂化瓶中，精确至 0.0002g。

（2）测定：将 50ml 盐酸羟胺溶液加入试样中，加入 3 滴溴酚蓝指示液，充分混合。用氢氧化钠标准溶液滴定至与盐酸羟胺溶液相同的黄绿色。皂化瓶接上回流管，将皂化瓶放在加热器上加热并搅拌，使温度适当，足以保持恒定回流。10min 后，冷却，加入 2 滴溴酚蓝指示液，用氢氧化钠标准溶液滴定至与盐酸羟胺溶液相同的黄绿色。将皂化瓶放到加热器上，每 10min 重复此操作，直至所加的氢氧化钠标准溶液可保证已到滴定终点。

对于色泽较深的试样或本身的色泽可能会干扰终点判断时，应采用电位滴定法。将 50ml 盐酸羟胺溶液加入试样中，溶液中插入玻璃电极，用氢氧化钠标准溶液滴定至溶液的 pH 小于 4.20。皂化瓶接上回流管，将皂化瓶放在加热器上加热并搅拌，使温度适当，足以保持恒定回流。10min 后，冷却，加入 2 滴溴酚蓝指示液，用氢氧化钠标准溶液滴定至溶液的 pH 小于 4.20。当溶液颜色开始改变，停止滴定。将皂化瓶放到加热器上，每 10min 重复此操作，直至所加的氢氧化钠标准溶液可保证已到滴定终点。

（3）结果表述：按式（4-11）计算羰基化合物的含量。按式（4-12）计算羰值。

五、注意事项

1. 为了使羰基化合物与盐酸羟胺的反应向生成肟的方向进行，也可在混合物中加入过量的碱以中和反应后所析出的盐酸，然后用盐酸标准溶液滴定反应后剩余的氢氧化钠。

2. 采用电位滴定法对色泽较深的试样或本身的色泽可能会干扰终点判断时的试样进行滴定时，确保溶液 pH 小于 4.20。

六、思考题

1. 具有何种结构的精油或香料可采用盐酸羟胺法进行测定?

2. 在用盐酸羟胺法进行测定时，若试样中有酸性或碱性物质的存在，分别会对测定结果有什么影响? 怎么解决?

第五章

化妆品禁用物质检测

实验十九　化妆品中汞的测定——冷原子测汞法

一、实验目的

1. 熟悉化妆品样品的预处理方法。
2. 熟悉冷原子吸收测汞仪的使用方法。
3. 掌握冷原子吸收法测定化妆品中总汞的原理和方法。

二、实验原理

汞及其化合物如氯化汞、氯化氨基汞等具有较强的细胞毒性，可以抑制酪氨酸酶的活性，影响黑色素细胞的正常生理功能，从而减少黑色素的生成，因此汞及其化合物具有一定的美白祛斑作用。然而，高浓度的汞除了对皮肤产生直接的影响外，还会导致机体多个器官和组织的病变，严重的甚至会造成死亡，因此《化妆品安全技术规范》（2015 年版）对化妆品中汞及其化合物的含量进行了严格的规定，化妆品中汞含量的限值为 1mg/kg（含有机汞防腐剂的眼部化妆品除外）。

汞蒸气对波长 253.7nm 的紫外光具有特征性的灵敏吸收。在实验中，样品经加酸氧化消解、氯化亚锡还原处理后，样品中化合态的汞转化为原子态汞，继而被载气带入测汞仪测定其吸收值。在一定的浓度范围内，吸收值与汞蒸气浓度成正比，符合朗伯-比尔定律。样品测得值与标准系列溶液测定值比较进行定量。

本方法对汞的检出限为 0.01μg，定量下限为 0.04μg；取样量为 1g 时，检出浓度为 0.01μg/g，最低定量浓度为 0.04μg/g。

三、仪器与试剂

仪器：冷原子吸收测汞仪；具塞比色管（50ml、10ml）；玻璃回流装置（磨口球形冷凝管，250ml）；容量瓶（50ml，100ml）；水浴锅（或敞开式电加热恒温炉）；压力自控微波消解系统；天平（精确到 0.01g）；汞蒸气发生瓶；高压密闭消解罐等。

试剂：汞单元素溶液标准物质[ρ（Hg）=1000mg/L，国家标准单元素储备溶液，应在有效期范围内]；盐酸羟胺；重铬酸钾；氯化亚锡；硝酸（ρ_{20}=1.42g/ml，优级纯）、硫酸（ρ_{20}=1.84g/ml，优级纯）；过氧化氢[ω（H_2O_2）= 30%]；辛醇等。

四、操作步骤

1. 溶液的配制

（1）重铬酸钾溶液：称取重铬酸钾 10g，溶于 100ml 水中。

（2）重铬酸钾-硝酸溶液：取重铬酸钾溶液 5ml，加入硝酸（ρ_{20}=1.42g/ml）50ml，用水稀释至 1L。

（3）汞标准溶液Ⅰ：取汞单元素溶液标准物质 1.0ml 置于 100ml 容量瓶中，用重铬酸钾-硝酸溶液稀释至刻度。可保存 1 个月。

（4）汞标准溶液Ⅱ：取汞标准溶液Ⅰ1.0ml 置于 100ml 容量瓶中，用重铬酸钾-硝酸溶液稀释至刻度。临用现配。

（5）汞标准溶液Ⅲ：取汞标准溶液Ⅱ10.0ml 置于 100ml 容量瓶中，用重铬酸钾-硝酸溶液稀释至刻度。

（6）标准系列溶液的配制：准确移取汞标准溶液Ⅲ0ml、0.10ml、0.30ml、0.50ml、0.70ml、1.00ml、2.00ml 置于 100ml 锥形瓶或汞蒸气生瓶中，用硫酸[φ（H_2SO_4）=10%]定容至一定体积。

（7）盐酸羟胺溶液：取盐酸羟胺 12.0g 和氯化钠 12.0g 溶于 100ml 水中。

（8）氯化亚锡溶液：称取氯化亚锡 20g 置于 250ml 烧杯中，加入盐酸（ρ_{20}=1.19g/ml）20ml，必要时可略加热助溶，全部溶解后，加水稀释至 100ml。

2. 样品预处理

（1）湿式回流消解法：准确称取样品 1g（精确到 0.01g）置于 250ml 圆底烧瓶中，加入硝酸（ρ_{20}=1.42g/ml）30ml、水 5ml、硫酸（ρ_{20}=1.84g/ml）5ml 及数粒玻璃珠。将圆底烧瓶置于电炉上，接上球形冷凝管，加热，通冷凝水循环冷凝。加热回流消解 2h，消解液一般呈微黄色或黄色。2h 后，从冷凝管上口注入水 10ml，继续加热 10min，放置冷却。用预先用水湿润的滤纸过滤消解液，除去固形物。对于含油脂、蜡质多的样品，可预先将消解液冷冻使油脂、蜡质凝固。用蒸馏水洗滤纸数次，合并洗涤液于滤液中。加入盐酸羟胺溶液 1.0ml，用水定容至 50ml，备用。

随同试样做试剂空白，取与消解样品相同量的硝酸、硫酸，按同一方法做试剂空白实验。

（2）浸取法：浸取法只适用于不含蜡质的化妆品。

准确称取样品 1g（精确到 0.01g）置于 50ml 具塞比色管中。若样品中含有如乙醇等有机溶剂，在消解前应将样品置于水浴或电热板上低温挥发但不得蒸干。加入硝酸（ρ_{20}=1.42g/ml）5ml、过氧化氢[ω（H_2O_2）=30%]2ml，混匀。若样品产生大量泡沫，可滴加数滴辛醇。待泡沫逐渐减少消失后，将具塞比色管置于沸水浴中加热 2h，冷却，取出，加入盐酸羟胺溶液 1ml，放置 15～20min，加入硫酸，加水定容至 25ml，备用。

随同试样做试剂空白，取与消解样品相同量的硝酸、硫酸，按同一方法做试剂空白实验。

3. 仪器参考条件 打开测汞仪，预热 1～2h，按仪器说明书调整好测汞仪并将仪器性能调至最佳状态。

4. 标准曲线的绘制 将标准系列溶液加至汞蒸气发生瓶中，加入氯化亚锡溶液 2ml 迅速塞紧瓶塞。开启仪器气阀，待指示达最高读数时，记录读数，以标准系列溶液浓度为横坐标、吸收强度为纵坐标，绘制标准曲线，并求得吸收值与汞质量关系的一元线性回归方程。

5. 样品测定 吸取定量的空白和样品溶液于汞蒸气发生瓶中，加入硫酸[φ（H_2SO_4）=10%]至一定体积，加入氯化亚锡溶液 2ml 迅速塞紧瓶塞。开启仪器气阀，待指示达最高读数时，记录读数，从标准曲线上查出测试溶液中汞的质量。

6. 结果计算 样品中汞的含量按式（5-1）计算：

$$\omega = \frac{(m_1 - m_0) \times V}{m \times V_1} \tag{5-1}$$

式中：

ω——样品中汞的质量分数，单位为微克/克（μg/g）；

m_1——测试溶液中汞的质量，单位为微克（μg）；

m_0——空白溶液中汞的质量，单位为微克（μg）；

V——样品消解液的总体积，单位为毫升（ml）；

V_1——分取样品消解液的体积，单位为毫升（ml）；

m——样品取样量，单位为克（g）。

五、注意事项

1. 为了避免在配制标准溶液过程中，玻璃容器对汞的吸附，最好先在容量瓶内加入部分重铬酸钾-硝酸溶液，再加入汞标准溶液。

2. 含蜡质较多的化妆品，加酸消化时易发泡外溅，可在样品中先加入少量硫酸，然后再加入硝酸就可减轻发泡外溅的现象。

六、思考题

在实验中，重铬酸钾-硝酸溶液的作用是什么?氯化亚锡溶液和盐酸羟胺溶液的作用分别是什么?

实验二十 化妆品中砷的测定——原子荧光分光光度法

一、实验目的

1. 进一步熟悉化妆品样品的预处理方法。
2. 熟悉氢化物原子荧光分光光度计的使用方法。
3. 掌握氢化物原子荧光分光光度法测定化妆品中总砷的原理和方法。

二、实验原理

砷及其化合物广泛地存在于自然界环境中，化妆品原料和化妆品生产过程中，容易被砷污染。长期使用含砷的化妆品，可能造成皮肤色素异常，因此，我国《化妆品安全技术规范》（2015 年版）中明确规定，砷为化妆品禁用组分，限值为 2mg/kg。

最常见的砷化合物为三价和五价砷化合物，在酸性介质中，五价砷被硫脲-抗坏血酸还原为三价砷，然后与由硼氢化钠与酸作用产生的大量新生态氢反应，被还原生成气态的砷化氢，然后被载气从母液中分离并导入石英管炉中，高温下电离为原子态砷。原子态砷在砷特种空心阴极灯发射光谱激发下，产生砷原子荧光，荧光强度在一定范围内，与砷的含量成正比。样品测得值与标准系列溶液测定值比较进行定量。

本方法对砷的检出限为 4.0μg/L，定量下限为 13.3μg/L；取样量为 1g 时，检出浓度为 0.01μg/g，最低定量浓度为 0.04μg/g。

三、仪器与试剂

仪器：原子荧光分光光度计；天平（精确到0.01g）；具塞比色管（10ml、25ml）；压力自控微波消解系统；聚四氟乙烯溶样杯；水浴锅（或敞开式电加热恒温炉）；容量瓶（100ml）锥形瓶等。

试剂：砷单元素溶液标准物质[ρ（As）=1000mg/L，国家标准单元素储备溶液，应在有效期范围内]；硫脲-抗坏血酸混合溶液；硼氢化钠；硝酸（ρ_{20}=1.42g/ml）、硫酸（ρ_{20}=1.84g/ml）、盐酸（（ρ_{20}=1.19g/ml）优级纯）；氢氧化钠；硼氢化钠；过氧化氢[ω（H_2O_2）=30%]。

四、操作步骤

1. 溶液的配制

（1）盐酸（1+1）：取优级纯盐酸（ρ_{20}=1.19g/ml）100ml，加水100ml，混匀。

（2）硫脲-抗坏血酸混合溶液：称取硫脲[（NH_2）$_2$CS]12.5g，加水约80ml，加热溶解，待冷却后加入抗坏血酸12.5g，稀释到100ml，储存于棕色瓶中，可保存一个月。

（3）砷标准溶液Ⅰ：移取砷单元素溶液标准物质[ρ（As）=1000mg/L]1.00ml置于100ml容量瓶中，加水至刻度，混匀。

（4）砷标准溶液Ⅱ：临用时移取砷标准溶液Ⅰ10.0ml于100ml容量瓶中，加水至刻度，混匀。

（5）标准系列溶液的配制：取砷标准溶液Ⅱ0ml、0.10ml、0.30ml、0.50ml、1.00ml、1.50ml、2.00ml于25ml具塞比色管中，加水至5ml，加入盐酸溶液5.0ml，再加入硫脲-抗坏血酸溶液2.0ml，混匀，得相应浓度为0μg/L、4μg/L、12μg/L、20μg/L、40μg/L、60μg/L、80μg/L的砷标准系列溶液。

（6）氢氧化钠溶液：称取氢氧化钠lg溶于水中，稀释至1L。

（7）硼氢化钠溶液：称取硼氢化钠7g溶于1L氢氧化钠溶液中。

2. 样品预处理（可任选一种）

（1）HNO_3-H_2SO_4湿式消解法：准确称取样品1g（精确到0.01g）于150ml锥形瓶中，加数粒玻璃珠，缓慢加入硝酸（ρ_{20}=1.42g/ml）10～20ml，边加边缓慢旋转锥形瓶。加完放置片刻后，缓缓加热，反应开始后移去热源，稍冷后加入硫酸（ρ_{20}=1.84 g/ml）2ml，继续加热消解。若消解过程中溶液出现棕色烟雾，可再加少许硝酸（ρ_{20}=1.42g/ml）消解，如此反复直至溶液澄清或微黄。放置冷却后加水20ml继续加热煮沸至产生白烟，将消解液定量转移至25ml具塞比色管中，加水定容至刻度，备用。

随同试样做试剂空白，取与消化样品相同量的硝酸、硫酸，按同一方法做试剂空白实验。

（2）微波消解法：准确称取样品0.5～1.0g（精确到0.01g）于清洗好的聚四氟乙烯溶样杯内。若样品中含有如乙醇等有机溶剂，应在加酸消解前先将样品在水浴或电热板上低温挥发，不得蒸干。若样品为含乙醇等挥发性原料的化妆品，如香水、摩丝、沐浴液、染发剂、刮胡水、面膜等，则须先将装有样品的溶样杯放入温度可调的100℃恒温电加热器或水浴上挥发，不得蒸干。若样品为油脂类和膏粉类等干性物质，如唇膏、睫毛膏、眉笔、胭脂、唇线笔、粉饼、眼影、爽身粉、痱子粉等，取样后应先加水0.5～1.0ml，润湿摇匀。

根据不同类型的样品选择预处理方法，样品或经过预处理的样品，先加入硝酸（ρ_{20}=1.42g/ml）2.0～3.0ml，静置过夜，让其充分反应。然后再向杯内加入过氧化氢[ω（H_2O_2）=30%]1.0～2.0ml，将溶样杯摇动几次，使样品充分浸没，静置观察有无气泡，若有，则轻微晃动溶样杯，待气泡逐渐变少消失。随后将溶样杯放入沸水浴或温度可调的恒温电加热设备中加热100℃，20min后取出，冷却。如溶液的体积不到3ml则补充水。同时严格按照微波溶样系统操作手册进行操作。把装有样品的溶样杯放进预先准备好的干净的高压密闭溶样罐中，拧上罐盖（注意：不要拧得过紧）。

表5-1、表5-2分别为一般化妆品消解时，微波消解系统设定的压力-时间、温度-时间的参考程序。如果样品是油脂类、中草药类、洗涤剂类，可适当提高防爆系统灵敏度，以增加安全性。根据样品消解难易程度设定程序，可在5～20min内将样品消解完毕，取出溶样罐冷却，开罐，将消解好的含样品的溶样杯放入沸水浴或温度可调的100℃电加热器中数分钟，驱除样品中多余的氮氧化物，以免干扰测定。将除过气体的样品消解液冷却后移至10ml具塞比色管中，用水洗涤溶样杯数次，合并洗涤液，用水定容至10ml，备用。

表5-1　消解时压力-时间程序

压力档	压力（MPa）	保压累加时间（min）
1	0.5	1.5
2	1.0	3.0
3	1.5	5.0

表5-2　消解时温度-时间程序

程序温度（℃）	升温时间（min）	保持时间（min）
120	5	3
160	5	3
180	5	20

3. 仪器参考条件　灯电流：45mA；光电倍增管负高压：340V；原子化器高度：8.5mm；载气流量：500mlAr/min；屏蔽气流量：1000ml Ar/min；测量方式：标准曲线法；读数时间：12s；硼氢化钾加液时间：8s；进样体积：2ml。

4. 标准曲线的绘制　在以上所示的仪器条件下，吸取砷标准系列溶液2.0ml，注入氢化物发生器中，加入一定量硼氢化钠溶液，测定其荧光强度，以标准系列溶液浓度为横坐标、荧光强度为纵坐标，绘制标准曲线。

5. 样品测定　取预处理样品溶液及试剂空白溶液10.0ml于25ml具塞比色管中，加入硫脲-抗坏血酸溶液2.0ml，混匀，吸取2.0ml，按绘制标准曲线的操作步骤测定样品荧光强度，由标准曲线查出测试溶液中砷的浓度。

6. 结果计算　样品中砷的含量按式（5-2）计算：

$$\omega=\frac{(\rho_1-\rho_0)\times V}{m\times 1000} \tag{5-2}$$

式中：

ω——样品中砷的质量分数，单位为微克/克（μg/g）；

ρ_1——测试溶液中砷的质量浓度，单位为微克/升（μg/L）；

ρ_0——空白溶液中砷的质量浓度，单位为微克/升（μg/L）；

m——样品取样量，单位为克（g）；

V——样品消解液的总体积，单位为毫升（ml）。

五、注意事项

1. 样品中含有碳酸盐类的粉剂如碳酸面膜等，在加酸消解时应缓慢加入，以防止二氧化碳气体剧烈产生。

2. 防止溶样罐损坏：溶样罐局部表面被污染或溶样罐内尚残余微量水分，在微波作用下，会使溶样罐局部发热；压力不足造成加热时间过长，这些均有可能使溶样罐局部温度超过其耐温的极限而软化甚至融化。此时，罐内外的压力差就使罐的局部变形（如鼓包）或炸裂进而发生损坏或危险。因此在加压过程中，注意观察显示屏数字，若数字不但不上升，反而不动或下降，应立即关掉微波，防止烧坏溶样罐，待空转冷却后取出溶样罐，检查溶样杯密封是否完好，溶样罐中是否忘了放垫块等。

3. 微波加热结束后，不要急于打开炉门，应先关掉微波再空转，目的是排出炉内的氮氧化物，并使罐内压力下降，空转结束后可开启炉门，取出溶样罐，置于通风橱中冷却至罐内基本没有压力，才可开罐取出溶样杯。

六、思考题

1. 样品消解后为什么应先用硫脲-抗坏血酸将五价砷还原为三价砷，可不可以直接用硼氢化钠还原生成气态的砷化氢？硫脲-抗坏血酸除了还原剂的作用外，还有哪些其他作用？

2. 标准系列溶液的配制过程中加入硫脲-抗坏血酸的目的是什么？样品消解后加入硫脲-抗坏血酸时若产生大量气泡，原因是什么？

实验二十一　化妆品中铅的测定——原子吸收分光光度法

一、实验目的

1. 进一步熟悉化妆品样品的预处理方法。

2. 熟悉火焰原子吸收分光光度计的使用方法。

3. 掌握火焰原子吸收分光光度法测定化妆品中铅含量的原理和方法。

二、实验原理

铅作为化妆品禁用物质（限值为 10mg/kg），严禁添加到产品中。但是，铅广泛存在于水、土壤、矿石等自然环境中，容易导致动植物的污染，而化妆品中的很多天然原料多来源动物、植物、矿石等，因此原料的携带容易导致化妆品的铅污染。长期接触含铅量高的化妆品易引起人体慢性中毒，影响健康。

样品经硝酸湿式消解或微波消解后，铅元素以离子状态存在于样品溶液中，样品溶液中铅离子被高温火焰原子化器原子化后，基态铅原子吸收来自铅空心阴极灯发出的283.3nm 共振线，其吸光度与样品中铅含量成正比。根据测量被吸收后的谱线强度，与标准系列溶液测得值比较定量。铅原子的灵敏线为 217nm，位于真空紫外区附近，背景吸收较强，干扰大，测定准确度不高，因此采用铅的次灵敏线作为检测波长。

本方法对铅的检出限为 0.15mg/L，定量下限为 0.50mg/L；取样量为 1g 定容至 10ml 时，检出浓度为 1.5μg/g，最低定量浓度为 5μg/g。

三、仪器和试剂

仪器：原子吸收分光光度计及其配件；天平（精确到 0.01g）；聚四氟乙烯溶样杯；消解管；具塞比色管（10ml、25ml、50ml）；压力自控微波消解系统；离心机；水浴锅（或敞开式电加热恒温炉）；玻璃珠；玻璃棒；容量瓶（100ml）等。

试剂：铅单元素溶液标准物质[ρ（Pb）=1000mg/L，国家标准单元素储备溶液，应在有效期内]；甲基异丁基酮（MIBK）；盐酸（ρ_{20}=1.19g/ml）；硝酸（ρ_{20}=1.42g/ml）、高氯酸[ω（$HClO_4$）=70%～72%，优级纯]；过氧化氢；辛醇。

四、操作步骤

1. 溶液的配制

（1）硝酸（1+1）溶液：取硝酸（ρ_{20}=1.42g/ml）100ml，加水 100ml，混匀。

（2）铅标准溶液Ⅰ：取铅单元素溶液标准物质，10.0ml 置于 100ml 容量瓶中，加硝酸溶液 2ml，用水稀释至刻度。

（3）铅标准溶液Ⅱ：取铅标准溶液Ⅰ 10.0ml 置于 100ml 容量瓶中，加硝酸溶液 2ml，用水稀释至刻度。

（4）取铅标准储备溶液Ⅱ 0ml、0.50ml、1.00ml、2.00ml、4.00ml、6.00ml，分别置于 10ml 具塞比色管中，加水至刻度，得相应浓度为 0mg/L、0.50mg/L、1.00mg/L、2.00mg/L、4.00mg/L、6.00mg/L 的铅标准系列溶液。

（5）盐酸溶液（7mol/L）：取优级纯浓盐酸（ρ_{20}=1.19g/ml）30ml，加水至 50ml。

2. 样品预处理

（1）湿式消解法：准确称取样品 1.0～2.0g（精确到 0.01g），置于消解管中，加入数粒玻璃珠，然后加入硝酸（ρ_{20}=1.42g/ml）10ml，由低温至高温加热消解，当消解液体积减少到 2～3ml，移去热源，冷却。加入高氯酸[ω（$HClO_4$）=70%～72%]2～5ml，继续加热消解，不时缓缓摇动使均匀，消解至冒白烟，消解液呈淡黄色或无色。浓缩消解液至 1ml 左右。冷至室温后定量转移至 10ml（如为粉类样品，则至 25ml）具塞比色管中，加水定容至刻度，备用。如样品溶液混浊，离心沉淀后可取上清液进行测定。

随同试样做试剂空白，取与消解样品相同量的硝酸、高氯酸，按同一方法做试剂空白实验。

（2）微波消解法：准确称取样品 0.5～1.0g（精确到 0.01g）于清洗好的聚四氟乙烯溶样杯内。样品如含有乙醇等有机溶剂，先在水浴或电热板上低温挥发。若为膏霜型样品，可预先在水浴中加热使瓶壁上样品融化流入瓶的底部。若样品为含乙醇等挥发性原料的化妆品如香水、摩丝、沐浴液、染发剂、刮胡水、面膜等，则须先将装有样品的溶样杯放入温度可调的 100℃恒温电加热器或水浴上挥发，不得蒸干。若样品为油脂类和膏粉类等干性物质，如唇膏、睫毛膏、眉笔、胭脂、唇线笔、粉饼、眼影、爽身粉、痱子粉等，取样后应先加水 0.5～1.0ml，润湿摇匀。

根据不同类型的样品选择预处理方法，样品或经过预处理后的样品，其微波消解处理过程参考实验二十。

3. 仪器参考条件 根据仪器操作程序，将各自仪器性能调至最佳状态。背景校正利用氘灯或塞曼效应。如样品溶液中铁含量超过铅含量100倍，不宜采用氘灯扣除背景法，应采用塞曼效应扣除背景法。参考条件为波长：283.3nm；狭缝：0.5nm；灯电流：5mA。

4. 标准曲线的绘制 在以上所示的仪器条件下，测定标准系列溶液的吸光度，得到以标准系列溶液浓度为横坐标，吸光度为纵坐标的标准曲线。

5. 样品测定 在以上所示的仪器条件下，测定样品溶液和空白溶液的吸光度，与标准系列溶液比较进行定量。

6. 结果计算 样品中铅的含量按式（5-3）计算：

$$\omega=\frac{(\rho_1-\rho_0)\times V}{m} \tag{5-3}$$

式中：

ω——样品中铅的质量分数，单位为微克/克（μg/g）；

ρ_1——测试溶液中铅的质量浓度，单位为毫克/升（mg/L）；

ρ_0——空白溶液中铅的质量浓度，单位为毫克/升（mg/L）；

V——样品消解液总体积，单位为毫升（ml）；

m——样品取样量，单位为克（g）。

五、注意事项

1. 高氯酸是一种强氧化剂，在无机含氧酸中酸性最强，具有极强的腐蚀性，取用时应特别小心。

2. 若样品中铁的含量超过铅含量的100倍时，可预先用甲基异丁基酮（MIBK）除去铁。具体做法是：将消解后的样品溶液转移至蒸发皿中，在水浴上蒸发至干。加入盐酸10ml溶解残渣，然后转移至分液漏斗，用等量的MIBK萃取两次，保留盐酸溶液。再用盐酸5ml洗MIBK层，合并盐酸溶液，必要时赶酸，定容。测得其吸光度，与标准系列溶液比较进行定量。

六、思考题

若样品的成分比较复杂，如样品中含有大量的铁、铝、钙等或样品中有大量的有机物影响火焰的结构、雾化率等，而使铅难以原子化，该如何消除原子吸收分析中的这些不利因素？

实验二十二 化妆品中镉的测定——原子吸收分光光度法

一、实验目的

1. 熟悉化妆品样品的预处理方法。
2. 熟悉火焰原子吸收分光光度计的使用方法。
3. 掌握火焰原子吸收分光光度法测定化妆品中镉含量的原理和方法。

二、实验原理

氧化锌是一种常用的物理防晒成分，并且还具有缓解急性和亚急性皮炎的作用，因此常被添加于护肤品中。但是，在自然界中镉常与锌、铅共生，如氧化锌的原料闪锌矿中常含有镉，因此被添加至化妆品中的氧化锌中可能会有镉的残留。在粉类化妆品中，滑石粉、钛白粉等矿石来源的原料也常常残留有镉。此外，由于镉广泛应用于电镀工业、化工业、电子业等，相当数量的镉通过废水、废渣排入环境，造成污染。原料、水源及环境的镉污染，都有可能导致化妆品受到金属镉的污染。金属镉在人体内蓄积会造成慢性中毒，对肾脏、肝脏和动脉有严重的损坏，因此，我国《化妆品安全技术规范》（2015 年版）中明确规定，镉为化妆品禁用组分，限值为 5mg/kg。

在实验中，样品经加酸的湿式消解或微波消解后，镉以离子状态存在于样品溶液中，然后被原子化器原子化生成基态镉原子，基态原子吸收来自镉空心阴极灯发射的共振线，其吸收量与样品中镉的含量成正比。在其他条件不变的情况下，根据测量被吸收后的谱线强度，与标准系列溶液测得值比较定量。

本方法对镉的检出限为 0.007mg/L，定量下限为 0.023mg/L；取样量为 1g 时，检出浓度为 0.18mg/kg，最低定量浓度为 0.59mg/kg。

三、实验仪器与试剂

仪器：原子吸收分光光度计；硬质玻璃消解管或高型烧杯；具塞比色管（10ml、25ml）；电热板或水浴锅；压力自控密闭微波溶样炉；高压密闭消解罐；聚四氟乙烯溶样杯；天平（精确到 0.01g）等。

试剂：镉单元素溶液标准物质[ρ（Cd）=1g/L，国家标准单元素储备溶液，应在有效期内]；甲基异丁基酮（MIBK）；盐酸羟胺；氯化钠；硝酸（ρ_{20}=1.42g/ml）、盐酸（ρ_{20}=1.19g/ml）、高氯酸[ω（$HClO_4$）=70%～72%，优级纯]；过氧化氢[ω（H_2O_2）=30%，优级纯]；辛醇。

四、操作步骤

1. 溶液的配制

（1）硝酸（1+1）：取硝酸（ρ_{20}=1.42g/ml）1000ml，加水 100ml，混匀。

（2）混合酸：硝酸（ρ_{20}=1.42g/ml）和高氯酸[ω（$HClO_4$）=70%～72%]按 3：1 混合。

（3）盐酸（7mol/L）：取优级纯浓盐酸（ρ_{20}=1.19g/ml）30ml，加水至 50ml。

（4）镉标准溶液Ⅰ：镉单元素溶液标准物质 10.0ml 于 100ml 容量瓶中，加硝酸（1+1）2ml，用水稀释至刻度。

（5）镉标准溶液Ⅱ：取镉标准溶液Ⅰ 10.0ml 于 100ml 容量瓶中，加硝酸（1+1）2ml，用水稀释至刻度。

（6）盐酸羟胺溶液：取盐酸羟胺 12.0g 和氯化钠 12.0g 溶于 100ml 水中。

（7）标准系列溶液制备：取镉标准溶液Ⅱ 0ml、0.50ml、1.00ml、2.00ml、3.00ml、4.00ml、5.00ml，分别加于 50ml 容量瓶中，加硝酸（1+1）溶液 1ml，用水稀释至刻度，得到浓度为 0mg/L、0.10mg/L、0.20mg/L、0.40mg/L、0.60mg/L、0.80mg/L、1.00mg/L 的标准系列溶液。

2. 样品预处理

（1）湿式消解法：准确称取样品 1～2g（精确到 0.01g）于消解管中。样品如含有乙醇等有机溶剂，须先在水浴或电热板上低温挥发。若为膏霜型样品，可预先在水浴中加热使瓶壁上样品融化流入瓶的底部。加入数粒玻璃珠，然后加入硝酸（ρ_{20}=1.42g/ml）10ml，由低温至高温加热消解，当消解液体积减少到 2～3ml，移去热源，冷却。加入高氯酸[ω（$HClO_4$）

=70%～72%]2～5ml，继续加热消解，不时缓缓摇动使均匀，消解至冒白烟，消解液呈淡黄色或无色。浓缩消解液至 1ml 左右。冷至室温后定量转移至 10ml（如为粉类样品，则至 25ml）具塞比色管中，加水定容至刻度，备用。如样品溶液混浊，离心沉淀后取上层清液进行测定。

随同试样做试剂空白，取与消解样品相同量的硝酸、高氯酸，按同一方法做试剂空白实验。

（2）微波消解法：准确称取样品 0.5～1.0g（精确到 0.01g）于清洗好的聚四氟乙烯溶样杯内。若样品为含乙醇等挥发性原料的化妆品如香水、摩丝、沐浴液、染发剂、刮胡水、面膜等，则须先将装有样品的溶样杯放入温度可调的 100℃恒温电加热器或水浴上挥发，不得蒸干。若样品为油脂类和膏粉类等干性物质，如唇膏、睫毛膏、眉笔、胭脂、唇线笔、粉饼、眼影、爽身粉、痱子粉等，取样后应先加水 0.5～1.0ml，润湿摇匀。

根据不同类型的样品选择预处理方法，样品或经过预处理后的样品其微波消解处理过程参考实验二十。

3. 仪器参考条件　根据仪器操作程序，将各自仪器性能调至最佳状态。背景校正利用氘灯或塞曼效应。如样品溶液中铁含量超过镉含量 100 倍，不宜采用氘灯扣除背景法，应采用塞曼效应扣除背景法。参考条件为波长：228.8nm；狭缝：0.5nm；灯电流：4mA。

4. 标准曲线的绘制　在以上所示的仪器条件下，测定标准系列溶液的吸光度，得到以标准系列溶液浓度为横坐标，吸光质为纵坐标的标准曲线。

5. 样品测定　在以上所示的仪器条件下，测定样品溶液和空白溶液的吸光度，与标准系列溶液比较进行定量。

6. 结果计算　样品中镉的含量按式（5-4）计算：

$$\omega = \frac{(\rho_1 - \rho_0) \times V}{m} \tag{5-4}$$

式中：

ω——样品中镉的质量分数，单位为毫克/千克（mg/kg）；

ρ_1——测试溶液中镉的质量浓度，单位为毫克/升（mg/L）；

ρ_0——空白溶液中镉的质量浓度，单位为毫克/升（mg/L）；

V——样品消解液总体积，单位为毫升（ml）；

m——样品取样量，单位为克（g）。

五、注意事项

1. 高氯酸是一种强氧化剂，在无机含氧酸中酸性最强，具有极强的腐蚀性，取用时应特别小心。

2. 若样品中铁的含量超过镉含量的 100 倍时，可预先用甲基异丁基酮（MIBK）除去铁。具体做法是：将消解后的样品溶液转移至蒸发皿中，在水浴上蒸发至干。加入盐酸 10ml 溶解残渣，然后转移至分液漏斗，用等量的 MIBK 萃取两次，保留盐酸溶液。再用盐酸 5ml 洗 MIBK 层，合并盐酸溶液，必要时赶酸，定容。测得其吸光度，与标准系列溶液比较进行定量。

六、思考题

1. 一般来说，粉类化妆品比较难被消解，如果样品经湿式消解后溶液混浊，则需离心分离取清液测定，在此过程中若操作不当，会对测量结果产生影响吗，为什么？

2. 若样品中含有大量的铁、镁、钙等，该如何排除原子吸收分析中的这些干扰？

实验二十三　甲醇的测定——气相色谱法

一、实验目的

1. 进一步熟悉化妆品样品的预处理方法。
2. 熟悉气相色谱仪的使用方法。
3. 掌握气相色谱法测定化妆品中甲醇含量的原理和方法。

二、实验原理

乙醇作为溶剂，被用于香水和发胶等系列产品中，但乙醇的生产过程中极容易受到甲醇的污染。甲醇有明显的蓄积作用，接触人体后会迅速分布在人体各组织内，造成皮肤、神经等组织中毒。因此，我国《化妆品安全技术规范》（2015 年版）中明确规定，甲醇为化妆品禁用组分，限值为 2000mg/kg，并对将乙醇作为主要成分的日化用品进行甲醇含量的测定。

根据样品的不同性质及气化难易程度，可以选择将样品经过气-液平衡法、直接法或蒸馏法提取，如膏霜类可以用气-液平衡法提取，水类样品可以用直接法提取等。样品经提取后采用气相色谱分离，氢火焰离子化检测器检测，根据保留时间定性，峰面积定量，以标准曲线计算含量。

本方法采用气-液平衡法，取样量为 1g 时，检出浓度 20 mg/kg，最低定量浓度 80mg/kg；采用直接法，取样量为 2g 时，检出浓度 25 mg/kg，最低定量浓度 100mg/kg；采用蒸馏法，取样量为 10g 时，检出浓度 25mg/kg，最低定量浓度 100mg/kg。

三、仪器与试剂

仪器：气相色谱仪（配有氢火焰离子化检测器，FID）；微量进样器或自动进样装置；顶空进样器；天平（精确到 0.01g）；顶空瓶（20 ml）；全磨口水浴蒸馏装置等。

试剂：甲醇（标准品，99.8%）；无甲醇乙醇（色谱纯）；75%乙醇；无油压缩空气（经装 5Å 分子筛的净化管净化）；高纯氮（99.999%）；高纯氢（99.999%）；氯化钠。

四、操作步骤

1. 溶液的配制

（1）无甲醇乙醇（色谱纯）：取 1.0 μl 注入色谱仪，应无杂峰出现，无甲醇检出。

（2）75%乙醇：取无甲醇乙醇 75 ml，用水稀释至 100 ml。

（3）甲醇标准溶液：称取甲醇标准品（标准品，99.8%）1 g（精确到 0.01g）置于 100ml 容量瓶中，用无甲醇乙醇溶液定容，得 10 g/L 甲醇标准溶液。

（4）气-液平衡法标准系列溶液：取甲醇标准溶液 0.1ml、0.2ml、0.5ml、1.0ml、2.0ml、4.0ml 于 10ml 容量瓶中，用无甲醇乙醇溶液定容，配制成 0.1g/L、0.2g/L、0.5g/L、1.0g/L、2.0g/L、4.0g/L 的标准系列溶液，取标准系列溶液各 1.0 ml 分别置于顶空瓶中，加 75%乙醇 10.0 ml，顶空盖密封，摇匀，备用。

（5）直接法标准系列溶液：取甲醇标准溶液 0.1ml、0.25ml、0.50ml、1.0ml、2.0 ml 于 50 ml 容量瓶中，用无甲醇乙醇溶液定容，配制成 0.02g/L、0.05g/L、0.1g/L、0.2g/L、0.4 g/L 的标准系列溶液，摇匀，备用。

（6）蒸馏法标准系列溶液：取甲醇标准溶液 0.5 ml、1.0 ml、2.0 ml、5.0 ml、10.0 ml 于 250 ml 蒸馏烧瓶中，加水 50 ml，氯化钠 2.0 g，无甲醇乙醇 35ml，水浴加热蒸馏，收集蒸馏液于 50.0 ml 容量瓶中，至接近刻线，加无甲醇乙醇定容，配制成 0.1 g/L、0.2 g/L、0.4 g/L、1.0 g/L、2.0 g/L 的标准系列溶液，摇匀，备用。

2. 样品预处理

（1）气-液平衡法：准确称取样品 1g（精确到 0.01g）于顶空瓶中，加 75%乙醇 10.0ml，密封振摇，作为样品溶液。

（2）直接法：准确称取样品 2g（精确到 0.01g）于 10 ml 刻度管中，加无甲醇乙醇定容，振摇，涡旋混匀，超声波提取 15min，5000r/min 离心 10min，取上清液用 0.45μm 滤膜过滤，作为样品溶液。

（3）蒸馏法：准确称取样品 10g（精确到 0.01g）于蒸馏瓶中，加水 50ml，氯化钠 2.0g，无甲醇乙醇 35ml，水浴加热蒸馏，收集蒸馏液于 50.0ml 容量瓶中，至接近刻线，加无甲醇乙醇定容，作为样品溶液。

3. 仪器参考条件

（1）顶空条件：气化室温度：70℃；气液平衡时间：20min；进样时间：1.85 min（1.2ml，根据气相色谱状况优化选择）；传输线温度：100℃。

（2）色谱条件：色谱柱：DB-WAXETR 毛细管色谱柱（30m×0.32mm×1.00μm），或等效色谱柱；载气流速：1.0 ml/min；进样量：1 μl（直接法、蒸馏法）；进样方式：分流进样，分流比：20∶1（气-液平衡法），50∶1（直接法、蒸馏法）；进样口温度：230℃；检测器温度：250℃；升温程序：从 50℃起，以 10℃/min 的速度升至 120℃，保持 1min，再以 40℃/min 的速度升至 230℃，保持 8min；高纯氢气流量 40ml/min；高纯空气流量 400ml/min。

4. 标准曲线的绘制 根据样品性质及处理方法，选择相应标准系列溶液，注入气相色谱仪，按气相色谱条件测定，记录峰面积，以峰面积-浓度（g/L）作图，得到标准曲线。

5. 样品测定 按相应方法处理取得待测样品溶液，注入气相色谱仪，按以上所示的气相色谱条件测定，根据保留时间定性，峰面积定量，根据标准曲线得到样品待测溶液中甲醇的质量浓度。

6. 结果计算 样品中甲醇的含量按式（5-5）计算：

$$\omega = \frac{\rho \times V \times 1000}{m} \tag{5-5}$$

式中：

ω——样品中甲醇的质量分数，单位为毫克/千克（mg/kg）；

ρ——测试溶液中甲醇的质量浓度，单位为克/升（g/L）；

V——样品消解液总体积，单位为毫升（ml）；

m——样品取样量，单位为克（g）。

根据以上公式，计算甲醇的含量。在相同条件下获得的两次独立测试结果的绝对值不得超过其算术平均值的 15%。

五、注意事项

1. 香水、花露水等水类样品若选用直接法提取时，也须用无甲醇乙醇提取稀释后测量，不可以直接进样，防止影响甲醇的测量。

2. 选择一种方法来提取样品，则应选择相应方法的标准系列溶液来制得标准曲线，否则会引起测量误差。

六、思考题

1. 气相色谱的原理是什么？

2. 甲醇的沸点是多少度？气化温度设为 70℃，若设定值过高会对测量结果有怎样的影响？过低又会有怎样的影响？

3. 色谱升温程序设定起始温度为 50℃，然后以 10℃/min 的速度升至 120℃，保持 1min 后以 40℃/min 的速度升至 230℃，保持 8min，分阶段升温的目的是什么？每个阶段用于分离哪些物质？

实验二十四 锂等 14 种元素的测定——电感耦合等离子体质谱法

一、实验目的

1. 熟悉电感耦合等离子体质谱仪的工作原理和使用方法。

2. 掌握电感耦合等离子体质谱法测定化妆品中锂等 14 种元素的方法。

二、实验原理

锂（Li）、铍（Be）、钒（V）、铬（Cr）、钴（Co）、镍（Ni）、砷（As）、锶（Sr）、镉（Cd）、钡（Ba）、汞（Hg）、铊（Tl）、铅（Pb）、钕（Nd）共 14 种元素的单质及其盐类大量进入体内，严重威胁人体健康，是化妆品中的禁用组分。

样品经酸消解处理成溶液后，经气动雾化器以气溶胶的形式进入氩气为基质的高温射频等离子体中，经过蒸发、解离、原子化、电离等过程，转化为带正电荷的正离子，经离子采集系统进入质谱仪，质谱仪根据质荷比进行分离，质谱积分面积与进入质谱仪中的离子数成正比。即被测元素浓度与各元素产生的信号强度 CPS 成正比，与标准系列溶液比较进行定量。

若取 0.5g 样品，定容体积（25ml），本方法定量下限和最低定量浓度见表 5-3。

表 5-3 各种金属元素的检出限、定量下限、检出浓度和最低定量浓度

元素	检测限（μg/L）	最低检出浓度（μg/kg）	定量限（μg/L）	最低定量浓度（μg/kg）
锂（Li）	0.1	5	0.3	15
铍（Be）	0. 04	2	0.13	6.7
钒（V）	0.1	5	0.3	15
铬（Cr）	0.3	15	1	50
钴（Co）	0.03	1.5	0.09	4.5
镍（Ni）	0.2	10	0.6	30
砷（As）	0.02	1	0.07	3.3

续表

元素	检测限（μg/L）	最低检出浓度（μg/kg）	定量限（μg/L）	最低定量浓度（μg/kg）
锶（Sr）	0.3	15	0.9	45
镉（Cd）	0.02	1	0.07	3.3
钡（Ba）	0.65	32	2.2	108
汞（Hg）	0.02	1	0.07	3.3
铊（Tl）	0.02	1	0.07	3.3
铅（Pb）	0.6	30	1.8	90
钕（Nd）	0.02	1	0.07	3.3

三、仪器与试剂

仪器：电感耦合等离子体质谱（ICP-MS）（工作站）；微波消解仪；水浴锅（或敞开式电加热恒温炉）；天平（精度为 0.001g）；具塞比色管（10ml、25ml、50ml）；容量瓶（50ml、100 ml）等。

试剂：硝酸（优级纯）；高氯酸（优级纯）；过氧化氢（30%，优级纯）；汞元素标准储备溶液（ρ=10.0mg/L，有证书）；其他 13 种单元素标准储备溶液（ρ=100.0mg/L，有证书）；铼（Re）内标储备溶液（ρ=10.0mg/L，有证书）；铑（Rh）内标储备溶液（ρ=10.0mg/L，有证书）。

四、操作步骤

1. 溶液的配制

（1）0.5 mol/L 硝酸溶液：取硝酸（优级纯）3.2ml 加入 50ml 水中，稀释至 100ml。

（2）混合酸：硝酸（优级纯）和高氯酸（优级纯）按 3+1 混合。

（3）14 种元素的混合标准使用液：取各元素的标准储备溶液 1ml，用 0.5 mol/L 硝酸溶液定容至 100 ml，摇匀，配成质量浓度为 1000 μg/L 的混合标准使用液。准确移取汞元素标准储备溶液 1.0 ml，用 0.5 mol/L 硝酸溶液定容至 100 ml，摇匀，配成质量浓度为 100 μg/L 的汞标准溶液。

（4）标准系列溶液的制备：分别取 13 种元素混合标准使用液 0.00 ml、0.10 ml、0.50 ml、1.00 ml、5.00 ml、10.0 ml 于 100 ml 容量瓶中，加 0.5 mol/L 硝酸溶液定容至刻度，摇匀，配制成浓度分别为 0.00μg/L、1.00μg/L、5.00μg/L、10.0μg/L、50.0μg/L、100 μg/L 的混合标准系列溶液。取汞标准使用液 0.00ml、0.50ml、1.00ml、2.00ml、4.00ml、5.00 ml 于 100 ml 容量瓶中，加 0.5 mol/L 硝酸溶液至刻度，摇匀，配制成浓度分别为 0.00μg/L、0.50μg/L、1.00μg/L、2.00μg/L、4.00μg/L、5.00 μg/L 汞元素标准系列溶液。根据待测元素的实际含量，可在此范围内选取合适的标准曲线范围。

（5）内标使用液：用 0.5 mol/L 硝酸溶液配成浓度各为 20 μg/L 的（Re+Rh）混合内标使用液。

（6）质谱调谐液：锂（Li）、钴（Co）、镉（Cd）、钡（Ba）、铅（Pb）混合溶液为质谱调谐液，浓度为 1.0μg/L。

2. 样品预处理

（1）湿式消解法：称取样品 0.5～1.0g（精确到 0.001g），置于三角瓶中，同时做试剂空白对照。样品如含有乙醇等有机溶剂，先在水浴或电热板上低温挥发。若为膏霜型样品，可预先在水浴中加热使瓶壁上样品融化流入瓶的底部。加入数粒玻璃珠，然后加入混合酸10～15ml，由低温至高温加热消解，不时缓缓摇动使均匀，消解至冒白烟，消解液呈淡黄色或无色。浓缩消解液至2～3ml。冷至室温后定量转移至25 ml具塞比色管中，以水定容至刻度，备用。对于某些粉质化妆品消解后存在一些沉淀物或悬浊物，定容后过滤，待测。

（2）微波消解法：称取样品0.3～0.5g（精确到0.001g），置于清洗好的聚四氟乙烯消解罐内，同时做试剂空白。含乙醇等挥发性原料的化妆品如香水、摩丝、沐浴液、染发剂、精华素、刮胡水、面膜等，先放入温度可调的100℃恒温电加热器或水浴上挥发（不得蒸干）。油脂类和膏粉类等干性物质，如唇膏、睫毛膏、眉笔、胭脂、唇线笔、粉饼、眼影、爽身粉、痱子粉等，取样后先加水0.5～1.0ml，润湿摇匀。

根据样品消解难易程度，样品或经预处理的样品，先加入硝酸3.0～5.0ml，静置过夜，充分作用。然后再依次加入过氧化氢1.0～2.0ml，将消解罐晃动几次，使样品充分浸没。放入沸水浴或温度可调的恒温电加热设备中100℃加热约30min取下，冷却。把装有样品的消解罐拧上罐盖，放进微波消解仪中。微波消解处理过程中参数选择可参考实验二十。

将样品移至25 ml具塞比色管中，用水洗涤消解罐数次，合并洗涤液，用水定容至25 ml，备用。对于某些粉质化妆品消解后存在一些沉淀物或悬浊物，定容后过滤，待测。

3. 仪器参考条件 用调谐液调整仪器各项指标，使仪器灵敏度、氧化物、双电荷、分辨率等指标达到要求。其他参数条件射频功率：1550 W；等离子体氩气流速：14L/min；雾化器氩气流速：1 ml/min；采样深度：5 mm；雾化器：Barbinton；雾化室温度：4℃；采样锥与截取锥类型：镍锥；模式：碰撞反应模式。

4. 样品测定 在上述仪器条件下，引入在线内标溶液，标准和样品同时进行ICP-MS分析。每一样品定量需三次积分，取平均值。以各元素标准溶液浓度为横坐标，各元素与相应内标计数值的比值为纵坐标，绘制标准曲线，由工作站直接计算出待测溶液的浓度。

对每一元素，应测定可能影响数据的每一同位素，以减少干扰造成的分析误差。推荐测定的元素同位素见表5-4。

表5-4 每元素推荐测定的同位素

元素	质量数
Li	7
Be	9
V	51
Cr	52
Cd	111
Co	59
Ni	60
Ba	137
As	75
Hg	202
Sr	88
Tl	205
Pb	208
Nd	146

5. 结果计算 样品中各元素的含量按式（5-6）计算：

$$\omega = \frac{(\rho_1 - \rho_0) \times V \times 1000}{m \times 1000 \times 1000} \tag{5-6}$$

式中：

ω——样品中锂等 14 种元素的浓度，单位为毫克/千克（mg/kg）；

ρ_1——测试溶液中待测元素的质量浓度，单位为微克/升（μg/L）；

ρ_0——空白溶液中待测元素的质量浓度，单位为微克/升（μg/L）；

V——样品消解液总体积，单位为毫升（ml）；

m——样品取样量，单位为克（g）。

以重复性条件下获得的两次独立测定结果的算术平均值表示，结果保留两位有效数字。在重复性条件下获得的两次独立测定结果的绝对差值不得超过算术平均值的 20%。

五、注意事项

1. 汞元素为极易挥发元素，在样品处理过程中，应尽量降低预消解温度和赶酸温度（100℃以下为宜），同时也应减少赶酸时间，赶酸至氮氧化物除去即可。

2. 汞元素的标准溶液应现用现配，防止吸附。其他元素标液可配制后放入 4℃冰箱中，有效期 1 周。为避免元素的吸附作用，不宜使用玻璃试剂瓶存储标准溶液，最好使用塑料材质的试剂瓶。

六、思考题

1. 电感耦合等离子体质谱仪的工作原理是什么？
2. 相对外标法而言，内标法有哪些优点和缺点？

实验二十五 氢醌的测定——高效液相色谱法

一、实验目的

1. 进一步熟悉化妆品样品的预处理方法。
2. 熟悉高效液相色谱-二极管阵列检测器的使用方法。
3. 掌握高效液相色谱-二极管阵列检测器法来测定化妆品中氢醌的原理和方法。

二、实验原理

氢醌即对二苯酚，是酪氨酸的竞争性抑制剂，能阻碍黑色素的合成，对皮肤具有美白作用，在医药领域可用于治疗黄褐斑等色素沉着症。同时，氢醌可以导致机体活性氧的增加，加速细胞凋亡，研究证明其美白功效是以细胞毒性为代价，甚至会有致畸、致癌等危害。因此，我国《化妆品安全技术规范》（2015 年版）中明确规定，氢醌为化妆品禁用组分，禁止添加。

样品中氢醌经甲醇溶解，超声提取后，用高效液相色谱仪分离，二极管阵列检测器检测，根据保留时间及紫外吸收光谱图定性，若样品中存在氢醌，则用峰面积来定量，气相色谱-质谱来验证。

本方法的检出限为 0.003μg；定量下限 0.01μg；取样量为 1g 时，检出浓度为 7μg/g；最低定量浓度为23μg/g。

三、仪器与试剂

仪器：高效液相色谱仪（二极管阵列检测器）；天平（精确到0.01g）；超声波清洗器；气相色谱-质谱仪；具塞比色管等。

试剂：甲醇（优级纯）；氢醌（色谱纯或临用前经蒸馏精制过）。

四、操作步骤

1. 溶液的配制

（1）氢醌标准溶液：称取色谱纯或经蒸馏精制的氢醌0.1g（精确到0.01g）于烧杯中，用少量甲醇（优级纯）溶解后，转移至100ml容量瓶中，用甲醇稀释至刻度。本溶液于4℃暗处保存，在1个月内稳定。

（2）氢醌标准系列溶液的制备：取氢醌标准溶液，用甲醇稀释，配制成含氢醌为10.0mg/L、50.0mg/L、100mg/L、200mg/L的标准系列溶液。

2. 样品处理 准确称取样品1g（精确到0.01g）于具塞比色管中，必要时在水浴上蒸馏除乙醇等挥发性有机溶剂，用甲醇（优级纯）定容至10ml，常温超声提取15min，取上清液经0.45μm滤膜过滤，滤液作为样品待测溶液。

3. 仪器参考条件 色谱柱：C18柱（150mm × 3.9mm × 5μm），或等效色谱柱；流动相：甲醇：水= 60：40；流速：1.0ml/min；柱温：室温；进样量：5μl；检测波长：280nm。

4. 标准曲线的绘制 在以上所示的仪器参考条件下，取标准系列溶液分别进样，记录色谱图，以标准系列溶液浓度为横坐标，峰面积为纵坐标，绘制氢醌的标准曲线。

5. 样品测定 在以上所示的仪器参考条件下，将样品待测溶液进样，记录色谱图，测得峰面积，根据标准曲线得到样品待测溶液中氢醌的浓度。

6. 结果计算 按式（5-7）计算样品中氢醌的含量：

$$\omega = \frac{\rho \times V}{m} \tag{5-7}$$

式中：

ω——样品中氢醌的质量分数，单位为微克/克（μg/g）；

m——样品取样量，单位为克（g）；

ρ——从标准曲线得到待测组分的质量浓度，单位为毫克/升（mg/L）；

V——样品定容体积，单位为毫升（ml）。

五、注意事项

如果检测为阳性结果，应采用气相色谱-质谱法进行确证。

（1）参考色谱条件：色谱柱：DB-1（30m×0.25mm），或等效色谱柱；进样口温度：250℃；柱箱温度：50℃（1min），以6℃/min的速度升温至190℃（2min）；界面温度：230℃；分流比：30∶1；柱前压：100kPa。

（2）参考质谱条件：质量数范围：30～300；扫描速度：50amu/s；溶剂切割时间：4min；开始采集时间：5min；检测口电压：1.4kV。

六、思考题

1. 若样品中油脂含量较高，在经甲醇溶解，超声提取后，当待测液进入色谱柱时，遇到流动相中的水，有可能会形成混浊，污染色谱柱，该如何调整实验条件来避免此情况的发生？

2. 如何确保根据保留时间及紫外吸收光谱图来定性的可靠性？

实验二十六　苯酚的测定——气相色谱法

一、实验目的

1. 进一步熟悉化妆品样品的预处理方法。
2. 熟悉气相色谱-氢火焰离子化检测器的使用方法。
3. 掌握气相色谱-氢火焰离子化检测器来测定化妆品中苯酚的原理和方法。

二、实验原理

苯酚和氢醌一样能够阻碍黑色素的合成，对皮肤具有一定的美白作用，但它具有腐蚀性，属于高毒类化合物，对细胞有直接的毒害作用，因此我国《化妆品安全技术规范》(2015年版)中明确规定，苯酚为化妆品禁用组分，禁止添加。

在实验中，样品中的苯酚经乙醇溶解，超声提取后，用气相色谱法分离，氢火焰离子化检测器检测，根据保留时间来定性，若检测结果为样品中存在苯酚，则用峰面积来定量。

本方法苯酚的检出限为0.03μg；定量下限为0.10μg。取样量为1g时，苯酚的检出浓度为150μg/g；最低定量浓度为500μg/g。

本方法适用于祛斑类化妆品和香波系列产品中苯酚含量的测定。

三、仪器与试剂

仪器：气相色谱仪（氢火焰离子化检测器）；天平（精确到0.01g）；烧杯；容量瓶；具塞比色管；超声波清洗器。

试剂：乙醇[φ（乙醇）=99.9%]；苯酚标准储备溶液。

四、操作步骤

1. 溶液的配制

（1）苯酚标准储备溶液：称取色谱纯苯酚0.2g（精确到0.01g）于烧杯中，用少量乙醇[φ（乙醇）=99.9%]溶解后移至100ml容量瓶中，再用乙醇[φ（乙醇）=99.9%]稀释至刻度。此溶液在1个月内稳定。

（2）取苯酚标准储备溶液0ml、0.50ml、1.00ml、2.00ml、3.00ml、4.00ml、5.00ml于10ml容量瓶中，用乙醇[φ（乙醇）=99.9%]定容至刻度，制成浓度分别为0g/L、0.10g/L、0.20g/L、0.40g/L、0.60g/L、0.80g/L和1.00g/L的苯酚标准系列溶液。

2. 样品处理　准确称取样品1g（精确到0.01g）于10ml具塞比色管中，用乙醇[φ（乙醇）=99.9%]溶解，超声振荡1min，用乙醇[φ（乙醇）=99.9%]稀释至刻度，静置后过滤，取上清液作为样品待测溶液。注入色谱仪，测定其峰面积。

3. 仪器参考条件　色谱柱：硬质玻璃柱（长 2m，内径 3mm），10% SE-30；担体：Chromosorb WAW DMCS 60～80 目；柱温：220℃；气化室温度：280℃；载气：氮气；气体流量：氮气 30ml/min，氢气 50ml/min，空气 500ml/min；进样体积：2.0μl。

4. 标准曲线的绘制　在以上所示的仪器参考条件下，取苯酚标准系列溶液分别进样，记录色谱图，以标准系列溶液浓度为横坐标，峰面积为纵坐标，绘制苯酚的标准曲线。

5. 样品测定　在以上所示的仪器参考条件下，将样品待测溶液进样，记录色谱图，测得峰面积，根据标准曲线得到样品待测溶液中苯酚的浓度。

6. 结果计算　按式（5-8）计算样品中苯酚的含量：

$$\omega = \frac{\rho \times V \times 1000}{m} \quad (5\text{-}8)$$

式中：

ω——样品中苯酚的质量分数，单位为微克/克（μg/g）；

ρ——从标准曲线得到的待测组分的质量浓度，单位为克/升（g/L）；

V——样品消解液总体积，单位为毫升（ml）；

m——样品取样量，单位为克（g）。

五、注意事项

如果检测为阳性结果，应采用气相色谱-质谱法进行确证。

（1）参考色谱条件：色谱柱：DB-1（30m×0.25mm），或等效色谱柱；进样口温度：250℃；柱箱温度：50℃（1min），以 6℃/min 的速度升温至 190℃（2min）；界面温度：230℃；分流比：30∶1；柱前压：100kPa。

（2）参考质谱条件：质量数范围：30～300；扫描速度：50amu/s；溶剂切割时间：4min；开始采集时间：5min；检测口电压：1.4kV。

六、思考题

1. 若化妆品的成分复杂，组分间的分离度未达到要求，该如何调整测量条件来加以改善？

2. 如何确保依据保留时间来鉴别结果的可靠性？

实验二十七　抗生素的测定——高效液相色谱法

一、实验目的

1. 进一步熟悉化妆品样品的预处理方法。

2. 熟悉高效液相色谱-二极管阵列检测器的使用方法。

3. 掌握高效液相色谱-二极管阵列检测器来测定化妆品中 7 种抗生素（盐酸米诺环素、甲硝唑、二水土霉素、盐酸四环素、盐酸金霉素、盐酸多西环素和氯霉素）的原理和方法。

二、实验原理

受机体内分泌或外界环境的影响，皮脂腺分泌大量的皮脂，集聚在毛囊内，堵塞毛孔，导致痤疮丙酸杆菌大量繁殖，其酯酶分解皮脂生成游离脂肪酸等代谢物，诱导或加重皮肤的炎症反应，抗生素（盐酸米诺环素、二水土霉素、盐酸四环素、盐酸金霉素、盐酸多西环素、氯霉素和甲硝唑）能抑制或杀灭痤疮相关的微生物，抑制或缓解炎症反应，因此抗生素多被应用于祛痘产品中，另外在祛斑除螨类产品中也经常被用于消除螨虫导致的微生物感染，但长期接触会导致机体产生抗药性，因此，我国《化妆品安全技术规范》（2015年版）中明确规定，盐酸米诺环素等7种物质为化妆品禁用组分，禁止添加。

盐酸米诺环素、二水土霉素、盐酸四环素、盐酸金霉素、盐酸多西环素、氯霉素和甲硝唑在268nm处有紫外吸收，可用反相高效液相色谱法分离，以保留时间和紫外光谱图定性，峰面积定量。

本方法各组分的检出限、定量下限及取样量为1g时检出浓度和最低定量浓度见表5-5。

表5-5 各组分的检出限、定量下限、检出浓度和最低定量浓度

组分名称	盐酸米诺环素	甲硝唑	二水土霉素	盐酸四环素	盐酸金霉素	盐酸多西环素	氯霉素
检出限（ng）	50	50	1.0	1.0	1.0	1.0	1.0
定量下限（ng）	150	150	3.3	3.3	3.3	3.3	3.3
检出浓度（μg/g）	50	50	1.0	1.0	1.0	1.0	1.0
最低定量浓度（μg/g）	150	150	3.3	3.3	3.3	3.3	3.3

三、仪器与试剂

仪器：高效液相色谱仪（二极管阵列检测器）；天平（精确到0.01g）；超声波清洗器；具塞比色管；容量瓶；移液管。

试剂：甲醇（色谱纯）；乙腈（色谱纯）；草酸（分析纯）；盐酸（ρ_{20}=1.19g/ml，优级纯）；盐酸米诺环素、二水土霉素、盐酸四环素、盐酸金霉素、盐酸多西环素、氯霉素和甲硝唑标准物质。

四、操作步骤

1. 溶液的配制

（1）盐酸（0.1mol/L）：取优级纯浓盐酸8.3ml，加水至1L，混匀。

（2）混合标准储备溶液：分别准确称取盐酸米诺环素、二水土霉素、盐酸四环素、盐酸金霉素、盐酸多西环素、氯霉素、甲硝唑标准物质各0.1g（精确到0.01g），用少许甲醇（色谱纯）及盐酸溶解，移入100ml容量瓶中，甲醇定容至刻度，摇匀，配成各组分浓度为1.00g/L的混合标准储备溶液。

（3）混合标准系列溶液的制备：准确移取不同体积的混合标准储备溶液于10ml具塞比色管中，用流动相溶液[0.01mol/L草酸溶液（磷酸调节水溶液的pH至2.0）：甲醇：乙腈 = 67：11：22]稀释至刻度，摇匀。

2. 样品处理 准确称取样品1g（精确到0.01g）于10ml具塞比色管中，加入甲醇（色谱纯）：盐酸=1：1的混合溶液至刻度，振摇，超声提取20～30min。经0.45 μm滤膜过滤，滤液作为待测溶液。

3. 仪器参考条件 色谱柱：C_{18}柱（250mm×4.6mm×5μm），或等效色谱柱；检测波长：268nm；流动相：0.01mol/L草酸溶液（磷酸调节水溶液的pH至2.0）：甲醇：乙腈 =67：

11∶22，高效液相色谱分析前，经 0.45μm 滤膜过滤及真空脱气；流量：0.8ml/min；柱温：室温；进样量：10μl。

4. 标准曲线的绘制　在以上所示的色谱条件下，取混合标准系列溶液分别进样，记录色谱图，以标准系列溶液浓度为横坐标，峰面积为纵坐标，绘制标准曲线。

5. 样品测定　在以上所示的色谱条件下，取经处理过的样品溶液进样（若样品中被测组分含量过高，应用流动相稀释后测定）。根据保留时间和紫外光谱图定性。记录峰面积，从标准曲线上查得相应组分的浓度。

6. 结果计算　按式（5-9）计算样品中相应组分的含量：

$$\omega = \frac{\rho \times V}{m} \tag{5-9}$$

式中：

ω——样品中盐酸美满霉素等 7 种组分的质量分数，单位为微克/克（μg/g）；

m——样品取样量，单位为克（g）；

ρ——从标准曲线得到待测组分的质量浓度，单位为毫克/升（mg/L）；

V——样品定容体积，单位为毫升（ml）。

五、注意事项

1. 配制混合标准储备溶液时一定要确保准确称取的盐酸米诺环素、二水土霉素、盐酸四环素、盐酸金霉素、盐酸多西环素、氯霉素、甲硝唑标准物质的完全溶解，否则会引起测量结果的错误。

2. 待测组分较多，在测量混合标准系列溶液来绘制标准曲线时要细心，确保准确。

六、思考题

1. 使用高效液相色谱同时检测 7 种物质，该如何来有效分离各种物质？

2. 化妆品成分复杂，如被测物质（盐酸米诺环素等 7 种禁用物质）的含量比较低，怎样避免化妆品中其他成分对测量的干扰？能否只通过保留时间来定性？

实验二十八　性激素的测定——高效液相色谱法

一、实验目的

1. 进一步熟悉化妆品样品的预处理方法。

2. 熟悉高效液相色谱-二极管阵列检测器的使用方法。

3. 掌握高效液相色谱-二极管阵列检测器来测定化妆品中 7 种性激素（雌三醇、雌酮、己烯雌酚、雌二醇、睾酮、甲睾酮和黄体酮）的原理和方法。

二、实验原理

性激素是由内分泌腺或具有分泌功能的细胞产生的，对机体代谢和生理功能发挥高效调节作用的化学信使分子。在化妆品中添加性激素，有抗衰老、增加皮肤弹性的功效，但它们也会对人体造成极其严重的危害甚至有致癌的危险。因此，《化妆品安全技术规范》（2015 年版）中明确规定，性激素为化妆品禁用组分。

根据化妆品的不同性质，将样品用不同方法提取后，经高效液相色谱仪分离，二极管阵列检测器检测，以保留时间及紫外光谱图定性，峰面积定量。

依据本方法来测定，各组分的检出限及取1g样品时的检出浓度见表5-6。

表5-6 实验中各组分的检出限和检出浓度

激素组分	雌三醇	雌酮	己烯雌酚	雌二醇	睾酮	甲睾酮	黄体酮
检出限（μg）	0.02	0.04	0.01	0.02	0.002	0.002	0.003
检出浓度（μg/g）	40	80	20	40	4	4	6

三、仪器与试剂

仪器：高效液相色谱仪（二极管阵列检测器）；天平（精确到0.01g）；离心机等。

试剂：性激素标准物质；硫酸（ρ_{20}=1.84g/ml，优级纯）；甲醇（色谱纯）；环己烷（分析纯）；饱和氯化钠溶液。

四、操作步骤

1. 溶液的配制

（1）雌激素标准溶液：分别称取雌酮、雌二醇、雌三醇、己烯雌酚各0.2g（精确到0.01g），用少量甲醇溶解，转移至100ml容量瓶中，用甲醇稀释到刻度。

（2）雄激素标准溶液：分别称取睾酮、甲睾酮各0.6g（精确到0.01g），用少量甲醇溶解，转移至100ml容量瓶中，用甲醇稀释至刻度，配制成含睾酮、甲睾酮各为6.00mg/ml的溶液。取此溶液10.0ml置100ml容量瓶中，用甲醇稀释至刻度。

（3）孕激素标准溶液：称取黄体酮0.6g（精确到0.01g），用少量甲醇溶解，转移至100ml容量瓶中，用甲醇稀释到刻度，配制成含孕激素6.00mg/ml的溶液。取此溶液10.0ml置于100ml容量瓶中，用甲醇稀释到刻度。

（4）混合标准储备溶液：分别取雌激素标准溶液50.00ml，雄激素标准溶液5.00ml和孕激素标准溶液5.00ml置于100ml容量瓶中，用甲醇稀释到刻度，配制成分别含4种雌激素各1.00mg/ml、2种雄激素各30.0μg/ml和1种孕激素30.0μg/ml的混合标准储备溶液。

（5）混合标准系列溶液的制备：取混合标准储备溶液0.00ml、1.00ml、2.00ml、5.00ml于10ml具塞比色管中，用甲醇稀释至10ml刻度，制得混合标准系列溶液。

（6）硫酸[φ（H_2SO_4）=2%]：取硫酸（ρ_{20}=1.84g/ml）2ml，缓慢加入到98ml水中，混匀。

2. 样品预处理

（1）溶液状样品：称取样品1～2g（精确到0.01g）于10ml具塞比色管中，在水浴上蒸除乙醇等挥发性有机溶剂，用甲醇稀释到10ml，作为样品待测溶液。

（2）膏状、乳状样品：称取样品1～2g（精确到0.01g）于100ml锥形瓶中，加入饱和氯化钠溶液50ml，硫酸2ml，振荡溶解，转移至100ml分液漏斗中，用环己烷30ml分三次萃取，必要时离心分离。合并环己烷层并在水浴上蒸除。用甲醇溶解残留物，转移到10ml具塞比色管中，用甲醇稀释到刻度。混匀后，经0.45μm滤膜过滤，滤液作为样品待测溶液。

3. 仪器参考条件 色谱柱：C_{18}柱（250mm×4.6mm×10μm），或等效色谱柱；流动相：

甲醇：水=60：40；流速：1.3ml/min；检测波长：204nm（雌激素）或245nm（雄激素、孕激素）；进样量：5μl。

4. 标准曲线的绘制　在以上所示的色谱条件下，取混合标准系列溶液分别进样，记录色谱图，以混合标准系列溶液浓度为横坐标，峰面积为纵坐标，绘制标准曲线。

5. 样品测定　在以上所示的色谱条件下，取样品待测溶液进样，记录色谱图，以保留时间和紫外光谱图定性，若判定存在性激素物质，则根据标准曲线得到样品待测溶液中激素的质量浓度。

6. 结果计算　按式（5-10）计算样品中相应激素组分的含量：

$$\omega = \frac{\rho \times V}{m} \tag{5-10}$$

式中：

ω——样品中雌三醇等7种组分的质量分数，单位为微克/克（μg/g）；

m——样品取样量，单位为克（g）；

ρ——从标准曲线得到待测组分的质量浓度，单位为毫克/升（mg/L）；

V——样品定容体积，单位为毫升（ml）。

五、注意事项

1. 配制雌激素标准溶液、雄激素标准溶液和孕激素标准溶液时必须确保准确称取的各标准物质的完全溶解，否则会引起测量结果的错误。

2. 待测组分较多，在测量混合标准系列溶液来绘制标准曲线时要细心，确保准确。

六、思考题

1. 使用高效液相色谱同时分离7种物质，该如何有效分离各种物质？

2. 化妆品成分复杂，如被测物质（雌三醇等7种禁用物质）的含量比较低，怎样避免化妆品中其他成分对测量的干扰？分离后能否只通过保留时间来定性？有哪些正确方法？

实验二十九　糖皮质激素的测定——高效液相色谱法

一、实验目的

1. 进一步熟悉化妆品样品的预处理方法。

2. 熟悉液相色谱/串联质谱仪的使用方法。

3. 掌握液相色谱/串联质谱法来测定化妆品中41种糖皮质激素的原理和方法。

二、实验原理

糖皮质激素类药物属甾体类化合物，具有非常显著的免疫抑制、抗炎作用和抗增生等作用，对缓解皮肤红、热、痒、肿等炎症症状立竿见影，是皮肤科最常用的外用药物。但是长期使用含有糖皮质激素的化妆品容易导致激素依赖性皮炎，破坏皮肤屏障的完整性和正常功能；一旦停用就会导致皮肤缺水、起皮、毛细血管暴露、色素沉着、真菌感染等不良影响，进而引起继发性的皮肤炎症性疾病。因此，我国《化妆品安全技术规范》（2015年版）中明确规定，糖皮质激素为化妆品禁用组分。

外用糖皮质激素的基本化学结构为氢化可的松结构，即含 17 个碳原子的环戊烷并多氢菲母核，C10 和 C13 位上有甲基，C17 位上有二碳侧链，C3 位有酮基，C4-C5 位有双键。在此基础上，进行 C1-C2 位脱氢、C6-α 位甲基化、C9-α 位氟化、C11 位羟基化等修饰后，构成一类应用范围不同、效果强弱不同的糖皮质激素类药物。

样品预处理时，膏霜类化妆品需要用饱和氯化钠溶液分散，精油类化妆品用正己烷分散，然后用乙腈从分散液中提取激素类药物，用亚铁氰化钾和乙酸锌从提取液中沉淀大分子基质，经固相萃取小柱净化，用反相高效液相色谱/串联质谱测定，外标法定量。

标准液相色谱/串联质谱测定方法适用于化妆品中糖皮质激素的定量测定，其检出限为 0.03μg/g，定量限为 0.1μg/g。

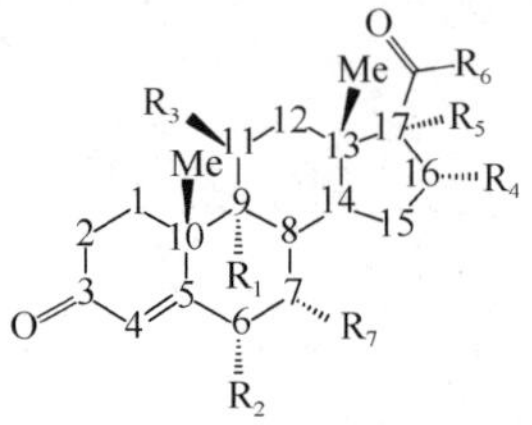

R_1 为卤素氟或氯，R_2 常为甲基或氟，R_3 常为羟基或酮基，R_4、R_5 通常为甲基、羟基、醇、环氧等基团

三、仪器与试剂

仪器：高效液相色谱/串联质谱检测器（电喷雾离子源，即 ESI 源）；分析天平（感量 0.1mg、0.01mg）；漩涡混合器；离心机：转速 5000r/min；容量瓶（10ml、50ml）；Oasis HLB 固相萃取小柱或相当者（60mg，3ml）；样品过滤器（有机膜，孔径 0.2μm）。

试剂：饱和氯化钠溶液；10%亚铁氰化钾溶液；20%乙酸锌溶液；41 种糖皮质激素标准物质（纯度不小于 99.0%）；甲醇（色谱纯）；乙腈（色谱纯）；乙酸（色谱纯）；正己烷（分析纯）。41 种糖皮质激素药物的中文名称、CAS 登录号、分子式、相对分子量见表 5-7。

表 5-7　41 种糖皮质激素药物的中文名称、CAS 登录号、分子式、相对分子质量

序号	中文名称	CAS 登录号	分子式	相对分子质量
1	曲安西龙	124-94-7	$C_{21}H_{27}FO_6$	394.1792
2	泼尼松龙	50-24-8	$C_{21}H_{28}O_5$	360.1937
3	氢化可的松	50-23-7	$C_{21}H_{30}O_5$	362.2093
4	泼尼松	53-03-2	$C_{21}H_{26}O_5$	358.1780
5	可的松	53-06-5	$C_{21}H_{28}O_5$	360.1937
6	甲泼尼龙	83-43-2	$C_{22}H_{30}O_5$	374.2093
7	倍他米松	378-44-9	$C_{22}H_{29}FO_5$	392.1999
8	地塞米松	50-02-2	$C_{22}H_{29}FO_5$	392.1999
9	氟米松	2135-17-3	$C_{22}H_{28}F_2O_5$	410.1905
10	倍氯米松	4419-39-0	$C_{22}H_{29}ClO_5$	408.1704
11	曲安奈德	76-25-5	$C_{24}H_{31}FO_6$	434.2105
12	氟氢缩松	1524-88-5	$C_{24}H_{33}FO_6$	436.2261
13	曲安西龙双醋酸酯	67-78-7	$C_{25}H_{31}FO_8$	478.2003
14	泼尼松龙醋酸酯	52-21-1	$C_{23}H_{30}O_6$	402.2042
15	氟米龙	426-13-1	$C_{22}H_{29}FO_4$	376.2050

续表

序号	中文名称	CAS 登录号	分子式	相对分子质量
16	氢化可的松醋酸酯	50-03-3	$C_{23}H_{32}O_6$	404.2200
17	地夫可特	14484-47-0	$C_{25}H_{31}NO_6$	441.2151
18	氟氢可的松醋酸酯	514-36-3	$C_{23}H_{31}FO_6$	422.2105
19	泼尼松醋酸酯	125-10-0	$C_{23}H_{28}O_6$	400.1886
20	可的松醋酸酯	50-04-4	$C_{23}H_{30}O_6$	402.2042
21	甲泼尼龙醋酸酯	53-36-1	$C_{24}H_{32}O_6$	416.2199
22	倍他米松醋酸酯	987-24-6	$C_{24}H_{31}FO_6$	434.2105
23	布地奈德	51372-29-3	$C_{25}H_{34}O_6$	430.2355
24	氢化可的松丁酸酯	13609-67-1	$C_{25}H_{36}O_6$	432.2512
25	地塞米松醋酸酯	1177-87-3	$C_{24}H_{31}FO_6$	434.2105
26	氟米龙醋酸酯	3801-06-7	$C_{24}H_{31}FO_5$	418.2156
27	氢化可的松戊酸酯	57524-89-7	$C_{26}H_{38}O_6$	446.2668
28	曲安奈德醋酸酯	3870-07-3	$C_{26}H_{33}FO_7$	476.2210
29	氟轻松醋酸酯	356-12-7	$C_{26}H_{32}F_2O_7$	494.2116
30	二氟拉松双醋酸酯	33564-31-7	$C_{26}H_{32}F_2O_7$	494.2116
31	倍他米松戊酸酯	2152-44-5	$C_{27}H_{37}FO_6$	476.2574
32	泼尼卡酯	73771-04-7	$C_{27}H_{36}O_8$	488.2410
33	哈西奈德	3093-35-4	$C_{24}H_{32}ClFO_5$	454.1922
34	阿氯米松双丙酸酯	66734-13-2	$C_{28}H_{37}ClO_7$	520.2228
35	安西奈德	51022-69-6	$C_{28}H_{35}FO_7$	502.2367
36	氯倍他索丙酸酯	25122-46-7	$C_{25}H_{32}ClFO_5$	466.1922
37	氟替卡松丙酸酯	80474-14-2	$C_{25}H_{31}F_3O_5S$	500.1844
38	莫米他松糠酸酯	83919-23-7	$C_{27}H_{30}Cl_2O_6$	520.1419
39	倍他米松双丙酸酯	5593-20-4	$C_{28}H_{37}FO_7$	504.2523
40	倍氯米松双丙酸酯	5534-09-8	$C_{28}H_{37}ClO_7$	520.2228
41	氯倍他松丁酸酯	25122-57-0	$C_{26}H_{32}ClFO_5$	478.1922

四、操作步骤

1. 溶液的配制

（1）10%亚铁氰化钾溶液：称取 115g $K_4Fe(CN)_6 \cdot 3H_2O$ 固体，用水溶解定容至 1L。

（2）20%乙酸锌溶液：称取 239g $C_4H_6O_4Zn \cdot 2H_2O$ 固体，用水溶解定容至 1L。

（3）糖皮质激素标准储备液（1mg/ml）：准确称取标准物质各 10.0mg，用甲醇分别溶解定容至 10.0ml，于−18℃下冷冻保存。

（4）标准混合工作溶液：分别取标准储备液 1.0ml 混合，用甲醇定容至 50ml，配制成浓度为 20μg/ml 的标准混合储备溶液，置于−18℃下冷冻保存。临用时取出，等溶液温度升至室温后，用 40%乙腈水溶液稀释成 0.05μg/ml、0.10μg/ml、0.20μg/ml、0.40μg/ml、0.80μg/ml 系列浓度的标准混合工作溶液，用于制作标准曲线。

2. 样品预处理

（1）提取

1）膏霜类化妆品：准确称取 0.2g 样品（精确至 0.01g）于 10ml 具塞塑料离心管中，

加入 3ml 饱和氯化钠溶液，于漩涡混合器上混合至样品分散，准确加入 2ml 乙腈，再充分涡旋提取 2min，于离心机上 5000r/min 离心 10min，吸出上层清夜于另一 50ml 具塞塑料离心管中，下层氯化钠溶液用 2ml 乙腈重复提取步骤一次，合并两次乙腈提取液，向提取液中准确加入 40ml 高纯水，混匀，加入亚铁氰化钾溶液 0.2ml，混匀，加入乙酸锌溶液 0.2ml，混匀，5000r/min 离心 10min，取上清液待进行固相萃取小柱净化。

2）精油类化妆品：准确称取 0.5g 样品（精确至 0.01g）于 20ml 尖底具塞塑料离心管中，加入正己烷 4ml，于漩涡混合器上混合至样品分散，准确加入 50%乙腈水溶液 4ml，再充分涡旋提取 2min，于离心机上 5000r/min 离心 10min，吸出下层提取夜于另一 50ml 具塞塑料离心管中，上层正己烷用 4ml 50%乙腈水溶液重复上述提取步骤一次，合并两次 50%乙腈提取液，往提取液中准确加入 36ml 高纯水，混匀，加入亚铁氰化钾溶液 0.1ml，混匀，加入乙酸锌溶液 0.1ml，混匀，5000r/min 离心 10min，取上清液待进行固相萃取小柱净化。

（2）净化：将 Oasis HLB 固相萃取小柱接上固相萃取装置，小柱上端紧密连接一垫有滤纸的磨口漏斗 20～50ml，依次用 5ml 甲醇、10ml 水将小柱进行活化。将上一步骤中经过提取待净化的样品清液倒入漏斗，经滤纸过滤后流经小柱，待样品溶液流尽后，用 10%的乙腈水溶液 10ml 清洗小柱，待清洗液自然流尽后，取下漏斗，用吸耳球吹出小柱中的残留液。在柱出口处接 10ml 具塞玻璃离心管，用 4ml 甲醇淋洗小柱，待甲醇自然流尽后，用吸耳球吹出小柱中残留液收集于离心管中。取下离心管，准确加入 4.0ml 高纯水，混匀，经 0.2μm 样品滤器过滤后作为测定液。也可将接收的 4ml 甲醇用氮气吹干，根据需要的浓度用 50%的甲醇水溶液重新溶解定容后测定。

3. 仪器参考条件

（1）液相色谱参考条件：色谱柱：SB C_{18} 柱（50mm×2.1mm×1.8μm），或等效色谱柱；柱温：室温；液相色谱流动相及参考分离条件见表 5-8；进样体积：5μl。

表 5-8 液相色谱流动相及参考分离条件

时间（min）	流速（ml/min）	流动相 A（水，含 0.1%乙酸）(%)	流动相 B（乙腈，含 0.1%乙腈）(%)
0	0.3	68	32
3	0.3	68	32
12	0.3	25	75
14	0.3	25	75
14.1	0.3	68	32
16	0.3	68	32

（2）质谱参考条件：电离方式：电喷雾电离，ESI（+）；离子喷雾电压：4kV；雾化气：氮气，38Psi；干燥气：氮气；流速：12L/min；温度：350℃；碰撞气：氮气；检测方式：多反应检测（MRM）。41 种糖皮质激素药物的质谱测定参数见表 5-9。

表 5-9 41 种糖皮质激素药物的质谱测定参数

序号	中文名称	相对分子质量	母离子（锥孔电压）	子离子（碰撞能量）	
1	曲安西龙	394.1792	395.2（140）	225.1（14）	357.1（8）
2	泼尼松龙	360.1937	361.2（110）	146.9（20）	343.1（6）
3	氢化可的松	362.2093	363.2（130）	121.0（24）	105.1（50）
4	泼尼松	358.1780	359.2（110）	147.0（24）	341.1（6）

续表

序号	中文名称	相对分子质量	母离子（锥孔电压）	子离子（碰撞能量）	
5	可的松	360.1937	361.2（150）	163.1（20）	121.0（30）
6	甲泼尼龙	374.2093	375.2（110）	357.1（6）	161.1（20）
7	倍他米松	392.1999	393.2（130）	355.0（4）	146.8（24）
8	地塞米松	392.1999	393.2（130）	355.0（4）	146.8（24）
9	氟米松	410.1905	411.2（110）	253.0（10）	121.1（34）
10	倍氯米松	408.1704	409.2（110）	391.1（6）	146.9（30）
11	曲安奈德	434.2105	435.2（110）	338.9（10）	396.9（10）
12	氟氢缩松	436.2261	437.2（160）	120.8（40）	180.9（30）
13	曲安西龙双醋酸酯	478.2003	479.2（140）	321.0（10）	440.9（4）
14	泼尼松龙醋酸酯	402.2042	403.2（110）	146.8（24）	384.9（6）
15	氟米龙	376.2050	377.2（110）	278.9（10）	320.9（8）
16	氢化可的松醋酸酯	404.2200	405.2（150）	309.1（12）	120.8（34）
17	地夫可特	441.2151	442.2（180）	123.9（50）	141.9（36）
18	氟氢可的松醋酸酯	422.2105	423.2（160）	238.9（22）	120.9（36）
19	泼尼松醋酸酯	400.1886	401.2（120）	295.0（8）	146.8（24）
20	可的松醋酸酯	402.2042	403.2（160）	162.8（24）	343.0（16）
21	甲泼尼龙醋酸酯	416.2199	417.2（110）	399.2（6）	253.2（18）
22	倍他米松醋酸酯	434.2105	435.2（110）	309.0（8）	337.0（8）
23	布地奈德	430.2355	431.2（110）	413.1（6）	146.9（30）
24	氢化可的松丁酸酯	432.2512	433.2（140）	120.8（24）	345.0（8）
25	地塞米松醋酸酯	434.2105	435.2（110）	309.0（8）	337.0（8）
26	氟米龙醋酸酯	418.2156	419.2（110）	279.0（10）	321.0（8）
27	氢化可的松戊酸酯	446.2668	447.3（140）	120.8（30）	345.2（8）
28	曲安奈德醋酸酯	476.2210	477.2（110）	320.8（12）	338.9（10）
29	氟轻松醋酸酯	494.2116	495.2（120）	120.8（40）	337.0（12）
30	二氟拉松双醋酸酯	494.2116	495.2（120）	316.8（8）	278.8（10）
31	倍他米松戊酸酯	476.2574	477.3（140）	354.9（4）	278.8（14）
32	泼尼卡酯	488.2410	489.2（120）	114.8（12）	380.9（6）
33	哈西奈德	454.1922	455.2（160）	121.0（40）	104.9（48）
34	阿氯米松双丙酸酯	520.2228	521.2（130）	301.0（10）	279.0（10）
35	安西奈德	502.2367	503.2（110）	321.0（14）	338.9（10）
36	氯倍他索丙酸酯	466.1922	467.2（110）	354.9（8）	372.9（6）
37	氟替卡松丙酸酯	500.1844	501.2（110）	292.9（10）	312.9（8）
38	莫米他松糠酸酯	520.1419	521.1（120）	503.0（4）	263.0（24）
39	倍他米松双丙酸酯	504.2523	505.2（110）	278.9（12）	318.9（10）
40	倍氯米松双丙酸酯	520.2228	521.2（120）	319.0（10）	503.0（4）
41	氯倍他松丁酸酯	478.1922	479.2（150）	278.9（14）	342.8（12）

4. 标准曲线的绘制　在以上所示的色谱条件下，取混合标准系列溶液分别进样，以混合标准系列溶液浓度为横坐标，定性离子相对丰度，绘制标准曲线。

5. 样品测定　在以上所示的色谱条件下，取样品待测溶液进样，如果样品溶液中检出的色谱峰的保留时间与标准溶液中的某种组分峰的保留时间一致，并且所选择的两对子离子的质荷比一致，样品定性离子相对丰度与浓度相当的标准工作溶液的定性离子的相对丰度进行比较时，相对偏差不超过表5-10规定的范围，则可判定样品中存在该组分。样品中糖皮质激素的含量用外标法定量，根据标准曲线得到样品待测溶液中糖皮质激素的质量浓度。

表5-10 定性确证时相对离子丰度的最大允许偏差

相对离子丰度（K）	K>50%	50%≥K>20%	20%≥K>10%	K≤10%
允许的最大偏差	±20%	±25%	±30%	±50%

6. 结果计算 若判定样品中存在糖皮质激素成分，可按式（5-11）计算样品中相应糖皮质激素组分的含量：

$$R_i = \frac{c_i \times V}{m} \tag{5-11}$$

式中：

R_i——样品中某种组分含量，单位为微克/克（μg/g）；

c_i——由标准曲线得出的样液中某种组分的质量浓度，单位为微克/毫升（μg/ml）；

m——样品质量，单位为克（g）；

V——样品溶液定容体积，单位为毫升（ml）。

五、注意事项

1. 膏霜类样品的前处理过程中，用氯化钠/乙腈溶液体系提取激素类物质，一定要确保氯化钠溶液是饱和溶液，否则易与乙腈溶液混溶，不能分层。精油类样品的前处理过程中，用的是50%乙腈水/正己烷体系提取激素类物质。

2. 固体萃取小柱须依次用甲醇、水活化后才可加入待测样品液，否则会影响萃取效果，影响实验测量结果。

六、思考题

1. 在实验中，亚铁氰化钾溶液和乙酸锌溶液的作用是什么?能除去的主要是化妆品中哪些常见成分?

2. 经过固体小柱固相萃取后，能除去的是化妆品中哪些常见成分?

实验三十 氟康唑等9种抗生素的测定——液相色谱-串联质谱法

一、实验目的

1. 熟悉化妆品样品的预处理方法。

2. 熟悉液相色谱-串联质谱仪的使用方法。

3. 掌握液相色谱-串联质谱法测定化妆品中氟康唑、酮康唑、萘替芬、联苯苄唑、克霉唑、益康唑、灰黄霉素、咪康唑、环吡酮胺等9种组分的含量。

二、实验原理

氟康唑、酮康唑、萘替芬、联苯苄唑、克霉唑、益康唑、灰黄霉素、咪康唑、环吡酮胺，这类化合物均为抗真菌抗生素，易于被添加至具有去屑作用的洗护类化妆品中。若长期使用含有此类物质的化妆品，易导致菌群失调和机体对真菌的抵抗力降低，致使深部真菌感染的发病率增高。因此，我国《化妆品安全技术规范》(2015 年版）中明确规定，此类化合物为化妆品禁用组分。

样品经乙腈提取后（其中环吡酮胺的测定需要先进行硫酸二甲酯衍生化处理)，用液相色谱-串联质谱法测定，以多反应离子监测模式进行监测，采用特征离子丰度比进行定性，峰面积定量，以标准曲线法计算含量。

本方法的检出限、定量下限和取样量为 0.5g 时的检出浓度、最低定量浓度见表 5-11。

表 5-11 9 种组分的检出限、定量下限、检出浓度和最低定量浓度

测定组分	检出限（ng/ml）	定量下限（ng/ml）	检出浓度（μg/g）	最低定量浓度（μg/g）
氟康唑	2.0	20	0.25	1.0
酮康唑	10	50	0.50	2.5
萘替芬	0.40	2.0	0.02	0.10
联苯苄唑	0.40	2.0	0.02	0.10
克霉唑	2.0	4.0	0.15	0.25
益康唑	2.0	20	0.15	1.0
咪康唑	2.0	4.0	0.15	0.25
灰黄霉素	4.0	10	0.25	0.50
环吡酮胺	2.0	10	0.15	0.50

三、仪器与试剂

仪器：液相色谱-三重四极杆质谱联用仪；天平；超声波清洗仪；离心机；涡旋混合仪等。

试剂：灰黄霉素、酮康唑、克霉唑、益康唑、咪康唑、氟康唑、联苯苄唑、环吡酮胺、萘替芬标准品（纯度大于 97.0%）；乙腈（色谱纯）；硫酸二甲酯；三乙胺；乙酸（色谱纯）；氯化钠；氢氧化钠。

四、操作步骤

1. 溶液的配制

（1）饱和氯化钠溶液：称取 40g 氯化钠，置于 250ml 磨口锥形瓶中，加入 100ml 水，超声 15min，即可使用。

（2）0.3mmol/L 氢氧化钠溶液：称取 1.2g 氢氧化钠，置于 250ml 烧杯中，加入 100ml 水，用玻璃棒搅拌至溶解，即可使用。

（3）混合标准储备溶液：准确称取灰黄霉素、酮康唑、克霉唑、益康唑、咪康唑、氟康唑、联苯苄唑、环吡酮胺、萘替芬各 10mg（精确到 0. 00001g）置于一 10ml 容量瓶中，加乙腈使各标准物质溶解并定容至刻度，摇匀，即得浓度为 1mg/ml 的混合标准储备溶液。

（4）混合标准系列溶液的制备：取混合标准储备溶液，用乙腈配制浓度为 10μg /ml、25μg /ml、50μg /ml、100μg /ml、300μg /ml、500 μg /ml 的混合标准系列溶液。

（5）未衍生化基质标准系列溶液的制备：准确称取空白样品 0.5g（精确到 0.001g），置于 25ml 具塞比色管中，分别加入混合标准系列溶液 50μl，加入饱和氯化钠溶液 1ml，涡旋 30s，加入乙腈 1ml，涡旋 30s，加入乙腈 20ml，涡旋 30s，超声提取 30min，涡旋 30s，加入乙腈定容至刻度，4500rpm 离心 5min，取上清液经 0.45μm 微孔滤膜过滤后，即得浓度为 1μg /g、2.5μg /g、5μg /g、10μg /g、30μg /g、50μg /g 的未衍生化基质标准系列溶液，用于测定除环吡酮胺外的 8 种禁用组分。

（6）衍生化基质标准系列溶液的制备：精密吸取上述未衍生化基质标准系列溶液 1ml 于玻璃试管中，加入 0.3mmol/L 氢氧化钠溶液 0.5ml，而后加入 50μl 硫酸二甲酯，涡旋 30s，置于 37℃水浴 15min，最后加入 50μl 三乙胺，涡旋 30s 后，经 0.45μm 微孔滤膜过滤后，即得浓度为 1μg /g、2.5μg /g、5μg /g、10μg /g、30μg /g、50μg /g 的衍生化基质标准系列溶液，仅用于测定环吡酮胺。

（7）流动相的配制：①流动相 A：0.1%乙酸；②流动相 B：乙腈（含 0.1%乙酸）。

2. 样品预处理

（1）未衍生化样品处理（测定除环吡酮胺外的 8 种禁用组分）：准确称取样品 0.5g（精确到 0.001g），置于 25ml 具塞比色管中，加入饱和氯化钠溶液 1ml，涡旋 30s，加入乙腈 1ml，涡旋 30s，加入乙腈 20ml，涡旋 30s，超声提取 30min，涡旋 30s，加入乙腈定容至刻度，4500r/min 离心 5min，取上清液经 0.45μm 微孔滤膜过滤后，滤液作为未衍生化待测溶液，用于测定除环吡酮胺外的 8 种禁用组分。

（2）衍生化样品处理（仅用于测定环吡酮胺）：精密吸取上述未衍生化待测备用溶液 1ml 于玻璃试管中，加入 0.3mmol/L 氢氧化钠溶液 0.5ml，而后加入 50μl 硫酸二甲酯，涡旋 30s，置于 37℃水浴 15min，最后加入 50μl 三乙胺，涡旋 30s 后，经 0.45μm 微孔滤膜过滤，滤液作为衍生化待测溶液，仅用于测定环吡酮胺。

3. 仪器参考条件

（1）色谱条件:色谱柱：C_8 柱（100mm×2.1mm×3.5μm），或等效色谱柱；流动相梯度洗脱程序如表 5-12 所示；流速：0.4ml/min；柱温：30℃；进样量：2μl。

表 5-12 流动相梯度洗脱程序

时间（min）	*V*（流动相 A）（%）	*V*（流动相 B）（%）
0.0	85	15
1.0	85	15
2.0	55	45
4.0	40	60
4.8	20	80
5.0	85	15
9.0	85	15

（2）质谱条件：离子源：ESI 源；监测模式：正离子监测模式；监测离子对及相关电压参数设定见表 5-13；喷雾压力：40psi；干燥气流速：10L/min；干燥气温度：350℃；毛细管电压：4000V；0～1.5min：不进入质谱仪分析，1.5～9min：进入质谱仪分析。

表 5-13　三重四极杆离子对相关电压参数设定表

编号	组分名称	母离子（m/z）	Frag.（V）	子离子（m/z）	CE（V）
1	灰黄霉素	353.0	130	165.0*	20
			130	215.0	20
2	酮康唑	531.0	130	489.0*	50
			130	255.0	40
3	克霉唑	277.0	110	165.0*	20
			110	241.0	20
4	益康唑	381.0	130	125.0*	40
			130	193.0	20
5	咪康唑	417.0	130	159.0*	40
			130	161.0	30
6	氟康唑	307.0	130	238.0*	15
			130	220.0	15
7	联苯苄唑	311.0	90	243.0*	35
			90	165.0	10
8	环吡酮胺	222.2	110	136.1*	25
			110	162.2	30
9	萘替芬	288.0	110	117.0*	25
			110	141.0	15

*为定量离子对。

4. 定性判定　用液相色谱/串联质谱法对样品进行定性判定。在相同试验条件下，样品中应呈现定量离子对和定性离子对的色谱峰，被测禁用组分的质量色谱峰保留时间与标准溶液中对应组分的质量色谱峰保留时间一致；样品色谱图中所选择的监测离子对的相对丰度比与相当浓度标准溶液的离子对相对丰度比的偏差不超过实验二十九中表 5-10 规定的范围，则可以判断样品中存在对应的禁用组分。

5. 标准曲线的绘制

（1）未衍生化基质标准系列溶液：在以上所示的色谱/质谱条件下，取混合的未衍生化基质标准系列溶液分别进样，以混合标准系列溶液浓度为横坐标，峰面积为纵坐标，进行线性回归，绘制基质标准曲线，其线性相关系数应大于 0.99。

（2）衍生化基质标准系列溶液：在以上所示的色谱/质谱条件下，取衍生化基质标准系列溶液分别进样，以标准系列溶液浓度为横坐标，峰面积为纵坐标，进行线性回归，绘制基质标准曲线，其线性相关系数应大于 0.99。

6. 样品测定

（1）未衍生化样品定量测定：在以上所示的色谱/质谱条件下，取经未衍生化样品处理得到的待测溶液进样，峰面积代入基质标准曲线，得到禁用组分的浓度，按公式（5-12）计算样品中除环吡酮胺外 8 种禁用组分的质量分数。

（2）衍生化样品定量测定：在以上所示的色谱/质谱条件下，取经衍生化样品处理得到的待测溶液进样，峰面积代入基质标准曲线，得到禁用组分的浓度，按式（5-12）计算样品中环吡酮胺的质量分数。

7. 结果计算　按式（5-12）计算各组分的质量分数：

$$\omega = D \times f \times \rho \qquad (5\text{-}12)$$

式中：

ω——化妆品中氟康唑等 9 种组分的质量分数，单位为微克/克（μg/g）；

f——样品称量重量校正系数，0.5g/m（m—样品取样量，g）；

ρ——从标准曲线得到的待测组分的浓度，单位为微克/克（μg/g）；

D——稀释倍数（不稀释则为 1）。

五、注意事项

1. 空白样品的性状应与待测化妆品基本一致。
2. 样品的预处理方法与其标准系列溶液的处理方法尽量保持一致，否则会引起测量误差。

六、思考题

1. 在样品处理步骤中，饱和氯化钠溶液的作用是什么？
2. 液相色谱-串联质谱仪较液相色谱仪的优点有哪些？使用液相色谱-串联质谱仪测量，样品经过液相色谱分离时需要完全分离吗？

实验三十一　米诺地尔等 7 种组分的测定——液相色谱-串联质谱法

一、实验目的

1. 进一步熟悉化妆品样品的预处理方法。
2. 熟悉液相色谱-串联质谱仪的使用方法。
3. 掌握液相色谱-串联质谱法测定化妆品中米诺地尔、氢化可的松、螺内酯、雌酮、坎利酮、醋酸曲安奈德、黄体酮等 7 种组分的含量。

二、实验原理

米诺地尔、氢化可的松、螺内酯、雌酮、坎利酮、醋酸曲安奈德、黄体酮具有促进毛发增长作用，易于被添加至生发、抗皱和祛痘类化妆品中。若长期使用含有此类物质的化妆品，易导致激素依赖性皮炎和体内内分泌紊乱，破坏皮肤的完整性和正常功能，进而引起继发性的皮肤炎症性疾病。因此，我国《化妆品安全技术规范》（2015 年版）中明确规定，此类化合物为化妆品禁用组分。

样品经提取后，用液相色谱串联质谱法测定，以多反应离子监测模式进行监测，采用特征离子丰度比进行定性，各组分峰面积定量，以标准曲线法计算含量。

本方法的检出限、定量下限和取样量为 1g 时的检出浓度、最低定量浓度见表 5-14。

表 5-14　各组分的检出限、定量下限、检出浓度和最低定量浓度

化合物	检出限（ng/ml）	定量限（ng/ml）	检出浓度（ng/g）	最低定量浓度（ng/g）
米诺地尔	0.2	0.5	2	5
氢化可的松	1	2	10	20
螺内酯	1	2	10	20
雌酮	5	10	50	100

续表

化合物	检出限（ng/ml）	定量限（ng/ml）	检出浓度（ng/g）	最低定量浓度（ng/g）
坎利酮	1	2	10	20
醋酸曲安奈德	0.2	0.5	2	5
黄体酮	0.5	1	5	10

三、仪器与试剂

仪器：液相色谱-三重四极杆质谱联用仪；天平；超声波清洗仪；离心机等。

试剂：饱和氯化钠溶液；乙腈（色谱纯）；甲醇（色谱纯）；米诺地尔、氢化可的松、螺内酯、雌酮、坎利酮、醋酸曲安奈德、黄体酮标准物质。

四、操作步骤

1. 溶液的配制

（1）90%乙腈溶液：量取10ml水于100ml容量瓶中，加乙腈（色谱纯）稀释至刻度，混匀。

（2）混合标准储备溶液：称取米诺地尔、氢化可的松、螺内酯、雌酮、坎利酮、醋酸曲安奈德、黄体酮标准品各10mg（精确到0.00001g）于同一10ml容量瓶中，加甲醇使溶解并定容至刻度，摇匀，即得浓度为1.0mg/ml的混合标准储备溶液。

（3）混合标准系列溶液的制备：用90%乙腈溶液稀释混合标准储备溶液，得到浓度为10.0ng/ml、20.0ng/ml、50.0ng/ml、100.0ng/ml、200.0ng/ml、500.0ng/ml、1000.0ng/ml、1500.0ng/ml的混合标准系列溶液。

（4）流动相的配制：①流动相A：0.2%甲酸水溶液。②流动相B：甲醇（含0.2%甲酸）。

2. 样品预处理 称取样品1g（精确到0.001g）于10ml具塞比色管中，加入1ml饱和氯化钠溶液，涡旋30s后加入乙腈，定容至刻度，涡旋30s，超声提取30min，涡旋1min，4500r/min离心5min，取上清液经0.45μm微孔滤膜过滤后，滤液作为待测液备用。

3. 仪器参考条件

（1）色谱条件：色谱柱：C_{18}柱（150mm×2.1mm×3.5μm），或等效色谱柱（螺内酯和坎利酮两个化合物色谱峰分离度要求大于1.5）；流速：0.3ml/min；柱温：30℃；进样量：5μl。流动相梯度洗脱程序见表5-15。

表5-15 流动相梯度洗脱程序

时间（min）	V（流动相A）（%）	V（流动相B）（%）
0	95	5
2	75	25
4	45	55
11	20	80
18	10	90

（2）质谱条件：离子源：ESI源；监测模式：正离子监测模式；喷雾压力：40psi；干燥气流速：8L/min；干燥气温度：325℃；毛细管电压：4000V；0～3.5min：不进入质谱仪

分析，3.5～18min：进入质谱仪分析。三重四极杆离子对及相关电压参数设定见表 5-16。

表 5-16　三重四极杆离子对及相关电压参数设定

编号	组分名称	母离子（*m/z*）	Frag.（V）	子离子（*m/z*）	CE（V）
1	米诺地尔	210.0	110	193.2	10
			110	164.1*	25
2	氢化可的松	363.1	125	327.0	10
			125	121.0*	25
3	螺内酯	341.1	147	107.1*	35
			165	90.9	65
4	雌酮	271.2	105	253.1*	5
			105	132.8	22
5	坎利酮	341.1	147	107.1*	35
			165	90.9	65
6	醋酸曲安奈德	477.1	100	457.2*	5
			100	439.1	10
7	黄体酮	315.2	140	109.0	25
			140	97.0*	23

*为定量离子对。

4. 定性判定　用液相色谱串联质谱法对样品进行定性判定。在相同试验条件下，样品中应呈现定量离子对和定性离子对的色谱峰，被测禁用组分的质量色谱峰保留时间与标准溶液中对应组分的质量色谱峰保留时间一致；样品色谱图中所选择的监测离子对的相对丰度比与相当浓度标准溶液的离子对相对丰度比的偏差不超过实验二十九中表 5-10 规定的范围，则可以判断样品中存在对应的禁用组分。

5. 标准曲线的绘制　在以上所示的液相色谱-三重四极杆质谱联用条件下，用混合标准系列溶液分别进样，以各组分标准系列浓度为横坐标，峰面积为纵坐标，绘制标准曲线，其线性相关系数应大于 0.99。

6. 样品测定　在以上所示的液相色谱-三重四极杆质谱联用条件下，取按以上所示方法预处理过的待测溶液进样，各组分的峰面积代入标准曲线，计算浓度，根据式（5-13）计算样品中各组分的含量。

7. 结果计算　按式（5-13）计算各组分的质量分数：

$$\omega = \frac{D \times \rho \times V}{m \times 10^3} \tag{5-13}$$

式中：

ω——化妆品中米诺地尔等 7 种组分的质量分数，单位为微克/克（μg/g）；

D——样品稀释倍数（不稀释则为 1）；

ρ——从标准曲线得到待测组分的质量浓度，单位为纳克/毫升（ng/ml）；

V——样品定容体积，单位为毫升（ml）；

m——样品取样量，单位为克（g）。

五、注意事项

化妆品基质复杂多样，按样品物理状态可简单分为液体、半流体、固体三大类。本方法主要研究的是易违禁添加这 7 种禁用物质的育发、祛痘和抗皱类产品。因此，本方法主要针对的是液体、半流体状化妆品。

六、思考题

1. 在色谱条件中，流动相加入一定量的酸的目的是什么？
2. 使用液相色谱-串联质谱仪测量，需要对色谱条件和质谱条件均进行优化。对质谱条件优化时，需要考虑哪些主要参数的优化？

实验三十二 丙烯酰胺的测定——液相色谱-串联质谱法

一、实验目的

1. 进一步熟悉化妆品样品的预处理方法。
2. 熟悉液相色谱-串联质谱仪的使用方法。
3. 掌握液相色谱-串联质谱法测定化妆品中丙烯酰胺组分的含量。

二、实验原理

以丙烯酰胺为单体聚合而成的丙烯酰胺聚合物或共聚物类原料在化妆品中主要作为泡沫稳定剂、增稠剂、成膜剂、抗静电剂和头发定型剂等使用。由于在化妆品配方中使用聚丙烯酰胺类原料，有可能带入微量的丙烯酰胺单体，而丙烯酰胺单体具有神经毒性和潜在致癌性，经皮肤和呼吸道吸收后在体内有蓄积作用，会对人体造成严重损害。因此，我国《化妆品安全技术规范》(2015 年版）中明确规定，聚丙烯酰胺类组分用在驻留类产品时，只有用于体用产品时，产品中丙烯酰胺单体最大残留量为 0.1mg/kg；而用在其他产品中，包括用在驻留类面部产品时，产品中丙烯酰胺单体最大残留量为 0.5mg/kg。

样品经过提取后，使用液相色谱-串联质谱法来测定，以多反应离子监测模式进行监测，使用特征离子丰度比进行定性，丙烯酰胺与内标峰面积比进行定量。

本方法对丙烯酰胺的检出限为 0.000 05μg，定量下限为 0.0002μg；取样量为 0.2g 时，检出浓度为 0.005mg/kg，最低定量浓度为 0.025mg/kg。

三、仪器与试剂

仪器：液相色谱-三重四极杆质谱联用仪；天平；超声波清洗器；高速离心机；精密移液器；涡旋振荡器；容量瓶。

试剂：丙烯酰胺（纯度大于等于 99.0%）；氘代丙烯酰胺（2，3，3-D3，纯度≥98%）；乙酸铵；乙腈（色谱纯）；甲醇（色谱纯）。

四、操作步骤

1. 溶液的配制

（1）空白样品：选择不含丙烯酰胺的化妆品作为空白样品。

（2）乙腈溶液：量取10ml乙腈置100ml容量瓶中，加水稀释至刻度，混匀。

（3）乙酸铵溶液：称取乙酸铵0.08g，置50ml容量瓶中，加水溶解并定容至刻度，即得浓度约为0.02 mol/L的乙酸铵溶液。

（4）标准储备溶液：称取丙烯酰胺标准品50mg（精确到0.0001g）置于100ml容量瓶中，加乙腈溶液使溶解并定容至刻度，摇匀，即得质量浓度为0.5g/L的丙烯酰胺标准储备溶液。

（5）丙烯酰胺标准系列溶液：依照表5-17操作，分别精密量取一定体积的丙烯酰胺标准储备溶液置于10 ml量瓶中，以乙腈溶液稀释并定容至刻度，得不同浓度的丙烯酰胺标准系列溶液。

表5-17　丙烯酰胺标准系列溶液的配制

溶液	溶液初始浓度（μg/ml）	量取体积（ml）	定容终体积（ml）	标准溶液终浓度（μg/ml）
标准溶液1	500	2	10	100
标准溶液2	500	1	10	50
标准溶液3	50	1	10	5
标准溶液4	5	2	10	1
标准溶液5	1	2	10	0.2
标准溶液6	1	1	10	0.1

（6）内标溶液：称取氘代丙烯酰胺标准品10mg（精确到0.00001g）置于100ml容量瓶中，加乙腈溶液使其溶解并定容至刻度，摇匀，即得浓度为100μg/ml的氘代丙烯酰胺储备溶液，然后精密量取氘代丙烯酰胺储备溶液1ml置于50ml容量瓶中，加乙腈溶液使溶解并定容至刻度，摇匀，即得浓度为2μg/ml的氘代丙烯酰胺内标溶液。

（7）空白样品加入丙烯酰胺标准系列溶液：取空白样品6份，每份0.2g（精确到0.0001g）于5ml塑料离心管中，分别加浓度为2μg/ml的内标溶液50μl，涡旋30s，再分别加丙烯酰胺系列标准溶液50μl，涡旋30s；然后加0.15ml 0.02mol/L的乙酸铵水溶液，涡旋30s。再加2.0ml乙腈，涡旋60s后，以10 000r/min离心10min，取上清液，氮气吹干，残渣加2ml色谱流动相复溶，涡旋60s，以10 000r/min离心5min，取上清液，经0.45μm微孔滤膜过滤后，滤液作为待测溶液，备用，使得每克样品中各含有丙烯酰胺0.025μg、0.05μg、0.25μg、1.25μg、12.5μg、25μg。

2. 样品预处理　称取样品0.2g（精确到0.0001g），置于5ml塑料离心管中，加浓度为2μg/ml的内标溶液50μl，涡旋30s；然后加0.15ml 0.02mol/L的醋酸铵水溶液，涡旋30s，再加2.0ml乙腈，涡旋60s后，以10 000 r/min离心10min，取上清液，氮气吹干，残渣加2ml色谱流动相复溶，涡旋60s，以10 000 r/min离心5min，经0.45μm微孔滤膜过滤后，滤液作为待测溶液，备用。

3. 仪器参考条件

（1）色谱条件：色谱柱：Waters Atlantis T3（100 mm×2.1mm×3.5μm），或等效色谱柱；流动相：甲醇+ 0.1%甲酸水溶液= 1.5 + 98.5，恒度洗脱3 min；流速：0.3ml/min；柱温：25℃；进样量：5μl。

（2）质谱条件：离子源：ESI源；监测模式：正离子监测模式；监测离子对及相关电压参数设定见表5-18；雾化气压力：50psi；干燥气流速：12L/min；干燥气温度：350℃；

毛细管电压：4000 V；0～1min：不进入质谱仪分析，1～2.5min：进入质谱仪分析。

表 5-18　三重四极杆离子对及相关电压参数设定表

编号	组分名称	母离子（*m/z*）	Frag.（V）	子离子（*m/z*）	CE（V）
1	丙烯酰胺	72	40	55	8
2	氘代丙烯酰胺（内标）	75	40	58	8

4. 定性判定　用液相色谱-串联质谱法对样品进行定性判定。在相同试验条件下，若样品溶液中测出的色谱峰保留时间与标准溶液的色谱峰保留时间一致，且样品色谱图中所选择的监测离子对的相对丰度比与标准溶液的离子对相对丰度比相一致，见表 5-19，则可以判断样品中存在丙烯酰胺组分。

表 5-19　监测离子和离子相对丰度比

监测离子对（*m/z*）	离子相对丰度比（%）	允许相对偏差（%）
72-55	100	
72-44	应用标准品测定离子相对丰度比	±50
72-27	应用标准品测定离子相对丰度比	±50

5. 标准曲线的绘制　在以上所示的液相色谱-三重四极杆质谱联用条件下，在空白样品中加入丙烯酰胺标准系列溶液分别进样，以其标准系列溶液浓度为横坐标，丙烯酰胺与内标的峰面积比为纵坐标，绘制标准曲线，其线性相关系数应大于 0.99。

6. 样品测定　在以上所示的液相色谱-三重四极杆质谱联用条件下，取按以上所示方法预处理过的待测溶液进样 5 μl，将丙烯酰胺与内标的峰面积比代入标准曲线，计算丙烯酰胺的质量浓度，按式（5-14）计算，得出样品中丙烯酰胺的含量。

7. 结果计算　按式（5-14）计算样品中丙烯酰胺的含量：

$$\omega = \frac{m_1}{m} \tag{5-14}$$

式中：

ω——化妆品中丙烯酰胺的含量，单位为毫克/千克（mg/kg）；

m——样品取样量，单位为克（g）；

m_1——从标准曲线得到待测组分的质量，单位为微克（μg）。

五、注意事项

1. 本方法适用于液态水基类、液态油基类、凝胶类、膏霜乳液类、粉类化妆品中丙烯酰胺含量的测定。

2. 丙烯酰胺的极性较强，故样品处理时提取溶剂为极性溶剂（乙腈/水），有些提取液会较难以离心分离，所以采用吹干复溶的方法进一步净化后再测定。

六、思考题

1. 化妆品基质复杂，使用液相色谱-串联质谱仪测量时常发生较强的基质抑制效应，造成方法的灵敏度不能满足要求。在本实验中，是如何克服这个测量困难的？

2. 样品处理时加入醋酸铵的目的是什么?

实验三十三 地氯雷他定等15种组分的测定——液相色谱-串联质谱法

一、实验目的

1. 进一步熟悉化妆品样品的预处理方法。
2. 熟悉液相色谱-串联质谱仪的使用方法。
3. 掌握液相色谱-串联质谱法测定化妆品中地氯雷他定、氯苯那敏、阿司咪唑、曲吡那敏、溴苯那敏、苯海拉明、异丙嗪、羟嗪、奋乃静、西替利嗪、氟奋乃静、氯丙嗪、氯雷他定、特非那定、赛庚啶共15种组分的含量。

二、实验原理

地氯雷他定等15种物质为抗组胺药物，具有抗炎抗过敏的作用，易于被添加至祛痘类等化妆品中。长期使用含有地氯雷他定等15种抗组胺药物的化妆品会导致依赖性皮炎，同时还可能引起人体内激素水平的变化，造成内分泌紊乱等身体不良反应。因此，我国《化妆品安全技术规范》(2015年版)中明确规定，此类化合物为化妆品禁用组分。

样品提取后，经高效液相色谱仪分离，质谱检测器检测，采用保留时间和特征离子对丰度比来进行定性，以待测组分相对应离子峰面积定量，以标准曲线法计算含量。

本方法对15种抗组胺类组分的检出限均为1ng/ml，定量下限均为2ng/ml，如以取样0.2g计，检出浓度均为250ng/g，定量下限浓度均为500ng/g。

三、仪器与试剂

仪器：高效液相色谱-三重四极杆质谱联用仪；超声波清洗器；0.22μm滤膜；离心机(10 000 r/min)；涡旋振荡器；天平等。

试剂：甲醇（色谱纯）；甲酸（色谱纯）；甲酸铵（色谱纯）；地氯雷他定、氯苯那敏、阿司咪唑、曲吡那敏、溴苯那敏、苯海拉明、异丙嗪、羟嗪、奋乃静、西替利嗪、氟奋乃静、氯丙嗪、氯雷他定、特非那定、赛庚啶共15种物质标准品。

四、操作步骤

1. 溶液的配制

（1）甲酸铵-甲酸水溶液：称取甲酸铵（色谱纯）6.3g，加1ml甲酸（色谱纯），加水1000ml溶解，用0.22μm滤膜过滤。

（2）标准储备溶液：称取15种组分标准品各10mg（精确到0.00001g），置于10ml容量瓶中，用甲醇溶解并定容。

（3）混合标准储备溶液：取各标准储备液25μl至10ml容量瓶中，用甲醇溶解并定容。

（4）混合标准系列溶液的制备：取混合标准储备溶液，用甲醇稀释配制成浓度为2ng/ml、5ng/ml、10ng/ml、20ng/ml、50ng/ml的系列标准溶液。标准溶液现用现配。

2. 样品预处理 称取样品0.2g(精确到0.0001g)，置于具塞比色管中，加入甲醇40ml，涡旋振荡30s，使试样与提取溶剂充分混匀，超声提取20min(工作频率20～43kHz，200W)，用甲醇定容至50ml，摇匀，必要时以10 000r/min离心5min。取上清液经0.22μm滤膜过滤，滤液作为试样溶液备用。必要时用适量甲醇稀释滤液备用。

3. 仪器参考条件

（1）色谱条件：色谱柱：C_{18}柱（150mm ×3.0mm×3.0μm），或等效色谱柱；流动相：A：甲酸铵-甲酸水溶液，B：甲醇，流动相梯度洗脱程序设定见表 5-20；流速：0.4ml/min；柱温：35℃；进样量：2μl；样品盘温度：4℃。

表 5-20　流动相梯度洗脱程序

时间（min）	流动相组成（%）
0	A + B = 50 + 50
4	A + B = 50 + 50
6	A + B = 35 + 65
14	A + B = 0 + 100
16	A + B = 0 + 100
16.1	A + B = 50 + 50
20	A + B = 50 + 50

（2）质谱条件：离子源：ESI 源；监测模式：正离子多离子反应监测模式；监测离子对及相关电压参数设定见表 5-21；雾化气流速：3L/min；干燥气流速：15L/min；脱溶剂温度：250℃；离子源加热温度：400℃；碰撞气：氩气，230kPa；离子化电压：4500V。

表 5-21　质谱监测离子对及相关电压参数设定表

编号	组分名称	母离子（*m/z*）	子离子（*m/z*）	CE（V）
1	地氯雷他定	311.1	259.1*	22
			294.1	18
2	氯苯那敏	275.1	230.1*	15
			167.1	42
3	阿司咪唑	459.3	135.1*	38
			218.1	26
4	曲吡那敏	256.2	211.1*	14
			91.1	35
5	溴苯那敏	319.1	273.9*	18
			167.0	43
6	苯海拉明	256.2	167.1*	13
			165.0	45
7	异丙嗪	285.1	86.2*	20
			198.0	22
8	羟嗪	375.2	201.0*	20
			166.1	39
9	奋乃静	404.2	171.1*	24
			143.2	29
10	西替利嗪	389.1	201.0*	20
			166.1	41
11	氟奋乃静	438.2	143.1*	31

续表

编号	组分名称	母离子（m/z）	子离子（m/z）	CE（V）
			171.1	25
12	氯丙嗪	319.1	86.2*	21
			58.0	41
13	氯雷他定	383.1	337.0*	22
			267.0	36
14	特非那定	472.3	436.3*	26
			454.3	20
15	赛庚啶	288.2	96.2*	27
			191.0	27

*为定量离子对。

4. 定性判定 用高效液相色谱-串联质谱法对样品进行定性判定。在相同试验条件下，样品中应呈现定量离子对和定性离子对的色谱峰，被测组分的特征离子峰保留时间与标准溶液对应的保留时间一致，且样品所选择的监测离子对的相对丰度比与相当浓度标准溶液的监测离子对相对丰度比的偏差不超过实验二十九中表 5-10 规定的范围，则可以判定样品中存在对应的组分。

5. 标准曲线的绘制 在以上所示的高效液相色谱-串联质谱的仪器条件下，用混合标准系列溶液分别进样，以各组分标准系列浓度为横坐标，峰面积为纵坐标，绘制标准曲线，其线性相关系数应大于 0.99。

6. 样品测定 在以上所示的高效液相色谱-串联质谱的仪器条件下，取经预处理过的样品待测溶液进样，测得对应特征离子色谱峰面积，根据标准曲线得到待测溶液中各组分的浓度。

7. 结果计算 按式（5-15）计算样品中各组分的含量：

$$\omega=\frac{\rho\times V\times D}{m} \tag{5-15}$$

式中：

ω——样品中地氯雷他定等 15 种组分的含量，单位为纳克/克（ng/g）；

ρ——从标准曲线得到待测组分的浓度，单位为纳克/毫升（ng/ml）；

V——样品定容体积，单位为毫升（ml）；

m——样品取样量，单位为克（g）；

D——稀释倍数（如未稀释则为 1）。

五、注意事项

1. 本方法适用于液态水基类、膏霜乳液类和啫喱等化妆品中地氯雷他定等 15 种组分含量的测量。

2. 由于部分吩噻嗪类抗组胺组分在个别高效液相色谱-三重四极杆质谱联用仪上有吸附现象，这可能与其中的金属管道种类和仪器清洗有关系，因此在实验时一定先确认仪器没有影响实验结果的吸附存在。

六、思考题

化妆品基质成分复杂，常常含有油脂类、蜡类化合物和各种无机成分。抗组胺类药物属于极性有机碱类物质，同时结构中多含有 N、O 等电负性原子，样品提取和测量时应注意哪些方面来保证测量的准确性？

第六章

化妆品限用物质的检测

实验三十四　防腐剂的测定——高效液相色谱法

一、实验目的

1. 熟悉高效液相色谱仪的一般使用方法。

2. 掌握以高效液相色谱法测定化妆品中防腐剂苯甲酸、4-羟基苯甲酸已酯等的方法和技术。

二、实验原理

化妆品中的防腐剂主要用于杀灭和抑制化妆品中的微生物，是长时间维持化妆品品质的保护剂。防腐剂种类繁多且均有一定的毒性，化妆品中常用的防腐剂按化学结构可分为甲醛供体和醛类衍生物防腐剂（如咪唑烷基脲、季铵盐等），苯甲酸及其衍生物防腐剂（如苯甲酸、对羟基苯甲酸酯类），醇类防腐剂（如苯氧乙醇、苯甲醇等）和其他有机化合物防腐剂（如布罗波尔、异噻唑啉酮类等）。防腐剂作为化妆品中允许添加的限量物质，能够保证化妆品的质量，延长它的货架期，但过量或违法添加会对人体健康产生危害，导致过敏，甚至致癌等。

本实验以甲醇提取化妆品中苯甲酸、4-羟基苯甲酸已酯等 11 种防腐剂，用高效液相色谱仪进行分析，以保留时间和紫外吸收光谱图定性，以峰高或峰面积定量。本实验方法中各防腐剂的检出限、定量下限及取 1g 样品时的检出浓度和最低定量浓度见表 6-1。

表 6-1　各防腐剂的检出限、定量下限和检出浓度、最低定量浓度

防腐剂名称	甲基氯异噻唑啉酮	2-溴-2-硝基丙烷-1，3-二醇	甲基异噻唑啉酮	苯氧乙醇	4-羟基苯甲酸甲酯	苯甲酸	4-羟基苯甲酸乙酯	4-羟基苯甲酸异丙酯	4-羟基苯甲酸丙酯	4-羟基苯甲酸异丁酯	4-羟基苯甲酸丁酯
检出限（μg）	0.002	0.15	0.002	0.1	0.002	0.05	0.005	0.005	0.005	0.015	0.015
定量下限（μg）	0.007	0.5	0.007	0.34	0.007	0.17	0.017	0.017	0.017	0.05	0.05
检出浓度（μg/g）	4	300	4	200	4	100	10	10	10	30	30
定量浓度（μg/g）	13	1000	13	667	13	340	34	34	34	100	100

三、仪器与试剂

仪器：高效液相色谱仪（具紫外检测器）；超声波清洗器；水浴锅；pH 酸度计；0.45μm

滤膜；天平（精度 0.01g 以上）等。

试剂：甲醇（色谱纯）；磷酸二氢钠（优级纯）；乙腈（色谱纯）；氯化十六烷三甲胺（优级纯）；磷酸（优级纯）；各防腐剂标准品；重蒸馏水等。

四、操作步骤

1. 溶液的配制 防腐剂标准溶液的配制：用甲醇作溶剂，称取适量的各防腐剂标准品溶解后，转移至 50ml 容量瓶中，定容。配成如表 6-2 所示浓度的标准储备溶液，再用标准储备溶液配成混合标准系列溶液（各 25ml）。

表 6-2 各防腐剂储备溶液浓度及标准系列溶液浓度

标准品名称	甲基氯异噻唑啉酮	2-溴-2-硝基丙烷-1，3-二醇	甲基异噻唑啉酮	苯氧乙醇	4-羟基苯甲酸甲酯	苯甲酸	4-羟基苯甲酸乙酯	4-羟基苯甲酸异丙酯	4-羟基苯甲酸丙酯	4-羟基苯甲酸异丁酯	4-羟基苯甲酸丁酯
储备液浓度（g/L）	25.0	25.0	25.0	10.0	1.0	10.0	1.0	1.0	1.0	2.5	2.5
标准系列浓度（mg/L）	250	250	250	100	10	100	10	10	10	25	25
	500	500	500	250	20	250	20	20	20	50	50
	1000	1000	1000	500	50	500	50	50	50	100	100

2. 样品预处理 准确称取约 1.00g 样品于具塞比色管中，必要时，水浴去除乙醇等挥发性有机溶剂。加甲醇至 10ml，振摇，超声提取 15min，离心。经 0.45μm 滤膜过滤，滤液作为待测样液。

3. 仪器参考条件 色谱柱：C_{18} 柱（250mm×4.6mm，10μm）；流动相：0.05mol/L 磷酸二氢钠水溶液-甲醇-乙腈（50 ∶ 35 ∶ 15），添加氯化十六烷三甲胺至最终浓度为 0.002mol/L，并用磷酸调 pH 至 3.5；流速：1.5ml/min；柱温：室温；检测器：二极管阵列检测器；检测波长：254nm；进样量：5μl。

4. 标准曲线的绘制 取防腐剂混合标准系列溶液进样，记录色谱图，以混合标准系列溶液浓度为横坐标，峰面积为纵坐标，绘制标准曲线。

5. 样品测定 取待测样品溶液进样，进行分析。根据色谱峰的保留时间和紫外光谱图定性。测得色谱峰面积，根据标准曲线得到待测溶液中相应防腐剂的质量浓度，计算样品中防腐剂的含量。

6. 结果计算 按式（6-1）计算防腐剂的浓度：

$$\omega = \frac{\rho \times V}{m} \tag{6-1}$$

式中：

ω——样品中防腐剂的质量分数，单位为微克/克，（μg/g）；

ρ——从曲线上查出测试溶液中防腐剂的质量浓度，单位为毫克/升，（mg/L）；

V——样品定容体积，单位为毫升，（ml）；

m——样品取样量，单位为克，（g）。

五、注意事项

1. 标准曲线法要求进样精密度好，仪器稳定。
2. 待测组分较多，在测量混合标准系列溶液来绘制标准曲线时要仔细认真，确保准确。

六、思考题

1. 用标准曲线法进行定量分析的优缺点是什么？
2. 样品预处理应注意什么？

实验三十五　防晒剂的测定——高效液相色谱法

一、实验目的

1. 了解化妆品样品的预处理方法。
2. 熟悉高效液相色谱仪的一般使用方法。
3. 掌握以高效液相色谱法测定防晒化妆品中苯基苯并咪唑磺酸、二苯酮-4 和二苯酮-5、对氨基苯甲酸、二苯酮-3、*p*-甲氧基肉桂酸异戊酯等 15 种防晒剂的方法和技术。

二、实验原理

防晒剂是使化妆品具有防晒功能的活性物质，能有效防止有害波长的紫外线直接侵害皮肤。防晒剂最初仅用于防晒护肤品，现已广泛应用于保湿日霜、护发产品、须后水、口红及彩妆等产品。防晒剂可分为物理阻挡剂（如二氧化钛、氧化锌等）和紫外吸收剂（如甲氧基肉桂酸乙基己酯和丁基甲氧基二苯酰基甲烷等）。通常认为防晒剂在化妆品中的浓度低于规定标准，则会使该产品达不到宣称的防晒系数（SPF）值，而浓度太高，又会对皮肤产生毒副作用。根据《化妆品安全技术规范》（2015 年版），我国目前允许使用的紫外吸收剂共有 28 种，并规定了其最高允许使用浓度。因此，控制化妆品中紫外吸收剂的含量不仅关乎产品质量，而且事关消费者的身体健康。

化妆品中各种防晒剂由于其结构上的差异可被反相高效液相色谱分离。根据其保留时间和紫外吸收光谱图定性，峰面积定量。本方法的检出限、检出浓度、定量下限和最低定量浓度见表 6-3。

表 6-3　各种防晒剂的检出限、检出浓度、定量下限和最低定量浓度

序号	防晒剂名称	检出限（ng）	检出浓度（%）	定量下限（ng）	最低定量浓度（%）
1	苯基苯并咪唑磺酸	2	0.02	7	0.07
2	二苯酮-4 和二苯酮-5	3	0.03	10	0.10
3	对氨基苯甲酸	2	0.02	7	0.07
4	二苯酮-3	3	0.03	10	0.10
5	*p*-甲氧基肉桂酸异戊酯	3	0.03	10	0.10
6	4-甲基苄亚基樟脑	2.5	0.025	8	0.08
7	PABA 乙基己酯	3	0.03	10	0.10
8	丁基甲氧基二苯酰基甲烷	12	0.12	40	0.40
9	奥克立林	5	0.05	17	0.17

续表

序号	防晒剂名称	检出限（ng）	检出浓度（%）	定量下限（ng）	最低定量浓度（%）
10	甲氧基肉桂酸乙基己酯	3	0.03	10	0.10
11	水杨酸乙基己酯	20	0.20	67	0.67
12	胡莫柳酯	20	0.20	67	0.67
13	乙基己基三嗪酮	2	0.02	7	0.07
14	亚甲基双-苯并三唑基四甲基丁基酚	5	0.05	17	0.17
15	双-乙基己氧苯酚甲氧苯基三嗪	5	0.05	17	0.17

三、仪器与试剂

仪器：高效液相色谱仪（具三元泵、二极管阵列检测器及积分仪或色谱工作站）；超声波清洗器；微量进样器（10μl，或自动进样器）；0.45μm 滤膜等。

试剂：甲醇（色谱纯）；四氢呋喃（色谱纯）；高氯酸[ω（$HClO_4$）=70%～72%，优级纯]；重蒸馏水等。

四、操作步骤

1. 溶液的配制

（1）混合溶液的配制：分别取甲醇（色谱纯）250ml、四氢呋喃（色谱纯）450ml、高氯酸[ω（$HClO_4$）=70%～72%，优级纯]0.2ml 和水 300ml 混合均匀。

（2）防晒剂标准储备溶液的配制：按表 6-4 称取各紫外吸收剂，分别用表中所示的溶剂溶解稀释到 100ml，配成各紫外吸收剂的标准储备液，其浓度如表 6-4 所示。

（3）紫外吸收剂混合标准溶液的配制：移取各紫外吸收剂标准储备溶液 1.00ml 至 100ml 容量瓶中，用已配制的混合溶液定容至 100ml，配制成混合标准溶液。此混合标准溶液所含各紫外吸收剂的浓度如表 6-4 所示。

表 6-4　标准储备液和混合标准溶液的配制

序号	防晒剂名称	称样量（g）	定容溶剂	储备溶液浓度（g/L）	混合标准溶液浓度（mg/L）
1	苯基苯并咪唑磺酸[1]	0.300	混合溶液（1）	3	30
2	二苯酮-4 和二苯酮-5	1.000	混合溶液（1）	10	100
3	对氨基苯甲酸	0.300	混合溶液（1）	3	30
4	二苯酮-3	1.000	混合溶液（1）	10	100
5	*p*-甲氧基肉桂酸异戊酯	1.000	混合溶液（1）	10	100
6	4-甲基苄亚基樟脑	0.600	混合溶液（1）	6	60
7	PABA 乙基己酯	1.000	混合溶液（1）	10	100
8	丁基甲氧基二苯酰基甲烷	3.000	四氢呋喃	30	300
9	奥克立林	1.450	四氢呋喃	14.5	100[2]
10	甲氧基肉桂酸乙基己酯	1.000	四氢呋喃	10	100
11	水杨酸乙基己酯	5.000	四氢呋喃	50	500
12	胡莫柳酯	5.000	四氢呋喃	50	500
13	乙基己基三嗪酮	0.500	四氢呋喃	5	50
14	亚甲基双-苯并三唑基四甲基丁基酚	1.000	四氢呋喃	10	100
15	双-乙基己氧苯酚甲氧苯基三嗪	1.000	四氢呋喃	10	100

注：[1]加入定容溶剂前，预先加入少量 NaOH 溶液使其溶解，再用定容溶剂定容；[2]已由酯折算为酸。

2. 样品预处理

（1）不含蜡质的化妆品如护肤类、香波、粉等：准确称取防晒化妆品约0.25g 于25ml具塞比色管中，加入配制的混合溶液，定容，混匀，超声振荡20～30min。取此振荡液1.00ml，再用混合溶液（1）稀释至10.0ml，混匀后，经0.45μm 滤膜过滤，滤液备用。

（2）含蜡质的化妆品如唇膏、口红等：准确称取防晒化妆品约0.25g 于25ml具塞比色管中，加入四氢呋喃，定容，混匀，超声振荡20～30min。取此振荡液1.00ml，再用四氢呋喃稀释至10.0ml，混匀后，经0.45μm 滤膜过滤，滤液备用。

3. 仪器参考条件

（1）色谱柱：C_{18}柱（250mm×4.6mm，5μm）；紫外检测波长：311nm；流速：1.0ml/min；进样量：10μl。

（2）流动相：①溶液 A：甲醇，使用前经 0.45μm 滤膜过滤及真空脱气。②溶液 B：四氢呋喃，使用前经0.45μm 滤膜过滤及真空脱气。③溶液 C：水+高氯酸（300ml 水和0.2ml高氯酸混合均匀），使用前经0.45μm 滤膜过滤及真空脱气。

流动相的梯度程序见表6-5。

表6-5　流动相的梯度程序

时间（min）	溶液A（%）	溶液B（%）	溶液C（%）
0.00	25	45	30
13.00	25	45	30
14.00	45	50	5
20.00	45	50	5
22.00	25	45	30

4. 标准曲线的绘制　移取紫外吸收剂混合标准溶液0.00ml、0.20ml、1.00ml、5.00ml、10.00ml，于10ml具塞比色管中，用配制的混合溶液稀释至刻度。取防晒剂混合标准系列溶液进行高效液相色谱分析，用峰面积与紫外吸收剂含量作图获得标准曲线。

5. 样品测定　取待测样品溶液进样，进行分析。根据其保留时间定性（必要时用二极管阵列检测器的紫外吸收光谱定性），测得色谱峰面积，根据标准曲线得到待测溶液中相应紫外吸收剂的质量浓度。

6. 结果计算　按式（6-2）计算防晒剂的浓度：

$$\omega = \frac{\rho \times V \times 10^{-6}}{m} \times 100\% \qquad (6\text{-}2)$$

式中：

ω——样品中防晒剂的质量分数，以质量分数计（%）；

ρ——从曲线上查出测试溶液中防晒剂的质量浓度，单位为毫克/升（mg/L）；

V——样品定容体积，单位为毫升（ml）；

m——样品取样量，单位为克（g）。

五、注意事项

配制苯基苯并咪唑磺酸标准溶液时，在加入定容溶剂前，预先加入少量NaOH 溶液使其溶解，再用定容溶剂定容。

六、思考题

反相高效液相色谱分离混合物的机制是什么？组分按什么顺序出柱？

实验三十六　α-羟基酸的测定——高效液相色谱法

一、实验目的

1. 了解化妆品样品的预处理方法。
2. 熟悉高效液相色谱仪的一般使用方法。
3. 掌握以高效液相色谱法测定洗、护发类及护肤类化妆品中 α-羟基酸的方法和技术。

二、实验原理

α-羟基酸亦称为水果酸（AHAs），是一类小分子物质，可迅速被吸收，具有较好的改善作用，可使皮肤变得光滑、柔软，富有弹性。α-羟基酸是目前保湿和抗皱化妆品中使用较为频繁的功能因子，适量使用具有良好的保湿和除皱效果，但过量使用会导致皮肤产生红斑、漂白、肤色改变、水肿等较强的刺激性、光敏性反应。国家卫生和计划生育委员会规定化妆品中的 α-羟基酸的使用总量不得过 6%。

本实验以水提取化妆品中乙醇酸等 5 种 α-羟基酸组分，用高效液相色谱仪进行分析，以保留时间定性，峰面积定量。本实验方法中各种 α-羟基酸的检出限、定量下限及取 1g 样品时的检出浓度和最低定量浓度见表 6-6。

表 6-6　各 α-羟基酸的检出限、定量下限和检出浓度、最低定量浓度

α-羟基酸组分	酒石酸	乙醇酸	苹果酸	乳酸	柠檬酸
检出限（μg）	0.10	0.35	0.20	0.40	0.25
定量下限（μg）	0.33	1.17	0.67	1.33	0.83
检出浓度（μg/g）	200	700	400	800	500
最低定量浓度（μg/g）	660	2340	1340	2660	1660

三、仪器与试剂

仪器：高效液相色谱仪（具二极管阵列检测器）；超声波清洗器；水浴锅；高速离心机；pH 计等。

试剂：磷酸二氢铵；磷酸（优级纯）；各种 α-羟基酸标准品；重蒸馏水等。

四、操作步骤

1. 溶液的配制　α-羟基酸标准溶液的制备：称取各种 α-羟基酸标准品适量，溶解后转移至 100ml 容量瓶中，定容。配成如表 6-7 所示浓度的标准储备溶液，再用标准储备溶液配成混合标准系列溶液。

表 6-7 各 α-羟基酸的储备溶液浓度及标准系列浓度溶液

α-羟基酸组分	酒石酸	乙醇酸	苹果酸	乳酸	柠檬酸
储备液浓度（g/L）	5.0	8.0	20.0	40.0	20.0
标准系列溶液浓度（mg/L）	100	160	400	800	400
	250	400	1000	2000	1000
	500	800	2000	4000	2000

2. **样品预处理** 准确称取样品约 1g 于 10ml 具塞比色管中，水浴去除挥发性有机溶剂，加水至 10ml，超声提取 20min，取适量样品高速（10 000r/min）离心 15min，取上清液过 0.45μm 的滤膜后作为待测样品溶液。

3. **仪器参考条件** 色谱柱：C_{18} 柱（250mm×4.6mm，10μm）；流动相：0.1mol/L 的磷酸二氢铵溶液，用磷酸调 pH 为 2.45；流速：0.8ml/min；柱温：室温；检测器：二极管阵列检测器；检测波长：214nm；进样量：5μl。

4. **标准曲线的绘制** 取乙醇酸等 5 种 α-羟基酸组分的混合标准系列溶液分别进样，进行色谱分析，记录各色谱峰面积，以标准系列溶液浓度为横坐标，峰面积为纵坐标，绘制各 α-羟基酸组分峰面积-浓度标准曲线。

5. **样品测定** 取待测样品溶液进样，根据峰的保留时间和紫外光谱图定性。测得色谱峰面积，根据标准曲线得到待测溶液中 α-羟基酸的质量浓度。

6. **结果计算** 按式（6-3）计算 α-羟基酸的浓度：

$$\omega = \frac{\rho \times V}{m} \tag{6-3}$$

式中：

ω——样品中 α-羟基酸组分的质量分数，单位为微克/克（μg/g）；

ρ——从曲线上查出测试溶液中 α-羟基酸的质量浓度，单位为毫克/升（mg/L）；

V——样品定容体积，单位为毫升（ml）；

m——样品取样量，单位为克（g）。

五、注意事项

实验过程中要注意仪器在运行中不能进入气体，气泡会使压力不稳，重现性差，所以在使用过程中要尽量避免产生气泡。

六、思考题

若标准曲线采用色谱峰高对浓度作图，能给出准确的测试结果吗？与本实验的峰面积-浓度标准曲线相比，哪一种方法更好一些？

实验三十七 可溶性锌盐的测定——原子吸收分光光度法

一、实验目的

1. 熟悉原子吸收分光光度计的一般使用方法。
2. 掌握工作曲线法的基本原理和方法。

3. 掌握以火焰原子吸收分光光度法测定除臭类化妆品中可溶性锌盐的方法和技术。

二、实验原理

《化妆品安全技术规范》(2015 年版)规定锌是限用物质,水溶性锌盐的最大容许浓度为 1%。

化妆品中的基态锌原子能吸收来自同种金属元素空心阴极灯发出的共振线,且其吸收强度与样品中该元素含量成正比。根据测得的吸光强度,与标准系列溶液比较进行定量。本方法检出限为 8.2×10^{-3}μg,定量下限为 2.7×10^{-2}μg。若取 1g 样品,本方法检出浓度为 8.2×10^{-3}μg/g,最低定量浓度为 2.7×10^{-2}μg/g。

三、仪器与试剂

仪器:原子吸收分光光度计;超声波清洗器;离心机;具塞比色管(10ml、25ml)等。所用玻璃器皿使用前均须先用硝酸(1+1)浸泡 4h 以上,并用自来水及纯水冲洗洁净。

试剂:硝酸(ρ_{20}=1.42g/ml,优级纯);金属锌(纯度大于 99.9%)等。

四、操作步骤

1. 溶液的配制

(1)硝酸(1.5+998.5)溶液的制备:取硝酸(ρ_{20}=1.42g/ml)1.5ml 加水至 1000ml。

(2)锌标准储备溶液[ρ(Zn)=1.00g/L]的制备:称取纯度大于 99.9%的金属锌 1.000g,加入 20ml 硝酸(ρ_{20}=1.42g/ml)中,用水定容至 1L,摇匀,备用。此溶液 1.00ml 含锌 1.00mg。

(3)锌标准使用溶液[ρ(Zn)=20.0mg/L]的制备:取锌标准储备溶液 2.00ml 于 100ml 容量瓶中,用硝酸(1.5+998.5)溶液稀释至 100ml。

(4)标准系列溶液的配制:取标准使用溶液 0.00ml、0.50ml、1.00ml、2.00ml、3.00ml、5.00ml 置于 100ml 容量瓶中,用硝酸(1.5+998.5)溶液稀释至刻度,配制成锌标准系列溶液。

2. 样品预处理 准确称取混匀试样 1.00～2.00g 于 25ml 具塞比色管中,用水稀释至 10ml,混匀超声提取 20min,5000r/min 离心 40min。取样品离心液 2.00～5.00ml 用硝酸(1.5+998.5)溶液稀释至 10.0ml,备用。

3. 仪器参考条件 波长:213.9nm;通带宽:0.4nm;空气压力:0.20MPa;乙炔气压力:0.05MPa;空气流量:3.5L/min;乙炔气流量:1.5L/min;灯电流:5.0mA;火焰高度:5.0mm。

4. 标准曲线的绘制 按仪器操作程序,将仪器的分析条件调至最佳状态,选择灵敏度吸收线 213.9nm。将标准系列溶液和空白溶液依次交替喷入火焰,测定其吸光度。以标准系列溶液的浓度为横坐标,以吸光度为纵坐标,绘制标准曲线。

5. 样品测定 在相同的仪器条件下,取待测样品溶液进样,测得吸光度。根据标准曲线得到待测溶液中锌的质量浓度。

6. 结果计算 按式(6-4)计算可溶性锌盐的浓度:

$$\omega=\frac{(\rho_1-\rho_0)\times V}{m}\times\frac{V_2}{V_1} \qquad (6\text{-}4)$$

式中:

ω——样品中锌的质量分数，单位为微克/克（μg/g）；

ρ_1——测试溶液中锌的质量浓度，单位为毫克/升（mg/L）；

ρ_0——空白溶液中锌的质量浓度，单位为毫克/升（mg/L）；

V——样品溶液总体积，单位为毫升（ml）；

V_1——分取样品溶液体积，单位为毫升（ml）；

V_2——分取样品溶液稀释后体积，单位为毫升（ml）；

m——样品取样量，单位为克（g）。

五、注意事项

1. 原子吸收分光光度法是一种极灵敏的分析方法，所使用的试剂纯度应符合要求，本实验所用玻璃器皿使用前均须先用硝酸（1+1）浸泡 4h 以上，用自来水冲洗洁净，并用纯水充分冲洗。

2. 因待测元素含量很低，测定中要防止污染、吸附损失。

3. 为减小测定误差，试样的吸光度应处于工作曲线的中部，否则，可通过改变取样体积加以调整。

4. 在进行喷雾时，要保证助燃气和燃气压力不变，否则影响吸收值的准确性。

5. 单光束仪器一般预热 10～30min。

6. 每测定一份溶液后，均用去离子水喷入火焰，充分冲洗灯头并调零。

7. 如果是透明液体样品，加纯水后不用超声和离心；如果是粉末状或胶冻状样品必须超声，才能使样品均匀，而且必须离心，因粉末状样品若不离心会有小颗粒堵塞进样口，胶冻状样品也会出现与粉末状样品同样的情况。

六、思考题

如何消除原子吸收分析中的化学干扰？

实验三十八　游离氢氧化物的测定——电位滴定法

一、实验目的

1. 熟悉精密 pH 计的一般使用方法。

2. 掌握测定直发产品中游离氢氧化物（氢氧化钠和氢氧化钾均以氢氧化钠计）的方法和技术。

二、实验原理

直发产品是化妆品中的一类，《化妆品安全技术规范》（2015 年版）对其所含游离氢氧化物的测定已有规定，直发产品中氢氧化物（游离氢氧化钠和氢氧化钾均以氢氧化钠计）最大允许浓度规定为 4.5%（以重量计）。

样品中的氢氧化物与盐酸发生中和反应，电极电位发生变化，滴定终点 pH 确定为 9.2，根据盐酸标准溶液的用量，计算样品中氢氧化物的含量。本实验方法氢氧化物的检出限为 0.20mg，如取样 2g，则最低检出浓度为 0.01%。

三、仪器与试剂

仪器：酸式微量滴定管；精密酸度计，复合电极或玻璃电极与饱和甘汞电极；磁力搅拌器；天平；烧杯（150ml、25ml）等。

试剂：盐酸标准溶液[*c*（HCl）=0.100mol/L]等。

四、操作步骤

1. **溶液的配制**　盐酸标准溶液[*c*（HCl）=0.100mol/L]的配制及标定参见第二章中第三节相关内容。

2. **定性检验**

（1）样品预处理：称取 1g 样品加入 9ml 水，置于 25ml 烧杯中，加入一个搅拌子，在磁力搅拌器上搅拌至样品均匀地分散在水中（如不均匀，再超声分散样品 5～10min）作为 pH 定性检测溶液。

（2）pH 测定：用校准的 pH 计测定待测溶液，如 pH ≥11，则进行下述定量测定。

3. **定量测定**　称取混匀试样 1～2g（精确到 1mg），置于 150ml 烧杯中，如果含有氨味，加入几粒小的浮石或小玻璃珠，置于真空干燥器中，用真空泵抽 3h（若用水泵抽，约需 4h）直至样品不再有氨味，加入水 100ml，加入搅拌子，在磁力搅拌器上搅拌至样品均匀地分散在水中（如不均匀，再在超声清洗器上，超声分散样品 5～10min）待测，边搅拌边用盐酸标准溶液滴定（滴定速度不宜快），当 pH 接近 9.6 时滴定要慢，多搅拌，当 pH 到 9.2 时停止搅拌，准确读取盐酸标准溶液的用量。

4. **结果计算**　按式（6-5）计算可溶性锌盐的浓度：

$$\omega = \frac{40 \times c \times V}{m \times 1000} \times 100\% \tag{6-5}$$

式中：

ω——样品中氢氧化物的质量分数，以 NaOH 的质量分数计（%）;

c——盐酸标准溶液的浓度，单位为摩尔/升（mol/L）;

V——滴定所消耗盐酸标准溶液的体积，单位为毫升（ml）;

m——样品取样量，单位为克（g）;

40——氢氧化物的摩尔质量，单位为克/摩尔（g/mol）。

五、注意事项

1. 电极浸入溶液的深度应合适，避免搅拌子碰坏电极。
2. 搅拌速度应适中，以免溶液溅出烧杯。
3. 滴定速度不宜过快，当 pH 接近 9.6 时滴定速度要慢下来，多搅拌。
4. 当 pH 接近 9.2 时停止搅拌后再读取 pH。

六、思考题

1. 滴定终点 pH 为什么是 9.2?
2. pH 计如何校准?

实验三十九　去屑剂的测定——高效液相色谱法

一、实验目的

1. 熟悉高效液相色谱仪的一般使用方法。

2. 掌握以高效液相色谱法测定去头屑洗发类化妆品中水杨酸、酮康唑、氯咪巴唑和吡罗克酮乙醇胺盐等去屑剂（防腐剂）的方法和技术。

二、实验原理

头皮糠疹（头皮屑）是头部皮肤的常见疾病。头皮屑的发病机制至今尚未明确，但其产生的主要原因与头皮表面马拉色菌属真菌的繁殖密切相关。去屑化妆品通过添加各种抗真菌药物作为主要功效成分，以抑制头皮角质化细胞的分裂，从而减少头皮微生物的生长，达到去屑的目的。常见的去屑洗发水多添加各种抑制真菌生长的化学成分，包括水杨酸、酮康唑、氯咪巴唑和吡罗克酮乙醇胺盐等，其中酮康唑是一种治疗头皮屑效果较好的药物，但这些去屑剂同时又具有一定的安全性问题。据《化妆品安全技术规范》(2015 年版）的要求，酮康唑为不得在化妆品中添加的禁用组分，而其他三种成分则是可以添加到化妆品中的限用组分。

本实验以乙腈+甲醇=95+5 提取去头屑洗发类化妆品中水杨酸等去屑剂，用高效液相色谱仪进行分析，以保留时间和紫外吸收光谱图定性，峰面积定量。本方法中各组分的检出限、定量下限及取 0.5g 样品时的检出浓度和最低定量浓度见表 6-8。

表 6-8　各去屑剂组分的检出限、定量下限和检出浓度、最低定量浓度

去屑剂组分	水杨酸	酮康唑	氯咪巴唑	吡罗克酮乙醇胺盐
检出限（ng）	1.0	1.5	2.0	4.5
定量下限（ng）	3.3	5.0	6.7	15.0
检出浓度（μg/g）	20.0	30.0	40.0	90.0
最低定量浓度（μg/g）	66.7	100.0	133.0	300.0

三、仪器与试剂

仪器：高效液相色谱仪（具二极管阵列检测器）；超声波清洗器；水浴锅；pH 酸度计；0.45μm 滤膜等。

试剂：甲醇（色谱纯）；乙腈（色谱纯）；磷酸二氢钾；乙二胺四乙酸二钠；磷酸（优级纯）；各去屑剂标准品；重蒸馏水等。

四、操作步骤

1. 溶液的配制　去屑剂标准溶液的配制：称取适量的各去屑剂标准品，加 85ml 左右的乙腈+甲醇=95+5 溶液，超声，待溶解完全后转移至 100ml 容量瓶中，用乙腈+甲醇=95+5 定容。配成如表 6-9 所示浓度的标准储备溶液，再用乙腈+甲醇=95+5 稀释标准储备溶液配成混合标准系列溶液。

表 6-9 各去屑剂的储备溶液浓度及标准系列溶液浓度

去屑剂组分	水杨酸	酮康唑	氯咪巴唑	吡罗克酮乙醇胺盐
储备溶液浓度（mg/L）	500	500	1000	1000
标准系列溶液浓度（mg/L）	50	50	100	100
	100	100	200	200
	200	200	400	400
	400	400	800	800
	500	500	1000	1000

2. 样品预处理 准确称取香波样品约 0.5g 于 50ml 具塞比色管中，加入乙腈＋甲醇=95＋5 至刻度，振摇，超声提取 40min，必要时可离心。经 0.45μm 滤膜过滤，滤液作为待测样品溶液。

3. 仪器参考条件 色谱柱：C_{18} 柱（250mm×4.6mm，10μm）；流动相：乙腈+甲醇+0.01mol/L 磷酸二氢钾水溶液（添加乙二胺四乙酸二钠盐至最终浓度为 0.5mmol/L，并用磷酸调节水溶液的 pH 至 4.0）=50+10+40；流速：1.0ml/min；柱温：室温；检测器：二极管阵列检测器；检测波长：230nm；进样量：5μl。对于有干扰的样品，测定水杨酸和吡罗克酮乙醇胺盐时建议检测波长调整为 300nm。

4. 标准曲线的绘制 取去屑剂标准系列溶液进样，记录色谱图，以标准系列溶液浓度为横坐标，峰面积为纵坐标，绘制各去屑剂峰面积-浓度的标准曲线。

5. 样品测定 取待测样品溶液进样，进行分析。根据峰的保留时间和紫外光谱图定性。测得色谱峰面积，根据标准曲线得到待测溶液中对应的去屑剂的质量浓度。

6. 结果计算 按式（6-6）计算去屑剂的浓度：

$$\omega = \frac{\rho \times V}{m} \tag{6-6}$$

式中：

ω——样品中去屑剂的质量分数，单位为微克/克（μg/g）；

ρ——测试溶液中去屑剂的质量浓度，单位为毫克/升（mg/L）；

V——样品定容体积，单位为毫升（ml）；

m——样品取样量，单位为克（g）。

五、注意事项

待测组分较多，在测量混合标准系列溶液来绘制标准曲线时要细心，确保准确。

六、思考题

样品处理时什么情况需要离心？为什么？

实验四十 染发剂中染料的测定——高效液相色谱法

一、实验目的

1. 熟悉高效液相色谱仪的一般使用方法。

2. 掌握以高效液相色谱法测定染发剂中氧化型染料的方法和技术。

二、实验原理

目前人们使用的染发剂依据染发效果可分为 3 类：暂时性、半永久性和永久性。永久性染发剂又可以分为植物永久性、金属永久性和氧化永久性。氧化永久性染发剂是目前市场上最流行的一类染发剂，含有染料中间体和偶合剂，这些染料中间体和偶合剂渗透进入头发的皮质后，发生氧化反应、偶合和缩合反应形成较大的染料分子，被封闭在头发纤维内，所以难以从头发纤维孔径中洗脱出来。染料中间体多是苯胺类等成分，特别是对苯二胺及其衍生物等有毒物质，染发时就易通过发髓、皮肤或呼吸等多种方式被人体吸收，其一旦进入人体内便很难排出，容易蓄积中毒，而且具有诱导基因突变致癌作用和极易引发皮肤过敏反应。我国《化妆品安全技术规范》(2015 年版）中规定了 75 种暂时允许使用的染料成分，且对其最大允许使用浓度、其他限制和要求等做了严格的规定。

本实验以 95%乙醇和水（1+1）提取化妆品中对苯二胺等 8 种染料组分，用高效液相色谱仪进行分析，以保留时间和紫外吸收光谱定性，以峰面积定量。本实验方法各染料组分的检出限、定量下限及取样量为 0.5g 时的检出浓度及最低定量浓度见表 6-10。

表 6-10 各染料组分的检出限、定量下限、检出浓度、最低定量浓度

染料组分	对苯二胺	氢醌	间氨基苯酚	邻苯二胺	对氨基苯酚	2-甲基-1，4-对苯二胺	间苯二酚	对甲氨基苯酚
检出限（μg）	0.080	0.015	0.020	0.030	0.025	0.050	0.025	0.050
定量下限（μg）	0.270	0.050	0.067	0.100	0.083	0.170	0.083	0.170
检出浓度（μg/g）	800	150	200	300	250	500	250	500
最低定量浓度（μg/g）	2700	500	670	1000	830	1700	830	1700

三、仪器与试剂

仪器：高效液相色谱仪（具等容泵和二极管阵列检测器）；超声波清洗器；pH 酸度计；天平；具塞比色管（25ml）；0.45μm 滤膜等。

试剂：乙醇[φ（CH_3CH_2OH）=95%，优级纯]；三乙醇胺；磷酸[ρ_{20}（H_4PO_3）=1.83g/ml，优级纯]，乙腈（色谱纯）；亚硫酸钠；各染料组分；重蒸馏水等。

四、操作步骤

1. 溶液的配制

（1）乙醇（1+1）溶液的配制：量取乙醇 15ml，加入 15ml 水。

（2）染料组分标准溶液[ρ（染料组分）=5g/L]的配制：称取对苯二胺等 8 种染料组分各约 0.5g，各加入 0.1g 亚硫酸钠（或相当于 0.1g 亚硫酸钠的亚硫酸钠溶液），加 95%乙醇使之溶解，并在 100ml 容量瓶中定容至刻度（如使用甲苯 2，5-二胺硫酸盐和对甲氨基苯酚硫酸盐为标准品，应用水溶解）。

（3）各染料组分的混合标准工作溶液的配制：分别移取各组分标准溶液 1.00ml、2.50ml、5.00ml 于 3 支 100ml 容量瓶中，再用 95%乙醇稀释至刻度，配成浓度为 50mg/L、125mg/L、250mg/L 的各染料组分的混合标准工作溶液。标准工作溶液应于使用前配制。

2. 样品预处理　取样品约0.5g置于已加入1%亚硫酸钠溶液1.0ml的25ml具塞比色管中，加乙醇（1+1）溶液至25ml，超声提取15min，离心，经0.45μm滤膜过滤，滤液作为待测样液。

3. 仪器参考条件　色谱柱：C_{18}柱（250mm×4.6mm×10μm）；流动相：将三乙醇胺10ml加至980ml水中，加入磷酸使溶液pH为7.7，加水至1L。取此溶液950ml与乙腈50ml混合组成含5%乙腈的磷酸缓冲溶液；流速：2.0ml/min；柱温：20℃；检测器：二极管阵列检测器；检测波长：280nm；进样量：5μL。

4. 标准曲线的绘制　取染料成分混合标准系列溶液进样，记录色谱图，以混合标准系列溶液浓度为横坐标，峰面积为纵坐标，绘制标准曲线。

5. 样品测定　取待测样品溶液进样，进行分析。根据保留时间及紫外吸收光谱图定性，测得峰面积，根据标准曲线得到待测溶液中相应染料的质量浓度，计算样品中染料组分的含量。

6. 结果计算　按式（6-7）计算染料组分的浓度：

$$\omega = \frac{\rho \times V}{m} \tag{6-7}$$

式中：

ω——样品中染料组分的质量分数，单位为微克/克（μg/g）；

ρ——从曲线上查出测试溶液中某染料组分的质量浓度，单位为毫克/升（mg/L）；

V——样品定容体积，单位为毫升（ml）；

m——样品取样量，单位为克（g）。

五、注意事项

标准系列溶液必须现用现配。

六、思考题

样品处理时加入1%亚硫酸钠溶液有何作用？

实验四十一　烫发剂中巯基乙酸的测定——离子色谱法

一、实验目的

1. 熟悉离子色谱仪的一般使用方法。
2. 掌握以离子色谱法测定烫发类和脱毛膏类化妆品中的巯基乙酸的方法和技术。

二、实验原理

巯基乙酸（TGA）是一种含硫有机化合物，是烫发类和脱毛类化妆品中的主要成分。根据使用量的不同，可以使毛发柔软、卷曲、直至断裂脱落，从而达到美发或脱毛的目的。巯基乙酸类物质除了具有很强的刺激性气味以外，还具有较高的毒性，易经皮肤和呼吸道吸收，对人体健康造成危害。因此巯基乙酸类物质在烫发类和脱毛类化妆品中的用量都有明确的限量规定，必须按照国家标准规定执行，并进行严格监管，以保障发型师及消费人群的身体健康。《化妆品安全技术规范》（2015年版）中规定其限量为头发烫卷剂或烫直剂一般用量为 8%，专业用量为 11%，脱毛类化妆品为 5%。

本实验以水溶解提取化妆品中的巯基乙酸，用离子色谱仪分离巯基乙酸根与无机离子，电导检测器检测，以保留时间定性，峰面积定量。本实验方法巯基乙酸的检出限为 5.8ng，定量下限为 20ng。取样量为 0.5g 时，检出浓度为 46μg/g，最低定量浓度为 0.15mg/g。

三、仪器与试剂

仪器：离子色谱仪（具抑制型电导检测器）；旋涡振荡器；超声波清洗器；天平（精确为 0.002g）；高速离心机等。

试剂：巯基乙酸（优级纯）；甲醇（优级纯）；三氯甲烷；硫酸（ρ_{20}=1.84g/ml）；盐酸（ρ_{20}=1.19g/ml）；可溶性淀粉（优级纯）；氢氧化钠；重铬酸钾基准物质；硫代硫酸钠；碘；碘化钾；巯基乙酸标准品等。

四、操作步骤

1. 溶液的配制

（1）硫酸[φ（H_2SO_4）=10%]溶液的配制：取硫酸（ρ_{20}=1.84g/ml）10ml，缓慢加入到 90ml 水中，混匀。

（2）盐酸[φ（HCl）=10%]溶液的配制：取盐酸（ρ_{20}=1.19g/ml）10ml，加入 90ml 水中，混匀。

（3）淀粉溶液（10g/L）的配制：称可溶性淀粉 1g 用水 5ml 调成溶液后加入沸水 95ml，煮沸，并加水杨酸 0.1g 或氯化锌 0.4g 防腐。

（4）氢氧化钠溶液（500g/L）的配制：称取圆颗粒状的优级纯氢氧化钠 50g，溶于水中，加水到 100ml。再吸取一定量此溶液用经超声脱气的水稀释到淋洗液浓度。

（5）重铬酸钾标准溶液[c（1/6$K_2Cr_2O_7$）=0.1000mol/L]的配制：准确称取已于 120℃±2℃电烘箱中干燥至恒重的重铬酸钾基准物质 4.9031g，溶于水转移至 1000ml 容量瓶中，定容到刻度，摇匀。

（6）硫代硫酸钠标准溶液（0.1mol/L）的配制和标定：称取硫代硫酸钠（$Na_2S_2O_3\cdot5H_2O$）26g（或无水硫代硫酸钠 16g）溶于 1000ml 新煮沸冷却的水中，加入氢氧化钠 0.4g 或无水碳酸钠 0.2g，摇匀，贮存于棕色瓶内，放置 2 周后过滤，用重铬酸钾标准溶液标定其准确浓度，标定方法如下：准确吸取重铬酸钾标准溶液 25.00ml 于 500ml 碘量瓶中，加碘化钾 2.0g 和硫酸溶液 20ml，立即密塞，摇匀，于暗处放置 10 min。加入水 150ml，用硫代硫酸钠溶液滴定，直到溶液呈淡黄色时，加入淀粉溶液 2ml，继续滴定至蓝色变为亮绿色。同时做空白试验。按式（6-8）计算硫代硫酸钠溶液的浓度。

$$c=\frac{c'\times 25.00}{(V_1-V_0)} \tag{6-8}$$

式中：

c——硫代硫酸钠标准溶液的浓度，单位为摩尔/升（mol/L）；

c'——重铬酸钾标准溶液的浓度[c（1/6$K_2Cr_2O_7$）]，单位为摩尔/升（mol/L）；

V_1——硫代硫酸钠溶液的用量，单位为毫升（ml）；

V_0——空白试验硫代硫酸钠溶液的用量，单位为毫升（ml）。

（7）碘标准溶液（0.05mol/L）的配制和标定：称取碘 13.0g 和碘化钾 35g，加水 100ml，溶解后加入盐酸 3 滴，用水稀释至 1000ml，过滤后转入棕色瓶中，用硫代硫酸钠溶液标定其准确浓度，标定方法如下：

准确吸取碘标准溶液 25.00ml，置于 500ml 碘量瓶中，加水 150ml，用硫代硫酸钠标准溶液滴定，溶液颜色变浅近终点时，加淀粉溶液 2ml，继续滴定至蓝色消失。同时做空白试验：取水 175ml，加入碘标准溶液 0.05～0.20ml 及淀粉溶液 2ml，用硫代硫酸钠标准溶液滴定至蓝色消失。按下式（6-9）计算碘标准溶液的浓度。

$$c=\frac{c_1\times(V_1-V_0)}{(V_3-V_4)} \qquad (6\text{-}9)$$

式中：

c——碘标准溶液的浓度，单位为摩尔/升（mol/L）；

c_1——硫代硫酸钠标准溶液的浓度，单位为摩尔/升（mol/L）；

V_1——硫代硫酸钠标准溶液的用量，单位为毫升（ml）；

V_3——碘标准溶液的体积，单位为毫升（ml）；

V_0——空白试验硫代硫酸钠标准溶液的用量，单位为毫升（ml）；

V_4——空白试验中加入的碘标准溶液体积的准确数值，单位为毫升（ml）。

（8）巯基乙酸标准溶液（1000mg/L）的配制和标定：称取巯基乙酸标准品 0.5g，用水稀释转移至 500ml 容量瓶中，加入甲醛 1ml，加水定容得标准储备溶液，临用时采用碘量法标定标准储备溶液，并稀释成标准使用溶液，含量分别为 0.50mg/L、1.00mg/L、2.00mg/L、5.00mg/L、10.0mg/L、20.0mg/L、50.0mg/L、80.0mg/L。标定方法如下：

准确吸取巯基乙酸标准储备溶液 25.0ml，置于 250ml 碘量瓶中，加水 25ml，盐酸 20ml，再加入淀粉溶液 2ml，用碘标准溶液滴定，溶液颜色由无色变为浅蓝色即为终点。同时做空白试验，按式（6-10）计算巯基乙酸标准溶液的浓度。

$$c=\frac{92.1\times c_1\times(V_1-V_0)\times 2\times 1000\times 1000}{V\times 1000} \qquad (6\text{-}10)$$

式中：

c——样品中巯基乙酸的浓度，单位为微克/毫升（μg/ml）；

c_1——碘溶液的浓度，单位为摩尔/升（mol/l）；

V_1——滴定后碘溶液的消耗量，单位为毫升（ml）；

V_0——空白试验硫代硫酸钠标准溶液的用量，单位为毫升（ml）；

V——巯基乙酸标准溶液体积，单位为毫升（ml）；

92.1——巯基乙酸的摩尔质量，单位为克/摩尔（g/mol）；

2——碘与巯基乙酸反应的分子系数。

2. 样品预处理 准确称取样品 0.5g 于 100ml 具塞比色管中，加水至刻度，膏状样品用旋涡振荡器振摇均匀，超声波清洗器提取 20min，加入三氯甲烷 2ml，轻轻振荡，静置。混浊样品，取适量样品在 14 000r/min 转速下高速离心 15min，取上清液过 0.25μm 滤膜后作待测样液。

3. 仪器参考条件 色谱柱：AS11-HC（250×4mm I.D.），AG11-HC（50×4mm I.D.），柱填料为强碱性离子交换树脂，烷醇季铵作功能基；抑制器：ASRS-ULTRA；淋洗液：25mmol/LNaOH+1%甲醇混合液；淋洗液流速：0.85ml/min；抑制模式：外接水 1.0ml/min，自动抑制电流 50mA；氮气流速（压力）：5psi；柱温：室温；进样量：25μl；检测器：抑制型电导检测器。

4. 标准曲线的绘制 取巯基乙酸标准系列溶液分别进样，记录色谱图，以标准系列溶液浓度为横坐标，以色谱峰的峰面积为纵坐标，绘制标准曲线。

5. 样品测定 取待测样品溶液进样，记录色谱图，测得峰面积，根据标准曲线得到待测样品溶液中巯基乙酸的浓度，计算样品中巯基乙酸的含量。

6. 结果计算 按式（6-11）计算巯基乙酸的浓度：

$$\omega=\frac{\rho\times V}{m} \tag{6-11}$$

式中：

ω——样品中巯基乙酸的质量分数，单位为微克/克（μg/g）；

ρ——测试溶液中巯基乙酸的质量浓度，单位为毫克/升（mg/L）；

V——样品定容体积，单位为毫升（ml）；

m——样品取样量，单位为克（g）。

五、注意事项

1. 标准溶液的配制和标定应按规范操作。所用移液管、容量瓶、滴定管必要时应进行体积校正。

2. 抑制器清洗时应先关闭抑制器电源。清洗后要向抑制器内泵 10min 高纯水，以便于平衡系统。

六、思考题

巯基乙酸用于化妆品中有什么功效？若过量添加，有什么危害？

实验四十二　二硫化硒的测定——荧光分光光度法

一、实验目的

1. 了解荧光分光光度计的一般使用方法。
2. 掌握以荧光分光光度法测定去头屑洗发类化妆品中的二硫化硒的方法和技术。

二、实验原理

二硫化硒可以抗真菌、抗皮脂溢出，有良好的去屑、止痒、消炎作用。二硫化硒作为洗发类化妆品中的去屑剂，在《化妆品安全技术规范》（2015 年版）中是限用物质，最大允许浓度 0.5%。二硫化硒会使头发变得过干，若冲洗不彻底，会使头发脱色，甚至造成脱发。

去头屑洗发类样品所含二硫化硒用高氯酸-过氧化氢提取后，与 2，3-二氨基萘在 pH1.5～2.0 反应生成 4，5-苯并苯硒脑绿色荧光物质，反应方程式如下：

本实验用环己烷萃取反应产物，用荧光分光光度计测定其荧光强度，与标准溶液比较、定量。本实验方法的最低检出限为 4.8×10^{-3}μg，定量下限为 1.6×10^{-2}μg。取样量为 1g 时，本方法的检出浓度为 4.8×10^{-3}μg/g，最低定量浓度为 1.6×10^{-2}μg/g。

三、仪器与试剂

仪器：锥形瓶（100ml）；直径 4cm 漏斗；50ml 具塞比色管；电砂浴；水浴锅；荧光分光光度计；离心机等。

试剂：硝酸（ρ_{20}=1.42g/ml，优级纯）；高氯酸[ω（$HClO_4$）=70%～72%，优级纯]；过氧化氢[ω（H_2O_2）=30%，优级纯]；盐酸（ρ_{20}=1.19g/ml，优级纯）；乙二胺四乙酸二钠；盐酸羟胺；甲酚红；氨水；环己烷（不得有荧光杂质，必要时需重蒸后使用）；2，3-二氨基萘；消泡剂（辛醇或其他等同的消泡剂）；金属硒标准品；精密 pH 试纸（pH0.5～5.0）等。

四、操作步骤

1. 溶液的配制

（1）高氯酸（1+9）溶液的配制：量取高氯酸 10ml，加入 90ml 水，混合均匀。

（2）高氯酸-过氧化氢混合溶液的配制：量取高氯酸（1+9）溶液 80ml，加入 20ml 过氧化氢，混合均匀。

（3）盐酸（1+4）溶液的配制：量取盐酸 50ml，加入 200ml 水中。

（4）盐酸（0.1mol/L）溶液的配制：量取盐酸 8.3ml，用水稀释至 1000ml。

（5）乙二胺四乙酸二钠溶液（50g/L）溶液的配制：称取乙二胺四乙酸二钠（$C_{10}H_{14}N_2O_8Na_2 \cdot 2H_2O$，简称 EDTA-2Na）50g 于少量水中加热溶解，放冷后稀释至 1L。

（6）盐酸羟胺溶液（100g/L）的溶液配制：称取盐酸羟胺（$NH_2OH \cdot HCl$）100g，溶于水中并稀释至 1L。

（7）氨水（1+1）溶液的配制：量取氨水 100ml，加入 100ml 水中。

（8）甲酚红溶液（2g/L）的配制：称取甲酚红（$C_{22}H_{18}O_5S$）0.2g 溶于少量水中，加一滴氨水（1+1）溶液，使完全溶解，加水稀释至 100ml。

（9）乙二胺四乙酸二钠-盐酸羟胺-甲酚红混合试剂的配制：临用前取乙二胺四乙酸二钠溶液 50ml、盐酸羟胺溶液 50ml 及甲酚红溶液 2.5ml，加水稀释至 500ml，混匀备用。

（10）2，3-二氨基萘溶液[$C_{10}H_6$（NH_2）$_2$，简称 DAN]（2g/L）的配制（注意：在暗室中进行以下操作）：称取 2，3-二氨基萘 200mg 于 250ml 磨口锥形瓶中，加入 0.1mol/L 盐酸溶液 100ml，振摇至全部溶解（约 15min）。加入环己烷 20ml 继续振摇 5min，移入底部塞有玻璃棉（或脱脂棉）的分液漏斗中，静置分层后将水相放回原锥形瓶内，再用环己烷萃取，重复此操作直至环己烷相荧光值最低为止。将此纯化的 2，3-二氨基萘溶液储存在棕色瓶中，加一层约 1cm 厚的环己烷以隔绝空气层，置冰箱内保存。必要时使用前再以环己烷萃取一次。

（11）硒标准储备溶液[ρ（Se）=100mg/L]的配制：称取金属硒 0.1000g，溶于少量硝酸中，加入高氯酸 2ml。在沸水浴上加热蒸去硝酸（3～4h），稍冷后加入盐酸（1+4）溶液 8.4ml，继续加热 2min，用水定容至 1L。

（12）硒标准使用溶液[ρ（Se）=0.1mg/L]的配制：取一定量的硒标准储备溶液，用 0.1mol/L 盐酸溶液稀释成 1.00ml 含 0.100μg 硒。储存于冰箱内备用。

（13）硒标准工作溶液的配制：取硒标准使用溶液 0ml、0.10ml、0.50ml、0.70ml、1.00ml、1.50ml、2.00ml 分别置于 50ml 比色管中，待测。

2. 样品预处理

（1）香波类样品：准确称取去头屑洗发香波 1.00～2.00g 于 50ml 比色管中，加消泡剂 5 滴，再加高氯酸-过氧化氢混合溶液 10～20ml，振摇 3min，放置过夜，待测。

（2）膏类样品：准确称取去头屑洗发膏 1.00～2.00g 于 50ml 比色管中，加消泡剂 5 滴，加高氯酸-过氧化氢混合溶液 20～40ml，放置 4h，振摇 3min，放置过夜后过滤，取滤液 10.0～20.0ml 待测。

3. 仪器参考条件 根据仪器操作程序，将仪器性能调至最佳状态。测量激发光波长 379nm，发射光波长 519nm。

4. 标准曲线的绘制 将硒标准系列溶液分别转移到 50ml 比色管中，分别向各管加入乙二胺四乙酸二钠-盐酸羟胺-甲酚红混合试剂 10ml，摇匀，溶液应呈桃红色。用氨水（1+1）溶液调至浅橙色，必要时可加入少量盐酸（1+4）溶液，此时溶液 pH 应为 1.5～2.0，也可用 pH0.5～5.0 精密试纸检验。

以下步骤需在暗处操作：向上述各管内加入 2，3-二氨基萘溶液 1ml，摇匀，置沸水浴中加热 5min（自放入沸水浴中算起），取出，冷却。向各管中加入环己烷 4.0ml，以每分钟 60 次的速度振摇 3min，静置分层，取环己烷层溶液离心（4000r/min）40min。用荧光分光光度计在激发光波长 379nm，发射光波长 519nm 测定标准系列溶液的荧光强度。以标准系列溶液浓度为横坐标，以荧光强度为纵坐标，绘制标准曲线。

5. 样品测定 将待测样品溶液转移到 50ml 比色管里，向管中加入乙二胺四乙酸二钠-盐酸羟胺-甲酚红混合试剂 10ml，摇匀，溶液应呈桃红色。用氨水（1+1）溶液调至浅橙色，必要时可加入少量盐酸（1+4）溶液，此时溶液 pH 应为 1.5～2.0，也可用 pH0.5～5.0 精密试纸检验。

以下步骤需在暗处操作：向上述管内加入 2，3-二氨基萘溶液 1ml，摇匀，置沸水浴中加热 5min（自放入沸水浴中算起），取出，冷却。向各管中加入环己烷 4.0ml，以每分钟 60 次的速度振摇 3min，静置分层，取环己烷层溶液离心（4000r/min）40min。用荧光分光光度计在激发光波长 379nm，发射光波长 519nm 测定待测样品溶液的荧光强度。根据标准曲线得到待测样品中硒的质量，计算样品中二硫化硒的含量。

6. 结果计算 按式（6-12）计算 SeS_2 的浓度：

$$\omega = \frac{(m_1 - m_0) \times V}{m \times V_1} \times 1.812 \tag{6-12}$$

式中：

ω——样品中 SeS_2 的质量分数，单位为微克/克（μg/g）；

m_1——测试溶液中硒（Ⅳ）的质量，单位为微克（μg）；

m_0——空白溶液中硒（Ⅳ）的质量，单位为微克（μg）；

V——用高氯酸-过氧化氢混合溶液提取样液的总体积，单位为毫升（ml）；

V_1——测定时所取高氯酸-过氧化氢混合溶液提取样液的体积，单位为毫升（ml）；

m——样品取样量，单位为克（g）；

1.812——Se^{4+} 与 SeS_2 的换算系数。

五、注意事项

1. 首次使用的玻璃器皿，均须以硝酸（1+1）溶液浸泡 4h 以上，并用自来水和纯水冲洗洁净。本实验用过的玻璃器皿，经自来水冲洗，洗涤剂溶液浸泡，自来水冲洗后，按首次使用的器皿进行处理和清洗。

2. 荧光分析法的灵敏度很高，一定要认真仔细地操作，才可以得到准确的结果。
3. 在溶液的配制过程中要注意容量仪器的规范操作和使用。
4. 乙二胺四乙酸二钠-盐酸羟胺-甲酚红混合试剂要临用现配。
5. 测定顺序为由低浓度到高浓度，以减少测量误差。
6. 进行标准曲线测定和试样测定时，应保持仪器参数设置一致。

六、思考题

荧光分光光度法测定二硫化硒的原理是什么？

实验四十三　硼酸和硼酸盐的测定——紫外可见分光光度法

一、实验目的

1. 了解化妆品样品的预处理方法。
2. 熟悉紫外可见分光光度计的一般使用方法。
3. 掌握以甲亚胺-H 分光光度法测定化妆品中的硼酸和硼酸盐的方法和技术。

二、实验原理

硼酸和硼酸盐为无色、无臭、透明的结晶粉末，一般作为收敛剂和防腐剂被添加在痱子粉、爽身粉、液体收敛剂等日用化工产品中。硼酸和硼酸盐在人体内排泄缓慢，长期摄入可导致慢性中毒。硼酸可抑制消化酶的活性，引起食欲减退、消化不良，妨碍营养物质的吸收，其吸收后会对男性生殖系统、内分泌系统、肝、肾等产生毒害作用。硼酸盐如果被人体吸入（尤其是儿童）或经过皮肤创伤吸收后，可诱发急性中毒，出现恶心、腹泻、痉挛、精神错乱等症状，继之出现晕厥、肾衰竭甚至死亡。我国现行《化妆品安全技术规范》(2015 年版)对不同种类的化妆品中硼酸盐的含量进行了严格限定：爽身粉中为 5%(质量分数，下同)；口腔卫生用品中为 0.1%，其他产品（沐浴和烫发产品除外）中为 3%，3 岁以下婴幼儿用品禁用。因此，检测化妆品中的硼酸及其盐类的含量具有重要意义。

本实验以甲亚胺-H 为显色剂，样品中硼酸及硼酸盐经提取后，硼与甲亚胺-H 形成黄色配合物，其颜色与硼的浓度在一定范围内呈线性关系。本实验方法的检出限为 1.17μg，定量下限为 3.86μg。如取 1g 样品，则检出浓度为 11.7μg/g，最低定量浓度为 38.6μg/g。

三、仪器与试剂

仪器：分光光度计；天平；离心机；无硼比色管（25ml）等。

试剂：无水硼酸；盐酸（ρ_{20}=1.19g/ml，优级纯）；无水乙醇；冰醋酸；乙酸铵；乙二胺四乙酸二钠；H 酸一钠盐；氢氧化钠；水杨醛；抗坏血酸；碳酸钠；无水硼酸等。

四、操作步骤

1. 溶液的配制

（1）乙酸-乙酸铵缓冲溶液（pH=6.0）的配制：称取乙酸铵 50g，乙二胺四乙酸二钠 4.5g，加水 150ml 溶解，再加冰醋酸 3.5ml，摇匀。

（2）甲亚胺-H 溶液的配制：甲亚胺-H 的合成：将 H 酸单钠盐[$NH_2C_{10}H_4$（OH）（SO_3H）SO_3Na•3/2H_2O] 18g 溶于 1L 水中，稍加热使之完全溶解，用 10%氢氧化钠溶液中和至中性，在搅拌下缓缓加入浓盐酸 10ml，使 pH 为 1.5。加水杨醛 20ml，在搅拌下 40℃保温 1h，静置 16h 后用布氏漏斗过滤沉淀物（金黄色的甲亚胺-H），抽干后，再用少量的无水乙醇洗涤 3～4 次。待抽干的金黄色粉末中无水乙醇完全挥发后，置于干燥器中干燥或 80℃以下烤箱中干燥 2～3h，并保存在干燥器中。

甲亚胺-H 溶液（5g/L）的配制：称取甲亚胺-H0.5g，抗坏血酸 2.0g，加水 100ml，微热（<50℃），使完全溶解。此溶液临用时现配。

（3）碳酸钠溶液（10g/L）的配制：称取碳酸钠 1g，溶于 100ml 水中。

（4）盐酸（1+9）溶液的配制：取优级纯盐酸（ρ_{20}=1.19g/ml）100ml，加水 900ml，混匀。

（5）乙醇（1+1）溶液的配制：取无水乙醇 100ml，加水 100ml，混匀。

（6）硼酸标准溶液[ρ（H_3BO_3）=1g/L]的配制：称取无水硼酸（H_3BO_3）1.000g 于 250ml 烧杯中，加水溶解。转移至 1L 容量瓶中，用水稀释至刻度，置于聚乙烯瓶中。

（7）硼酸标准使用溶液[ρ（H_3BO_3）=20mg/L]的配制：移取硼酸标准溶液 10.0ml 于 500ml 容量瓶中，用水稀释至刻度，置于聚乙烯瓶中。

2. 样品预处理

（1）爽身粉类：称取混匀试样约 1g（精确到 0.001g），置于 200ml 容量瓶中，加适量水激烈振摇 3min，再加水定容至刻度，摇匀，过滤（或离心），弃去初滤液，取续滤液（或上清液）作为待测样品溶液。

（2）膏霜乳液及其他类（以下两种方法可任选一）

方法一：称取混匀试样 1～2g（精确到 0.001g），置于 30ml 瓷蒸发皿中，加碳酸钠溶液 5ml，在水浴上蒸干，将瓷蒸发皿在电炉上碳化，然后移入高温炉，在 500℃下灰化，冷却后向灰分加盐酸（1+9）溶液 10ml 溶解，转移至 100ml 容量瓶中，用水定容至刻度，作为待测样品溶液。

方法二：称取混匀试样约 1g（精确到 0.001g），置于三角烧瓶中，加适量乙醇（1+1）溶液，激烈振摇（或稍加热）使膏体完全分散在溶液中，转移至 200ml 容量瓶中，并用乙醇（1+1）溶液定容至刻度，摇匀，取部分溶液离心（5000r/min）30min，取澄清液作为待测样品溶液。待测样品溶液若显混浊，可采用双光束双波长分光光度法或待测样品溶液的消光值减空白溶液（不加显色剂）消光值的方法消除混浊影响。

3. 仪器参考条件 根据仪器操作程序，将仪器性能调至最佳状态。测量波长：415nm。

4. 标准曲线的绘制 移取硼酸标准使用溶液[ρ（H_3BO_3）=20mg/L]0ml、0.50ml、1.00ml、2.00ml、4.00ml、6.00ml、8.00ml、10.00ml（分别相当于 0μg、10.0μg、20.0μg、40.0μg、80.0μg、120μg、160μg、200μg 硼酸）和空白溶液，置于 25ml 比色管中，加水至 10ml。分别加入乙酸-乙酸铵缓冲溶液 2.0ml，摇匀。再加入甲亚胺-H 溶液 2.0ml，摇匀。室温（25℃）下反应 80min，定容。以水作为参比，于 415nm（1cm 比色皿）测定吸光度。绘制质量-吸光度标准曲线。

5. 样品测定 移取适量待测样品溶液和空白溶液，置于 25ml 比色管中，加水至 10ml。分别加入乙酸-乙酸铵缓冲溶液 2.0ml，摇匀。再加入甲亚胺-H 溶液 2.0ml，摇匀。室温（25℃）下反应 80min，定容。以水作为参比，于 415nm（1cm 比色皿）测定吸光度。根据标准曲线得到样品中硼酸的质量，计算样品中硼酸的含量。

6. 结果计算

按式（6-13）计算硼酸的浓度：

$$\omega = \frac{(m_1 - m_0) \times V}{m \times V_1} \tag{6-13}$$

式中：

ω——样品中硼酸的质量分数，单位为微克/克（μg/g）；

m_1——测试溶液中硼酸的质量，单位为微克（μg）；

m_0——空白溶液中的硼酸质量，单位为微克（μg）；

V——样品溶液总体积，单位为毫升（ml）；

V_1——测定时样品溶液吸取量，单位为毫升（ml）；

m——样品取样量，单位为克（g）。

五、注意事项

1. 对于膏霜类、油包水类乳液、蜡状基质的牙膏类产品进行检测时采用方法一进行样品预处理，对易溶于水的乳液、水状化妆品进行检测时采用方法二进行样品预处理。

2. 分光光度计在使用过程中应注意随时关闭好遮盖光路的闸门（打开比色池暗盒盖）以保护光电池。

3. 取续滤液时，移液管应用续滤液润洗 3 次以保持浓度一致。

六、思考题

1. 待测样品溶液若显混浊，可采用什么办法消除混浊的影响？

2. 本次实验所得吸光度与浓度间的线性关系如何？试分析其原因。

实验四十四　甲醛的测定——紫外可见分光光度法

一、实验目的

1. 进一步熟悉化妆品样品的预处理方法。

2. 熟悉分光光度计的使用方法。

3. 掌握乙酰丙酮分光光度法测定化妆品中总甲醛含量的原理和方法。

二、实验原理

在化妆品中，化学添加剂诸如防腐剂、抗氧化剂等若添加不当，可能会引起皮肤损伤。甲醛，具有良好的防腐功能，甲醛缓释体类防腐剂是化妆品常用的一类防腐剂，可以非常缓慢地释放出极少量的游离甲醛，从而发挥甲醛防腐的功能，但过量甲醛会引起接触性过敏皮炎，对人体精神系统、免疫系统等存在一定的毒害作用，长期接触会使人诱发疾病。因此我国《化妆品安全技术规范》（2015 年版）中明确规定，甲醛为化妆品限用成分，化妆品使用时最大允许浓度是 5%，浓度超过 0.05%时需要标注含甲醛。控制化妆品中甲醛含量对保护人体健康有着重要的作用。

实验中甲醛的测量采用乙酰丙酮分光光度法，在过量铵盐存在下，样品中的甲醛与乙酰丙酮和氨作用生成黄色化合物 3，5-二乙酰基-1，4-二氢卢剔啶，该化合物在 414nm 处有最大吸收。根据朗伯-比尔定律，在一定波长处被测定物质的吸光度与它的浓度呈线性关系，因此，可以通过测定样品溶液的吸光度来求出样品中所含甲醛的含量。甲醛参与反应的化学方程式如下：

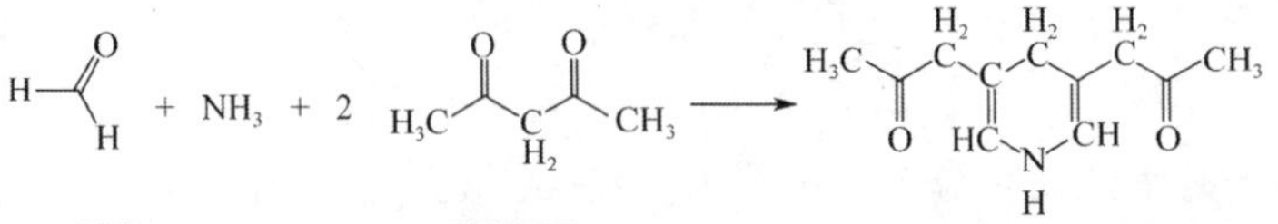

本方法对甲醛的检出限为1.8μg，定量下限为6.0μg。取样量为1g时，检出浓度为18μg/g，最低定量浓度为60μg/g。

本方法适用于化妆品中甲醛含量的测定，不适用于含甲苯磺酰胺树脂的指甲油中甲醛含量的测定。

三、仪器与试剂

仪器：分光光度计；天平（精确到0.01g）；离心机；水浴锅。

试剂：甲醛；硫酸钠；乙酸铵；乙酰丙酮；氢氧化钠；硫酸、盐酸、冰醋酸（优级纯）；可溶性淀粉；碘；碘化钾；重铬酸钾；硫代硫酸钠；可溶性淀粉；水杨酸；乙酸锌。

四、操作步骤

1. 溶液的配制

（1）硫酸钠溶液：称取无水硫酸钠25g于烧杯中，加水溶解至100ml。

（2）乙酸铵溶液：称取乙酸铵25g溶于水后，加冰醋酸3ml，再加水至100ml，混匀。

（3）乙酰丙酮的乙酸铵溶液：称取乙酸铵25g溶于水后，加冰醋酸3ml及乙酰丙酮0.2ml，再加水至100ml，混匀，转移至棕色瓶中，于冰箱内保存可在1个月内稳定。

（4）氢氧化钠溶液：称取氢氧化钠4g，用少量水溶解，再加水至100ml，混匀。

（5）硫酸溶液Ⅰ：取硫酸3ml，缓慢加入到97ml水中，混匀。

（6）硫酸溶液Ⅱ：取硫酸10ml，缓慢加入到90ml水中，混匀。

（7）淀粉溶液：称取可溶性淀粉1g，用水5ml调成溶液后，加入沸水95ml，煮沸，加水杨酸0.1g或氯化锌0.4g防腐。

（8）碘标准溶液：称取碘13.0g和碘化钾35g，加水100ml，溶解后加入盐酸3滴，用水稀释至1L，过滤后转移至棕色瓶中。

（9）重铬酸钾标准溶液[c（$1/6K_2Cr_2O_7$）= 0.1mol/L]：准确称取于120℃±2℃干燥至恒重的重铬酸钾基准物质4.9031g，溶于水转移至1L容量瓶中，定容到刻度，摇匀。

（10）硫代硫酸钠标准溶液：称取硫代硫酸钠（$Na_2S_2O_3 \cdot 5H_2O$）26g或无水硫代硫酸钠16g溶于1L新煮沸放冷的水中，加入氢氧化钠0.4g或无水碳酸钠0.2g，摇匀，储存于棕色玻璃瓶内，放置2周后过滤，并按式（6-14）标定浓度：

$$c = \frac{c' \times 25.00}{V_1 - V_0} \tag{6-14}$$

式中：

c——硫代硫酸钠标准溶液的浓度，单位为摩尔/升（mol/L）；

c'——重铬酸钾标准溶液的浓度[c（$1/6K_2Cr_2O_7$）]，单位为摩尔/升（mol/L）；

V_1——滴定重铬酸钾消耗硫代硫酸钠溶液的体积，单位为毫升（ml）；

V_0——滴定空白消耗硫代硫酸钠溶液的体积，单位为毫升（ml）。

（11）甲醛标准储备溶液：称取甲醛溶液 1g（精确到 0.01g），加水稀释到 1L，作为甲醛标准储备溶液（此溶液于冰箱中保存可在 3 个月内稳定）。按如下方法标定甲醛标准储备溶液中所含甲醛的浓度：

准确量取甲醛标准储备溶液 20.00ml 于 250ml 碘量瓶中，加入碘标准溶液 50ml，氢氧化钠溶液 15ml，加塞，摇匀放置 15min，加硫酸溶液Ⅰ 20ml，立即塞紧，混匀，于暗处放置 15min，用硫代硫酸钠标准溶液滴定至溶液显淡黄色时，加入淀粉溶液 2ml，继续滴定至溶液的蓝色刚好褪去，记录消耗硫代硫酸钠标准溶液的体积。同时做空白试验。并按式（6-15）计算甲醛的浓度：

$$\rho=\frac{(V_0-V_1)\times c\times 15\times 1000}{V} \tag{6-15}$$

式中：

ρ——甲醛溶液的浓度分数，单位为毫克/升（mg/L）；

V——甲醛标准储备液取样体积，单位为毫升（ml）；

V_0——滴定空白溶液消耗的硫代硫酸钠标准溶液体积，单位为毫升（ml）；

V_1——滴定甲醛溶液消耗的硫代硫酸钠标准溶液体积，单位为毫升（ml）；

c——硫代硫酸钠溶液的摩尔浓度，单位为摩尔/升（mol/L）；

15——甲醛（1/2HCHO）摩尔质量，单位为克/摩尔（g/mol）。

（12）标准系列溶液的制备：取甲醛标准储备溶液适量，用水逐级稀释到所需浓度（1～4mg/L）的标准系列溶液。临用现配。

2. 样品处理 准确称取样品 1g（精确到 0.01g）于 50ml 具塞比色管中，加硫酸钠溶液 25ml，振摇，加水至刻度，于 40℃水浴中放置 1h（其间不时振摇）。取出快速冷却，转移至离心管中，离心（3000r/min），过滤。滤液作为待测溶液。

3. 仪器参考条件 根据仪器操作程序，将各自仪器性能调至最佳状态。测量波长：414nm。

4. 标准曲线的绘制 为保证测定结果的准确性，应取用浓度与样品溶液中甲醛的含量相近的甲醛标准溶液及水各 5.00ml，分别加入乙酰丙酮的乙酸铵溶液 5.00ml，摇匀，于 40℃水浴中加热 30min，室温下放置 30min。以水为参比溶液，测定其吸光度 A_S 及 A_0。

5. 样品测定 取待测溶液 5.00ml 于 10ml 具塞比色管中，加乙酰丙酮的乙酸铵溶液 5.00ml，摇匀，于 40℃水浴中加热 30min，室温下放置 30min。另取待测溶液 5.00ml，加乙酸铵溶液 5.00ml，摇匀，与前者同法加热，作为比色参比溶液。用 1cm 的比色皿在 414nm 波长处测定吸光度，待测溶液和参比溶液的吸光度之差值作为 A。

如为含硫化物较多的样品，可在弱碱性条件下加入适量的 10%乙酸锌溶液，使之生成硫化锌沉淀，过滤去除沉淀物，取滤液测定。

6. 结果计算 样品中甲醛的含量可按式（6-16）计算：

$$\omega=\rho\times\frac{A-A_0}{A_s-A_0}\times V\times\frac{I}{m} \tag{6-16}$$

式中：

ω——样品中甲醛的质量分数，单位为毫克/克（mg/g）；

m——样品取样量，单位为克（g）；

ρ——甲醛标准溶液的质量浓度，单位为毫克/升（mg/L）；

A——待测溶液与参比溶液吸光度的差值；

A_s——以水为参比的甲醛标准溶液的吸光度值；

A_0——以水为参比的空白溶液的吸光度值；

V——样品定容体积，单位为毫升（ml）。

五、注意事项

1. 甲醛易挥发，标准系列溶液需要临用现配，否则会造成测量结果偏差。
2. 硫代硫酸钠标准溶液和甲醛标准储备溶液的标定是否准确直接决定了甲醛溶液的测量是否准确。

六、思考题

1. 硫代硫酸钠滴定测得甲醛标准储备溶液的浓度，其原理是什么？
2. 甲醛测量时，加入乙酰丙酮的乙酸铵溶液后，为何需要于40℃加热30min，再室温冷却30min后才测量？
3. 标准曲线绘制时，横纵坐标分别是什么？

实验四十五　过氧化氢的测定——高效液相色谱法

一、实验目的

1. 熟悉过氧化氢衍生化的原理和方法。
2. 掌握过氧化氢高效液相色谱分析的技术和方法。

二、实验原理

过氧化氢作为一种重要的漂白剂和氧化剂被广泛地应用于染发、烫发、指甲油及皮肤用化妆品中，由于其较强的氧化性，过量使用会对皮肤、毛发产生严重损害，因此《化妆品安全技术规范》（2015年版）中对其使用限量作了规定，发用产品中总量不得超过12%，皮肤用产品不得超过4%，指甲用产品中总量不得超过2%。

过氧化氢的分析通常使用化学滴定法，该法灵敏度差，不适合微量检测。过氧化氢紫外吸收较弱，不容易被高效液相色谱仪的紫外检测器检测到，特别是浓度低时更不容易被检测到，所以普通的高效液相色谱法在过氧化氢的检测中也受到一定的限制。本实验利用过氧化氢的强氧化性，采用化学衍生的方法，将过氧化氢衍生成一种稳定、高效且经济合理的衍生物，从而实现过氧化氢的高效液相色谱分析。三苯基膦具有很好的还原性，能够被过氧化氢氧化成氧化三苯基膦，三苯基膦和氧化三苯基膦具有很好的稳定性和分离度，225nm波长下有较强的紫外吸收能力，通过分析三苯基膦的氧化间接测定过氧化氢的含量，该方法精密度、准确度高，易操作，实用性强。

三、仪器与试剂

仪器：高效液相色谱仪（二极管阵列检测器）；涡旋振荡器；天平（精确到0.0001g）；酸式滴定管（50ml）；容量瓶（100ml）。

试剂：乙腈（色谱纯）；三苯基膦；氧化三苯基膦；过氧化氢（30%）；硫酸；高锰酸

钾；草酸钠（基准物质）。

四、操作步骤

1. 溶液的配制

（1）0.2mol/L 三苯基膦溶液：称取三苯基膦 1.3g，用乙腈溶解，定容至 25ml，现配现用。

（2）0.01mmol/L 氧化三苯基膦溶液：称取氧化三苯基膦 0.0003g，用乙腈溶解，定容至 100ml。

（3）6.25% H_2SO_4 溶液：取 10ml 浓 H_2SO_4 缓慢加入 150ml 水中，摇匀，备用。

（4）3mol/L H_2SO_4 溶液：取 163ml 浓 H_2SO_4 缓慢加入 700ml 水中，定容至 1000ml，摇匀，备用。

（5）0.1mol/L $KMnO_4$[c(1/5 $KMnO_4$)=0.1mol/L]标准滴定溶液：称量 1.0g 固体 $KMnO_4$，置于大烧杯中，加水至 300ml（由于煮沸使水蒸发，可适当多加水），煮沸约 1h，静置冷却后用微孔玻璃漏斗或玻璃棉漏斗过滤，滤液装入棕色细口瓶中，1 周后标定。

（6）3%过氧化氢：配制浓度约为 3%的过氧化氢，使用前需要进行标定，以实际标定的浓度为准。

（7）标准储备溶液：称取标定过的过氧化氢溶液适量（根据标定的浓度确定，精确到 0.0001g）于 25 ml 棕色容量瓶中，用水定容至刻度，即得浓度为 1.8mg/ml 的标准储备溶液。

（8）标准系列溶液的配制：取过氧化氢标准储备溶液，分别配制浓度为 3.6mg/L、9.0 mg/L、18.0mg/L、36.0 mg/L、54.0 mg/L、90.0mg/L、180.0 mg/L 的标准系列溶液。

2. 高锰酸钾标准溶液的标定 准确称取 0.13～0.16g 基准物质草酸钠三份，分别置于 250ml 的锥形瓶中，加约 30ml 水和 3mol/L H_2SO_4 溶液 10ml，盖上表面皿，在石棉铁丝网上慢慢加热到 70～80℃（刚开始冒蒸汽的温度），趁热用 $KMnO_4$ 溶液滴定。开始滴定时反应速度慢，待溶液中产生了 Mn^{2+} 后，滴定速度可适当加快，直到溶液呈现微红色并持续半分钟不褪色即终点。根据草酸钠的质量和消耗 $KMnO_4$ 溶液的体积计算 $KMnO_4$ 浓度。用同样方法滴定其他两份草酸钠溶液，相对平均偏差控制在 0.2%以内。

3. 过氧化氢溶液的标定 称取 0.3g 3%过氧化氢溶液（精确到 0.0001g），置于 250ml 锥形瓶中，加入 20～30ml 水，振摇，加入 100ml 6.25%硫酸溶液，振摇，用 $KMnO_4$ 标准溶液[c（1/5 $KMnO_4$）=0.1mol/L]滴定至微红色，半分钟内不退色为终点。记录消耗 $KMnO_4$ 溶液的体积，平行测定 3 次，极差应小于 0.1ml，根据 $KMnO_4$ 标准溶液浓度和消耗的体积，按式（6-17）计算过氧化氢的含量：

$$\omega=\frac{V\times c\times 17.01}{m\times 1000}\times 100\% \quad (6\text{-}17)$$

式中：

ω——过氧化氢的浓度，以质量分数计（%）；

V——高锰酸钾标准滴定溶液的体积，单位为毫升（ml）；

c——高锰酸钾标准滴定溶液的浓度，单位为摩尔/升（mol/l）；

17.01——过氧化氢的摩尔质量[M（1/2H_2O_2）]，单位为克/摩尔（g/mol）；

m——样品取样量，单位为克（g）。

4. 样品处理

（1）样品预处理：称取样品 0.05～0.2g（含过氧化氢 3%以下称取 0.2g，含过氧化氢 3%～6%称取 0.1g，含过氧化氢 6%～12%称取 0.05g）（精确到 0.0001g）于 100ml 容量瓶中，加入约 50 ml 水，振摇至样品完全溶解，定容至刻度，摇匀备用。面膜等半固体样品可以称取样品于 50ml 烧杯中，加入约 20ml 水，用玻璃棒将样品搅碎，用水转移至 100ml 容量瓶中，定容至刻度，摇匀备用。

（2）衍生化反应：分别移取过氧化氢标准系列溶液和样品预处理溶液各 1ml 于 10ml 棕色容量瓶中，摇匀，加入 1ml 0.2mol/L 三苯基膦乙腈溶液，振摇，继续加入 5ml 乙腈，振摇，用水定容至刻度，置于暗处室温反应 30min，得到待测溶液。

5. 仪器参考条件 色谱柱：C18 柱（250mm×4.6mm×5μm），或等效色谱柱；流动相：乙腈+水（60+40）；流速：1.0 ml/min；检测波长：225 nm；进样量：10μl。

6. 校准曲线的绘制 吸取 10μl 0. 01mmol/L 氧化三苯基膦溶液，注入高效液相色谱仪，确定氧化三苯基膦的保留时间。衍生化反应结束后，立即开始色谱分析，分别吸取 10μl 过氧化氢标准系列衍生溶液注入高效液相色谱仪，2h 内完成上机分析。在上述色谱条件下测定氧化三苯基膦峰面积，以标准系列溶液浓度为横坐标、氧化三苯基膦的峰面积为纵坐标，绘制标准曲线。

7. 样品测定 衍生化反应结束后，立即开始色谱分析，吸取 10μL 衍生化待测溶液注入高效液相色谱仪，2h 内完成上机分析。根据标准曲线得到待测溶液中过氧化氢的浓度。

8. 结果计算 按式（6-18）计算样品中过氧化氢的含量：

$$\omega = \frac{\rho \times V \times D}{m \times 10^6} \times 100\% \qquad (6\text{-}18)$$

式中：

ω——化妆品中过氧化氢的含量，以质量分数计（%）；

ρ——由标准曲线计算得待测溶液中过氧化氢的质量浓度，单位为毫克/升（mg/ L）；

V——样品定容体积，单位为毫升（ml）；

D——样品稀释倍数；

m——样品取样量，单位为克（g）。

五、注意事项

1. 三苯基膦容易被氧化，需现配现用。
2. 常温下过氧化氢稳定性差，其标准溶液使用前必须进行标定，方可用作定量分析。
3. 配制的高锰酸钾标准溶液放置 1 周后才可进行标定，目的是使溶液中存在的还原性物质被完全氧化。

六、思考题

1. 为什么过氧化氢要衍生化反应后才能采用高效液相色谱-紫外吸收法来分析？
2. 为什么采用三苯基膦作为过氧化氢的衍生化剂？

实验四十六 二氧化钛的测定——紫外可见分光光度法

一、实验目的

1. 掌握分光光度法测定化妆品中总钛（以二氧化钛计）的含量的原理和方法。

2. 了解膏霜、乳液等化妆品中二氧化钛测定的样品预处理方法。

二、实验原理

防晒剂可分为有机防晒剂和无机防晒剂。有机防晒剂通过吸收紫外线防晒，而无机防晒剂在吸收的同时也散射紫外线来达到防晒目的。目前使用的无机防晒剂主要是 TiO_2 和 ZnO，与有机防晒剂相比，无机防晒剂具有以下优点：防晒波段宽（涵盖 UVA 和 UVB）、更高的稳定性、更高的安全性，不易发生光毒反应或光变态反应。基于无机防晒剂的优点，其在防晒化妆品中的使用量迅速递增。当然，无机防晒剂也可能因其光催化活性从而刺激皮肤。

样品预处理后，使钛以离子状态存在于样品溶液中，加入抗坏血酸溶液掩蔽干扰，在酸性环境下样品溶液中的钛与二安替比林甲烷溶液生成黄色络合物，用分光光度法在 388nm 处检测，以标准曲线法计算含量。

本方法对二氧化钛的检出限为 0.068 μg/ml，定量下限为 0.2 μg/ml；取样量为 0.1g 时，检出浓度为 0.0068 %，最低定量浓度为 0.02 %。

三、仪器与试剂

仪器：紫外可见分光光度计；马弗炉；电炉；50ml 瓷坩埚等。

试剂：抗坏血酸；硫酸（ρ_{20}=1.84g/ml）；盐酸（ρ_{20}=1.19g/ml）；二安替比林甲烷（纯度>97%）；焦硫酸钾；钛单元素溶液标准物质（100μg/ml）。

四、操作步骤

1. 溶液的配制

（1）硫酸（1+9）溶液的配制：取硫酸（ρ_{20}=1.84g/ml）10ml，缓慢加入到 90ml 去离子水中，混匀。

（2）二安替比林甲烷溶液的配制：称取 8g 二安替比林甲烷，加入 10ml 盐酸，加去离子水稀释至 100ml，摇匀即可。

（3）抗坏血酸溶液（100g/L）的配制：称取 10g 抗坏血酸，加去离子水稀释至 100ml，摇匀即可。

2. 样品预处理　称取样品 0.1g（精确到 0.0001g）置于 50ml 瓷坩埚中，同时做试剂空白，在电炉上小火缓慢炽灼至完全炭化，转移至马弗炉中，逐渐升高温度至 800℃后，灰化 2h，取出，置干燥器中，放冷至室温。小心加入 1.8g 研磨成粉末的焦硫酸钾，使之尽量均匀完全地覆盖样品。坩埚加盖，置 550℃马弗炉中熔融约 10min，取出放冷。量取 30ml 硫酸（1+9）溶液置坩埚中，小火加热至溶液澄清，并将坩埚盖上的熔融物用坩埚中的上清液小心洗下，并入坩埚。用滴管吸取上清液转移至 100ml 容量瓶中。

在上述坩埚中添加 5ml 硫酸，加热至剩 2～3ml 硫酸时取下，上清液用吸管吸出，并入容量瓶。再用 10ml 硫酸（1+9）溶液分三次洗涤坩埚及盖，每次小火加热数分钟，用滴管吸取上清液至同一容量瓶中。移取 10ml 去离子水洗涤坩埚和滴管，并入容量瓶。放冷至室温，用去离子水稀释至刻度，摇匀，作为样品溶液，备用。

精密量取 5ml 盐酸于 100ml 容量瓶中，精密移取上述样品溶液适量于同一容量瓶中，精密加入 10ml 抗坏血酸溶液，稍加振摇，置于室温下放置 5min。精密加入 10ml 二安替比林甲烷溶液，用去离子水稀释至刻度，摇匀，放置 45min，作为待测溶液（使待测溶液中钛的浓度在 0～3 μg/ml 范围内）。

3. 校准曲线的绘制 精密量取 5ml 盐酸于 100ml 容量瓶中，精密量取 100μg/ml 钛单元素溶液标准物质 0ml、0.1 ml、0.2 ml、0.5 ml、1.0 ml、2.0 ml、3.0ml，分别置于 100ml 容量瓶中。精密加入 10ml 抗坏血酸溶液，稍加振摇，置于室温下放置 5min。精密加入 10ml 二安替比林甲烷溶液，用去离子水稀释至刻度，摇匀，放置 45min，所得钛标准系列溶液中钛的浓度依次为 0μg/ml、0.1μg/ml、0.2μg/ml、0.5μg/ml、1.0μg/ml、2.0μg/ml、3.0μg/ml。取上述钛标准系列工作溶液，在波长 388nm 处测定吸光度，以吸光度为纵坐标，钛标准系列溶液浓度（μg/ml）为横坐标绘制标准曲线，拟合线性回归方程。

4. 样品测定 取待测溶液、试剂样品空白溶液，在波长 388nm 处测定吸光度，利用标准曲线计算出样品待测溶液中钛的质量浓度（ρ_1，μg/ml）。

5. 结果计算 按式（6-19）计算样品中二氧化钛的含量：

$$\omega = \frac{(\rho_1 - \rho_0) \times V \times D \times 1.67}{m \times 10^6} \times 100\% \qquad (6\text{-}19)$$

式中：

ω——化妆品中二氧化钛的含量，以质量分数计（%）；

ρ_1——待测溶液中钛的质量浓度，单位为微克/毫升（μg/ml）；

ρ_0——空白溶液中钛的质量浓度，单位为微克/毫升（μg/ml）；

V——样品定容体积，单位为毫升（ml）；

D——稀释倍数（不稀释则为 1）；

m——样品取样量，单位为克（g）。

五、注意事项

1. 二安替比林甲烷溶液和抗坏血酸溶液要现用现配。
2. 样品预处理时注意加入研磨成粉末的焦硫酸钾要小心加入，并使之尽量均匀完全地覆盖样品。

六、思考题

1. 测定时加入抗坏血酸的作用是什么？
2. 本实验测定化妆品中总钛含量的原理是什么？

实验四十七 苯甲醇的测定——气相色谱法

一、实验目的

1. 掌握气相色谱法测定化妆品中苯甲醇含量的原理和方法。
2. 了解液态水基类、膏霜乳液类、粉类化妆品中苯甲醇测定的样品预处理方法。
3. 了解程序升温色谱法的操作特点。

二、实验原理

苯甲醇又称苄醇，是最简单的芳香醇之一，在多种化妆品中用作防腐剂、溶剂和降黏剂，是常用的防腐剂之一。国外毒理学研究表明，苯甲醇有麻醉作用，对眼部、皮肤和呼吸系统有强烈的刺激，吸入或皮肤接触均对身体有害，在皮肤刺激及致敏方面也有一定的反应，吞食摄入后引起头痛、恶心、呕吐、胃肠道刺激、惊厥、昏迷，严重时可导致死亡。我国《化妆品安全技术规范》（2015 年版）及欧盟规定作为化妆品中防腐剂，苯甲醇最大使用浓度为 1%。

样品处理后，经气相色谱仪分离，氢火焰离子化检测器检测，根据保留时间定性，峰面积定量，以标准曲线法计算含量。

本实验对苯甲醇的检出限为 0.0012μg，定量下限为 0.0039μg；取样量为 1.0g 时，检出浓度为 0.0012%，最低定量浓度 0.004%。

三、仪器与试剂

仪器：气相色谱仪（配备氢火焰离子化检测器和质谱检测器）；天平（精确到 0.001g）；涡旋振荡器；恒温水浴锅；超声波清洗器；离心机（转速≥5000r/min）等。

试剂：无水乙醇；苯甲醇标准品（纯度≥99.5%）等。

四、操作步骤

1. 溶液的配制

（1）苯甲醇标准储备溶液的配制：称取苯甲醇标准品 0.1g（精确到 0.0001g）于 100ml 的容量瓶中，用无水乙醇溶解并稀释至刻度，即得浓度为 1.0mg/ml 的苯甲醇标准储备溶液。该储备液应在 0～4℃冰箱冷藏保存。

（2）苯甲醇标准系列溶液的配制：分别精密量取一定体积的苯甲醇标准储备溶液于 10ml 容量瓶中，用无水乙醇稀释并定容至刻度，得到浓度为 0.05mg/ml、0.10mg/ml、0.20mg/ml、0.30g/ml、0.40mg/ml、0.50mg/ml 的标准系列溶液。

2. 样品预处理 称取样品 0.5～1.0g（精确到 0.001g）于 10ml 容量瓶中，加入 5ml 无水乙醇，涡旋振荡使样品与提取溶剂充分混匀，置于 50℃水浴中加热 5min（液体类样品不需水浴加热），超声提取 20min，冷却至室温后，用无水乙醇稀释至刻度，混匀后转移至 10ml 刻度离心管中，以 5000r/min 离心 5min。上清液经 0.45μm 滤膜过滤，滤液作为样品溶液备用。

3. 仪器参考条件 色谱柱：HP-FFAP 石英毛细管色谱柱（30m×0.25mm×0.25μm，硝基对苯二甲酸改性的聚乙二醇），或等效色谱柱；柱温程序：初始温度 150℃，以 10℃/min 的速率升温至 180℃，保持 3min 后，再以 20℃/min 的速率升温至 230℃，保持 5min；进样口温度：240℃；检测器温度：250℃；载气：N_2，流速：1.0ml/min；氢气流量：40ml/min；空气流量：400ml/min；尾吹气氮气流量：30ml/min；进样方式：分流进样，分流比：40∶1；进样量：1μl。

4. 校准曲线的绘制 在上述色谱条件下，取标准系列溶液分别进样，进行气相色谱分析，以标准系列溶液浓度为横坐标，峰面积为纵坐标，绘制标准曲线。

5. 样品测定 取样品待测溶液进样，根据保留时间定性，测得峰面积，根据标准曲线得到待测溶液中苯甲醇的浓度，计算样品中苯甲醇的含量。

6. 结果计算 按式（6-20）计算样品中苯甲醇的含量：

$$\omega = \frac{\rho \times V}{m \times 1000} \times 100\% \quad (6\text{-}20)$$

式中：

ω——化妆品中苯甲醇的质量分数，以质量分数计（%）；

ρ——从标准曲线中得到苯甲醇的浓度，单位为微克/毫升（mg/ml）；

V——样品定容体积，单位为毫升（ml）；

m——样品取样量，单位为克（g）。

五、注意事项

1. 在程序升温分析中应使用高纯度载气，以防止微量有机杂质和微量氧引起基线漂移或因氧化而改变固定液的保留特性。

2. 在一个温度程序执行完成后，需等待色谱仪回到初始状态并稳定后，才能进行下一次进样。

六、思考题

1. 氢火焰离子化检测器是何种类型检测器？它的主要特点是什么？

2. 什么是程序升温？程序升温法适合于哪些类型样品的分析？

实验四十八　着色剂 CI 59040 等 10 种组分的测定——高效液相色谱法

一、实验目的

1. 掌握高效液相色谱法测定化妆品中着色剂 CI 59040 等 10 种组分含量的原理和方法。

2. 熟悉高效液相色谱仪的一般使用方法。

二、实验原理

着色剂是为使化妆品或其施用部位呈现颜色而在化妆品中添加的物质，在化妆品中添加着色剂主要是使化妆品起到美化、修饰的作用，或掩盖化妆品中某些有色组分的不悦色感以增加化妆产品的颜色美感。着色剂主要用于美容化妆品，包括口红、胭脂、眼影制品、指甲油及粉末制品、染发制品等，使皮肤、头发和指甲等着色，借助色彩的互衬性和协调性使形体轮廓明朗和肤色均匀，达到美化和修饰容颜的目的。此外，某些类型的化妆品和洗涤用品，为了从外观方面吸引消费者，也往往会添加少量的着色剂来润饰产品的色泽，虽然添加量较少，但却是不可缺少的原料。但由于化妆品中使用的着色剂多数是合成染料，长期或过量使用会对人体健康产生潜在危害，如过敏反应，引起眼睛、口腔等器官发炎，甚至能透过皮肤被人体吸收，有明显的致突变作用，长期使用此类产品甚至可以诱发癌症。为此，世界各国和权威机构均颁布了严格的法规和技术标准进行限制。

样品提取后，经高效液相色谱仪分离，二极管阵列检测器进行检测，根据保留时间和紫外光谱图定性，峰面积定量，以标准曲线法计算含量。

本实验方法的检出限、定量下限和取样量为 5.0 g 时的检出浓度、最低定量浓度见表 6-11。

表 6-11 10 种着色剂组分的检出限、定量下限、检出浓度和最低定量浓度

着色剂索引号	着色剂索引通用中文名	检出限（μg）	定量下限（μg）	检出浓度（μg/g）	最低定量浓度（μg/g）
CI 16185	食品红 9	0.3	1.0	0.06	0.20
CI 16255	食品红 7	0.3	1.0	0.06	0.20
CI 16035	食品红 17	0.3	1.0	0.06	0.20
CI 14700	食品红 1	0.3	1.0	0.06	0.20
CI 45380	酸性红 87	0.3	1.0	0.06	0.20
CI 15510	酸性橙 7	0.3	1.0	0.06	0.20
CI 59040	溶剂绿 7	5.0	16.5	1.0	3.3
——	橙黄 I	5.0	16.5	1.0	3.3
CI 15985	食品黄 3	15.0	50.0	3.0	10.0
CI 10316	酸性黄 1	15.0	50.0	3.0	10.0

三、仪器与试剂

仪器：高效液相色谱仪（配备二极管阵列检测器）；液相色谱-三重四极杆串联质谱仪（电喷雾离子源）；天平；超声波清洗器；涡旋混匀器等。

试剂：着色剂标准品（CI 16185、CI 16255、CI 16035、CI 14700、CI 45380、CI 15510、CI 59040、橙黄 I 、CI 15985、CI 10316，含量纯度均大于等于 90 %）；甲醇（色谱纯）；四氢呋喃（色谱纯）；乙酸铵；乙酸等。

四、操作步骤

1. 溶液的配制

（1）流动相的配制

流动相 A：甲醇。

流动相 B：0.02 mol/L 乙酸铵溶液（用乙酸调节 pH=4.0）：称取乙酸铵 1.54g，加水至 1000 ml，溶解，用乙酸调节 pH，经 0.45μm 滤膜过滤。

（2）混合标准储备溶液的配制：分别称取着色剂标准物质 0.1 g（精确到 0.0001 g）于 100 ml 容量瓶中，加甲醇稀释并定容至刻度。

（3）混合标准系列溶液的配制：取混合标准储备溶液，分别用甲醇配制成浓度为 5.0μg/ml、10.0μg/ml、20.0μg/ml、30.0μg/ml、40.0μg/ml、50.0μg/ml、100.0μg/ml 的混合标准系列溶液。

2. 样品预处理 称取样品 5 g（精确到 0.001 g）于 25 ml 具塞比色管中，加入 1.0ml 四氢呋喃，加入 20.0 ml 甲醇，在涡旋混匀器上高速振荡 5 min，再超声提取 30 min 后，冷却至室温，加甲醇定容至刻度，摇匀，经 0.45μm 滤膜过滤，作为待测溶液。

3. 仪器参考条件 色谱柱：C_{18} 柱（250mm×4.6mm×5μm），或等效色谱柱；流速：1.0 ml/min；检测波长：CI 59040 为 245 nm；CI 16185、CI 16255、CI 16035、CI 14700、CI 45380 为 520 nm；CI 15985、CI 10316、橙黄 I 、CI 15510 为 480 nm；柱温：30℃；进样量：10μl；流动相梯度洗脱程序见表 6-12。

表 6-12 流动相梯度洗脱程序

时间/min	V（流动相 A）（%）	V（流动相 B）（%）
0.0	5	95
7.5	30	70
15.0	30	70
25.0	80	20
30.0	80	20

4. **校准曲线的绘制** 在上述色谱条件下，取混合标准系列溶液分别进样，进行色谱分析，以标准系列溶液浓度为横坐标，峰面积为纵坐标，绘制标准曲线。

5. **样品测定** 取待测样品溶液进样，进行色谱分析，根据保留时间和紫外光谱图定性，测得峰面积，根据标准曲线得到待测溶液中各测定组分的浓度，计算样品中各测定组分的含量。

6. **结果计算** 按式（6-21）计算样品中着色剂的含量：

$$\omega = \frac{\rho \times V}{m} \quad (6\text{-}21)$$

式中：

ω——化妆品中着色剂 CI 59040 等 10 种组分的含量，单位为微克/克（μg/g）；

m——样品取样量，单位为克（g）；

ρ——从标准曲线得到待测组分的浓度，单位为微克/毫升（μg/ml）；

V——样品定容体积，单位为毫升（ml）。

五、注意事项

1. 流动相配制时注意用盐酸调节 pH。
2. 混合标准储备溶液和混合标准系列溶液配制时注意细心、规范操作，保证配制的准确。

六、思考题

1. 为什么要限制着色剂在化妆品中的使用？
2. 样品预处理时加入四氢呋喃的作用是什么？

第七章

化妆品微生物的检测

实验四十九　菌落总数的检验

一、实验目的

1. 熟悉样品的预处理方法和原理。
2. 掌握培养基的配制、灭菌及平板菌落计数法的方法和原理。
3. 掌握平板菌落计数法测定化妆品中菌落总数的基本操作和方法。

二、实验原理

平板菌落计数法是将待测样品经适当稀释之后，使其中的微生物充分分散成单个细胞或个体，取一定量的稀释样液接种到平板上，经过培养，由每个单细胞生长繁殖而形成肉眼可见的菌落，即一个单菌落应代表原样品中的一个单细胞。统计菌落数，根据其稀释倍数和取样接种量计算出样品中的含菌数。由于待测样品往往不易完全分散成单个细胞，有时一个单菌落也可能由样品中的2～3个或更多个细胞繁殖而成，因此平板菌落计数的结果往往偏低于实际值。为了清楚地阐述平板菌落计数的结果，一般使用菌落形成单位（colony forming units，CFU）而不用绝对菌落数来表示样品的活菌含量。

本实验菌落的培养使用卵磷脂、吐温80-营养琼脂培养基，培养基中的卵磷脂既含有疏水性的脂肪酸链，又含有亲水性的磷酸基团和胆碱式乙醇胺基团，因此它是一种表面活性剂，在培养基中具有分散油性物质的作用，同时可以中和样品中季铵盐类物质。吐温80是由山梨醇脱水环化并与油酸酯化后再与环氧乙烷加成共聚而成的一种非离子型表面活性剂，具有较强的亲水性。在培养基中吐温80除了具有乳化分散的作用，其主要作用是中和化妆品中所含防腐剂如尼泊金甲（乙或丙）酯、三氯叔丁醇、苯甲醇、六氯酚等。蛋白胨和牛肉膏提供碳、氮源、维生素和生长因子，氯化钠维持均衡的渗透压，琼脂是培养基的凝固剂，TTC能被多数细菌还原，使菌落形成易于辨别的红色菌落，TTC还能减缓某些细菌的蔓延生长。

化妆品样品经过生理盐水稀释、均质处理，在卵磷脂、吐温80-营养琼脂培养基中经一定时间的适宜温度下的培养，检样中所含微生物会形成肉眼可见的菌落，计数菌落的数量，计算1g（1ml）检样中所含菌落的总数。所得结果只包括一群本方法规定的条件下生长的嗜中温的需氧性和兼性厌氧菌落的总数。

三、仪器与试剂

仪器：高压灭菌器；恒温培养箱（36℃±1℃）；超净工作台；天平（精度0.001g）；pH计或精密pH试纸；试管（18mm×150mm）；平皿（90mm）；锥形瓶（250ml）；量筒（200ml）；移液器（1～10ml、0.1～1ml）；Tip头（10ml、1ml）；酒精灯。

试剂：氯化钠；蛋白胨；牛肉膏；琼脂粉；卵磷脂；吐温 80；氯化三苯四氮唑（2，3，5-triphenyl tetrazolium chloride，TTC）。

四、操作步骤

1. 溶液和培养基配制

（1）生理盐水：称取氯化钠 8.5g，加蒸馏水至 1000ml，溶解后，分装到加玻璃珠的三角瓶内，每瓶 90ml，121℃高压灭菌 20min。

（2）卵磷脂、吐温 80-营养琼脂培养基：先称取卵磷脂 1g 加到 50ml 蒸馏水中，加热溶解，再加入吐温 80 7g。将其他成分蛋白胨 20g、牛肉膏 3g、氯化钠 5g 加到 950ml 的蒸馏水中，溶解。然后加入已溶解的卵磷脂、吐温 80，混匀，调 pH 为 7.1～7.4，加入琼脂，121℃高压灭菌 20min，储存于冷暗处备用。

（3）称取 0.5gTTC，加入蒸馏水 100ml，溶解后过滤除菌，或 115℃高压灭菌 20min，装于棕色试剂瓶，置 4℃冰箱备用。

2. 样品预处理

（1）液体样品

1）水溶性的液体样品：用灭菌吸管吸取 10ml 样品加到 90ml 灭菌生理盐水中，混匀后，制成 1∶10 检液。

2）油性液体样品：取样品 10g，先加 5ml 灭菌液状石蜡混匀，再加 10ml 灭菌的吐温 80，在 40～44℃水浴中振荡混合 10min，加入灭菌的生理盐水 75ml（在 40～44℃水浴中预温），在 40～44℃水浴中乳化，制成 1∶10 的悬液。

（2）膏、霜、乳剂半固体状样品

1）亲水性的样品：称取 10g，加到装有玻璃珠及 90ml 灭菌生理盐水的三角瓶中，充分振荡混匀，静置 15min。用其上清液作为 1∶10 的检液。

2）疏水性样品：称取 10g，置于灭菌的研钵中，加 10ml 灭菌液状石蜡，研磨成黏稠状，再加入 10ml 灭菌吐温 80，研磨待溶解后，加 70ml 灭菌生理盐水，在 40～44℃水浴中充分混合，制成 1∶10 悬液。

（3）固体样品：称取 10g，加到 90ml 灭菌生理盐水中，充分振荡混匀，使其分散混悬，静置后，取上清液作为 1∶10 的检液。

使用均质器时，则采用灭菌均质袋，将上述水溶性膏、霜、粉剂等称 10g 样品加入 90ml 灭菌生理盐水，均质 1～2min；疏水性膏、霜及眉笔、口红等称 10g 样品，加 10ml 灭菌液状石蜡，10ml 吐温 80，70ml 灭菌生理盐水，均质 3～5min。

3. 平板倾注

（1）用灭菌吸管吸取 1∶10 稀释的检液 2ml，分别注入两个灭菌平皿内，每皿 1ml。另取 1ml 注入 9ml 灭菌生理盐水试管中（注意勿使吸管接触液面），更换一支吸管，并充分混匀，制成 1∶100 检液。吸取 2ml，分别注入两个灭菌平皿内，每皿 1ml。如样品含菌量高，还可再稀释成 1∶1000、1∶10 000、……等，每个稀释度应换 1 支吸管。

（2）将融化并冷至 45～50℃的卵磷脂、吐温 80-营养琼脂培养基倾注到平皿内，每皿约 15ml，随即转动平皿，使样品与培养基充分混合均匀，待琼脂凝固后，翻转平皿，倒置于 36℃±1℃培养箱内培养 48h±2h。另取一个不加样品的灭菌空平皿，加入约 15ml 卵磷脂、吐温 80-营养琼脂培养基，待琼脂凝固后，翻转平皿，倒置于 36℃±1℃培养箱内培养 48h±2h，为空白对照。

（3）为便于区别化妆品中的颗粒与菌落，可在每 100ml 卵磷脂、吐温 80-营养琼脂中加入 1ml 0.5%的 TTC 溶液，如有细菌存在，培养后菌落呈红色，而化妆品的颗粒颜色无变化。

4. 菌落计数方法 先用肉眼观察，点数菌落数，然后再用 5～10 倍的放大镜检查，以防遗漏。记下各平皿的菌落数后，求出同一稀释度各平皿生长的平均菌落数。若平皿中有连成片状的菌落或花点样菌落蔓延生长时，该平皿不宜计数。若片状菌落不到平皿中的一半，而其余一半中菌落数分布又很均匀，则可将此半个平皿菌落计数后乘以 2，以代表全皿菌落数。

5. 菌落计数及报告方法

（1）首先选取平均菌落数在 30～300 个的平皿，作为菌落总数测定的范围。当只有一个稀释度的平均菌落数符合此范围时，即以该平皿菌落数乘其稀释倍数计数（表 7-1 中例 1）。

（2）若有两个稀释度，其平均菌落数均在 30～300 个，则应根据两菌落总数的比值来决定，若其比值小于或等于 2，应报告其平均数，若大于 2 则以其中稀释度较低的平皿的菌落数计数（表 7-1 中例 2 及例 3）。

（3）若所有稀释度的平均菌落数均大于 300，则应按稀释度最高的平均菌落数乘以稀释倍数计数（表 7-1 中例 4）。

（4）若所有稀释度的平均菌落数均小于 30，则应按稀释度最低的平均菌落数乘以稀释倍数计数（表 7-1 例 5）。

（5）若所有稀释度的平均菌落数均不在 30～300，其中一个稀释度大于 300，而相邻的另一稀释度小于 30 时，则以接近 30 或 300 的平均菌落数乘以稀释倍数计数（表 7-1 中例 6）。

（6）若所有的稀释度均无菌生长，报告数为每 g 或每 ml 小于 10CFU。

（7）菌落计数的报告，菌落数在 10 以内时，按实有数值报告之，大于 100 时，采用两位有效数字，在两位有效数字后面的数值，应以四舍五入法计算。为了缩短数字后面零的个数，可用科学记数法来表示，见表 7-1 结果表示方式栏。在报告菌落数为“不可计”时，应注明样品的稀释度。

表 7-1 细菌计数结果及报告方式

例次	不同稀释度平均菌落数			两稀释度菌落数之比	菌落总数（CFU/ml 或 CFU/g）	结果表示方式（CFU/ml 或 CFU/g）
	10^{-1}	10^{-2}	10^{-3}			
1	1 365	164	20	—	16 400	16 000 或 1.6×10^4
2	2 760	295	46	1.6	38 000	38 000 或 3.8×10^4
3	2 890	271	60	2.2	27 100	27 000 或 2.7×10^4
4	不可计	4 650	513	—	513 000	510 000 或 5.1×10^5
5	27	11	5	—	270	270 或 2.7×10^2
6	不可计	305	12	—	30 500	31 000 或 3.1×10^4
7	0	0	0	—	$<1\times10$	<10

五、注意事项

1. 样品要充分均质，使微生物尽可能形成单个细胞。
2. 样品采用梯度稀释，操作中避免交叉污染。

3. 倾注平板时，注意培养基的温度，不能太高，杀死微生物；也不能太低，导致培养基结块，影响样品分散。

4. 本实验只适合好氧和兼性厌氧菌的测定，不适合测定专性厌氧菌。

六、思考题

1. 培养基中卵磷脂和吐温的作用是什么？使用普通营养培养基对结果有什么影响？
2. 菌落计数的原则是什么？
3. 培养基中加入 TTC 的目的是什么？什么情况下可以不用添加 TTC？
4. CFU 的意义是什么？
5. 平板菌落计数法的优缺点有哪些？

实验五十　耐热大肠菌群的检验

一、实验目的

1. 了解耐热大肠菌群的概念。
2. 熟悉耐热大肠菌群的生理生化特性。
3. 掌握耐热大肠菌群的检测方法和技术。

二、实验原理

耐热大肠菌群并非细菌学分类命名，而是卫生学领域的表述，它不代表某一个或某一属细菌，而是指具有某些特性的一类与粪便污染有关的细菌的总称，包括肠杆菌科的大肠杆菌、枸橼酸杆菌、克雷伯菌和阴沟肠杆菌，其中大肠杆菌是该菌群的典型代表。这些细菌在生化及血清学方面并非完全一致，但在某些方面具有一些共性。

耐热大肠菌群在自然界中分布较广，研究表明，大肠菌群细菌多存在于温血动物粪便、人类活动场所及有粪便污染的地方。人、畜粪便的污染是耐热大肠菌群在自然环境中存在的主要原因，致病性的肠杆菌可以导致局部或全身性感染，引起腹泻、败血症和毒血症，严重威胁人体健康。因此，耐热大肠菌群被作为化妆品、食品、医药用品、水源、饮用水及其他生活用品遭受粪便污染程度的指标。

耐热大肠菌群需氧及兼性厌氧、革兰氏染色阴性、无芽孢、呈杆状；耐高温、胆盐；在 44℃±0.5℃培养 24～48h 能发酵乳糖产酸；能通过甲酸解氢酶分解甲酸，生成氢气和二氧化碳，产生大量气体；分解色氨酸产生靛基质（吲哚），与对二甲基氨基苯甲醛结合形成红色的玫瑰吲哚化合物；在选择性培养基伊红美蓝（EMB）琼脂平板产生典型深紫黑色、圆形、边缘整齐、表面光滑、湿润、常具有金属光泽，或呈紫黑色不带或略带金属光泽，或粉紫色，中心较深的菌落。本实验根据耐热大肠菌群形态及独特的生理生化特性，对化妆品中的该类细菌进行科学的鉴定。

三、仪器与试剂

仪器：高压灭菌器；恒温培养箱（44.5℃±0.5℃）；超净工作台；生物显微镜；电热板或电热套；天平（精度为 0.001g）；pH 计或精密 pH 试纸；锥形瓶（250ml）；试管（18mm×150mm）；小倒管；平皿（90mm）；量筒（200ml）；移液器（1～10ml、0.1～1ml）；

Tip 头（10ml、1ml）；酒精灯；载玻片；盖玻片。

试剂：蛋白胨；牛肉膏；琼脂粉；猪胆盐；乳糖；氯化钠；卵磷脂；吐温 80；磷酸氢二钾；乙醇；草酸铵；碘；碘化钾；对二甲氨基苯甲醛；戊醇；浓盐酸；溴甲酚紫；伊红；美蓝；结晶紫；沙黄。

四、操作步骤

1. 溶液和培养基配制

（1）结晶紫染色液（革兰氏初染液）：称取结晶紫 1g，充分溶解于 20ml 95%乙醇中，然后再与 80ml 1%草酸铵溶液混合。

（2）革兰氏碘液：称取 1g 碘和 2g 碘化钾混合，加入蒸馏水少许，充分振摇，待完全溶解后，再加蒸馏水至 300ml。

（3）脱色液：95%乙醇。

（4）沙黄复染液：称取 0.25g 沙黄，溶于 10ml 95%乙醇中，待沙黄完全溶解后加入 90ml 蒸馏水，混匀，备用。

（5）柯凡克试剂（靛基质试剂）：将 5g 对二甲氨基苯甲醛溶解于 75ml 戊醇中，然后缓慢加入浓盐酸 25ml，混匀，备用。

（6）双倍乳糖胆盐（含中和剂）培养基：称取卵磷脂 2g、吐温 80 14g、蛋白胨 10g、猪胆盐 10g 及乳糖 10g 溶解到 1000ml 蒸馏水中，混匀，调 pH 到 7.4，加入 0.4%溴甲酚紫水溶液 5ml，再次混匀，分装试管，每管 5ml（每支试管中加一个小倒管，排除倒管内的空气），115℃高压灭菌 20min。

（7）伊红美蓝琼脂培养基：先将琼脂 20g 加到 900ml 蒸馏水中，加热溶解，然后加入磷酸氢二钾 2g、蛋白胨 10g，混匀，使之溶解，再以蒸馏水补足至 1000ml。调 pH 为 7.2～7.4，分装于三角瓶内，121℃高压灭菌 15min 备用。临用时加入乳糖 10g 并加热融化琼脂粉，冷至 60℃左右无菌操作加入灭菌的 2%伊红水溶液 20ml、0.5%美蓝水溶液 13ml，摇匀。

（8）蛋白胨水（靛基质试验）：取蛋白胨 2g、氯化钠 5g 加入蒸馏水 1000ml 溶解，调 pH 为 7.0～7.2，分装于试管，每管 5ml，灭菌 15min。蛋白胨应含有丰富的色氨酸，每批蛋白胨买来后，应先用已知菌种鉴定后方可使用。

2. 样品预处理 样品处理见实验四十九中相关样品的处理方法。

3. 操作

（1）取 10ml 1∶10 稀释的样液，加到 10ml 双倍乳糖胆盐（含中和剂）培养基中，置 44.5℃±0.5℃培养箱中培养 24h，如培养液变混浊，则有样品中有微生物存在，若既不产酸也不产气，继续培养至 48h，如仍既不产酸也不产气，则结果为耐热大肠菌群阴性。

（2）如上述双倍乳糖胆盐培养物能产酸产气，将培养物划线接种到伊红美蓝琼脂平板上，置 36℃±1℃培养 18～24h。同时取该培养液 1～2 滴接种到蛋白胨水中，置 44.5℃±0.5℃培养 24h±2h。

经培养后，在上述平板上观察有无典型菌落生长。耐热大肠菌群在伊红美蓝琼脂培养基上的典型菌落呈深紫黑色，圆形，边缘整齐，表面光滑湿润，常具有金属光泽。也有的呈紫黑色，不带或略带金属光泽，或粉紫色，中心较深的菌落，亦常为耐热大肠菌群。

（3）挑取上述可疑菌落，涂片作革兰氏染色镜检，操作如下：

1）制玻片：用接种环挑取一环生理盐水放在载玻片中央，再挑取一环菌液放入生理盐水中，混匀涂布于载玻片。

2）固定：将涂片在火焰外焰上掠过2～3次，放凉。

3）初染：滴加1滴结晶紫染色液，染色1min，用水轻轻冲洗，甩干。

4）媒染：滴加1滴革兰氏碘液，作用1min，用水轻轻冲洗，甩干。

5）脱色：滴加1滴95%乙醇脱色，约30s，或将乙醇滴满整个涂片，立即倾去，再用95%乙醇滴满整个涂片，脱色10s，用水轻轻冲洗，甩干。

6）复染：滴加复染液，复染1min，用水轻轻冲洗，甩干。

7）镜检：盖上盖玻片，置于显微镜下观察菌体形态特征和染色结果，革兰阳性菌呈紫色，革兰阴性菌呈红色。

（4）靛基质试验：在蛋白胨水培养液中，加入靛基质试剂约0.5ml，观察靛基质反应。若培养基液面呈玫瑰红色则为阳性；若培养基液面呈试剂本色则为阴性。

4. 结果判定 根据发酵乳糖产酸产气，平板上有典型菌落，并经证实为革兰阴性短杆菌，靛基质试验阳性，则可判定被检样品中存在耐热大肠菌群。

五、注意事项

1. 双倍乳糖胆盐培养基注意调节适宜的酸碱度。
2. 用于靛基质试验的蛋白胨必须富含色氨酸。
3. 涂片固定时，掌握固定时间和温度，避免固定不牢或温度过高。
4. 柯凡克试剂不能长期放置，如发现颜色变深，应重新配制。

六、思考题

1. 耐热大肠菌群有哪些生理特点？
2. 双倍乳糖胆盐培养基中猪胆盐、乳糖的作用分别是什么？
3. 靛基质试验的原理是什么？
4. 革兰氏染色的原理是什么？
5. 镜检涂片时，火焰固定的操作时间过长（温度过高）或过短（温度过低），对结果有何影响？
6. 碘液媒染的作用是什么？

实验五十一 铜绿假单胞菌的检验

一、实验目的

1. 了解铜绿假单胞菌的分布和临床意义。
2. 熟悉铜绿假单胞菌的生理生化特性。
3. 掌握铜绿假单胞菌的检测方法和技术。

二、实验原理

铜绿假单胞菌（*Pseudomonas aeruginosa*）属于假单胞菌属，菌体细长且长短不一，呈球杆状或短杆状，单个、成对或短链状排列，革兰氏染色阴性，菌体末端有鞭毛，能运动，无芽孢，可形成荚膜。该菌为专性需氧菌，生长温度范围25～42℃，最适生长温度为25～

30℃，特别是该菌在4℃不生长，而在42℃可以生长。

铜绿假单胞菌在自然界分布较广，土壤、水、空气、正常人的皮肤、呼吸道和肠道等均有存在，在潮湿环境中尤为广泛。该菌是存在于人类中最常见的一种假单胞菌，属条件致病菌，由其导致的继发性感染多发生在体质衰弱或免疫低下、受损的人群中。因此，铜绿假单胞菌是化妆品、食品、药品等生活用品的质量控制菌。

铜绿假单胞菌具有多种独特的生理生化特点，生长过程中产生绿脓菌素分散在周围的培养基中呈绿色，绿脓菌素可发生可逆的氧化还原作用，氧化型呈蓝色（碱性时）和红色（酸性时）；还原型无色，但在酸性条件下出现氧化还原的中间阶段（绿色）。铜绿假单胞菌分解蛋白质能力较强，分泌的明胶酶将凝固的明胶降解为氨基酸，失去凝固力而变为液体；发酵糖类能力较低，可分解葡萄糖、木糖、甘露糖产酸，但不产气；利用细胞色素呼吸酶系统的细胞色素氧化酶氧化细胞色素c，氧化型细胞色素c可氧化对苯二胺产生颜色反应；产生脱氮化反应，还原硝酸盐为亚硝酸盐并产生氮气；在十六烷三甲基溴化铵选择性平板上培养时，铜绿假单胞菌能降解十六烷三甲基溴化铵，而其他革兰阳性菌和大多数革兰阴性菌的生长则被抑制。本实验根据铜绿假单胞菌形态及在不同培养条件下的特性，对化妆品中的该种细菌进行科学的检测。

三、仪器与试剂

仪器：高压灭菌器；恒温培养箱（44.5℃±0.5℃）；超净工作台；生物显微镜；电热板或电热套；天平（精度为0.001g）；pH计或精密pH试纸；锥形瓶（250ml）；试管（18mm×150mm）；平皿（90mm）；量筒（200ml）；移液器（1～10ml、0.1～1ml）；Tip头（10ml、1ml）；酒精灯；载玻片；盖玻片。

试剂：酪蛋白胨；大豆蛋白胨；蛋白胨；牛肉膏；琼脂粉；葡萄糖；氯化钠；卵磷脂；吐温80；磷酸氢二钾；磷酸二氢钾；氯化镁；硫酸钾；明胶；硝酸钾；十六烷基三甲基溴化铵；乙酰胺；甘油；酵母浸出粉；酚红；亚硝酸钠；二甲基对苯二胺；氯仿；盐酸；革兰氏染色用各种试剂。

四、操作步骤

1. 溶液和培养基配制

（1）SCDLP液体培养基：先将卵磷脂1g在少量蒸馏水中加温溶解后，再与酪蛋白胨17g、氯化钠5g、磷酸氢二钾2.5g、葡萄糖2.5g、吐温80 7g混合，加热溶解，补蒸馏水至1000ml，调pH为7.2～7.3分装，每瓶90ml，121℃高压灭菌20min，备用。如无酪蛋白胨和大豆蛋白胨，也可用多胨代替。

（2）十六烷基三甲基溴化铵培养基：称取牛肉膏3g、蛋白胨10g、氯化钠5g、十六烷基三甲基溴化铵0.3g，加蒸馏水1000ml，调pH为7.4～7.6，再加入琼脂粉20g，115℃高压灭菌20min后，制成平板备用。

（3）乙酰胺培养基：取乙酰胺10g、氯化钠5g、无水磷酸氢二钾1.39g、无水磷酸二氢钾0.73g、硫酸镁（$MgSO_4 \cdot 7H_2O$）0.5g，加蒸馏水1000ml溶解，调pH为7.2，加入琼脂粉20g、酚红0.012g，121℃高压灭菌20min后，制成平板备用。

（4）绿脓菌素测定用培养基：将蛋白胨20g、氯化镁1.4g、硫酸钾10g加到1000ml蒸馏水中，搅拌使其溶解，调pH至7.4，加入琼脂18g和甘油10g，加热溶解，分装于试管内，115℃高压灭菌20min，制成斜面备用。

（5）明胶培养基：称取牛肉膏3g、蛋白胨5g、明胶120g加到1000ml蒸馏水中浸泡20min，随时搅拌使之溶解，调pH至7.4，分装于试管内，经115℃高灭菌20min后，直立冷凝备用。

（6）硝酸盐蛋白胨水培养基：将酵母浸出粉3g、蛋白胨10g加到1000ml蒸馏水中，搅拌使之溶解，调pH为7.2，煮沸过滤后补足液量，加入硝酸钾2g和亚硝酸钠0.5g，溶解混匀，分装到加有小倒管的试管中，115℃高压灭菌20min，冷却备用。

（7）普通琼脂斜面培养基：称取牛肉膏3g、蛋白胨10g、氯化钠5g溶解于1000ml蒸馏水中，调pH为7.2～7.4，加入琼脂粉15g，加热溶解，分装试管，121℃高压灭菌20min后，制成斜面备用。

2. 样品预处理 样品处理见实验四十九中相关样品的处理方法。

3. 操作

（1）增菌培养：取1∶10样品稀释液10ml加到90ml SCDLP液体培养基中，置36℃±1℃培养18～24h。如有铜绿假单胞菌生长，培养液表面多有一层薄菌膜，培养液常呈黄绿色或蓝绿色。

（2）分离培养：从培养液的薄膜处挑取培养物，划线接种在十六烷基三甲基溴化铵琼脂平板上，置36℃±1℃培养18～24h。铜绿假单胞菌在此培养基上生长时，菌落扁平无定型，向周边扩散或略有蔓延，表面湿润，菌落呈灰白色，菌落周围培养基常扩散有水溶性黄绿色或蓝绿色色素。

在缺乏十六烷基三甲基溴化铵琼脂时也可用乙酰胺培养基进行分离，将菌液划线接种于平板上，置36℃±1℃培养24h±2h，铜绿假单胞菌在此培养基上生长良好，菌落扁平，边缘不整，菌落周围培养基呈红色，其他菌则不能生长。

（3）染色镜检：挑取可疑的菌落，涂片，革兰氏染色，镜检为革兰氏阴性者应进行氧化酶试验。

（4）氧化酶试验：取一小块洁净的白色滤纸片置于灭菌平皿内，用无菌玻璃棒挑取铜绿假单胞菌可疑菌落涂在滤纸片上，然后在其上滴加一滴新配制的1%二甲基对苯二胺溶液，在15～30s之内，出现粉红色或紫红色时，为氧化酶试验阳性；若培养物不变色，为氧化酶试验阴性。

（5）绿脓菌素试验：取可疑菌落2～3个，分别接种在绿脓菌素测定培养基上，置36℃±1℃培养24h±2h，加入氯仿3～5ml，充分振荡使培养物中的绿脓菌素溶解于氯仿液内，待氯仿提取液呈蓝色时，用吸管将氯仿移到另一试管中并加入1ml 1mol/L的盐酸，振荡后，静置片刻。如上层盐酸液内出现粉红色或紫红色时为阳性，表示被检样品中有绿脓菌素存在。

（6）硝酸盐还原产气试验：挑取可疑的铜绿假单胞菌纯培养物，接种在硝酸盐蛋白胨水培养基中，置36℃±1℃培养24h±2h，观察结果。凡在硝酸盐蛋白胨水培养基内的小倒管中有气体者，即为阳性，表明该菌能还原硝酸盐，并将亚硝酸盐分解产生氮气。

（7）明胶液化试验：取铜绿假单胞菌可疑菌落的纯培养物，穿刺接种在明胶培养基内，置36℃±1℃培养24h±2h，取出放置于4℃±2℃冰箱10～30min，观察培养基如仍呈溶解状或表面溶解时即为明胶液化试验阳性；如凝固不溶则为阴性。

（8）42℃生长试验：挑取可疑的铜绿假单胞菌纯培养物，接种在普通琼脂斜面培养基上，置于42℃±1℃培养箱中，培养24～48h，铜绿假单胞菌能生长，为阳性，而近似的荧光假单胞菌则不能生长。

4. **结果判定**　被检样品经增菌、分离培养后，经证实为革兰阴性杆菌，氧化酶及绿脓菌素试验皆为阳性者，即可判定被检样品中存在铜绿假单胞菌；如绿脓菌素试验阴性而液化明胶、硝酸盐还原产气和42℃生长试验三者皆为阳性时，仍可判定被检样品中检出铜绿假单胞菌。

五、注意事项

1. 注意无菌操作，避免污染，造成假阳性。
2. 氧化酶试验中，二甲基对苯二胺溶液必须现用现配。

六、思考题

1. 简述铜绿假单胞菌的形态和典型生化特点。
2. 氧化酶试验的原理是什么？
3. 铜绿假单胞菌为什么能液化明胶？
4. 十六烷三甲基溴化铵培养基中，十六烷三甲基溴化铵的作用是什么？
5. 制备硝酸盐蛋白胨水培养基时，为什么先煮沸后，再分装灭菌？

实验五十二　金黄色葡萄球菌的检验

一、实验目的

1. 了解金黄色葡萄球菌的分布和临床意义。
2. 熟悉金黄色葡萄球菌的生理生化特性。
3. 掌握金黄色葡萄球菌的检测方法和技术。

二、实验原理

金黄色葡萄球菌（*Staphylococcus aureus*）是葡萄球菌属的一个种，在自然界中分布极广，空气、水、土壤及人和动物的体表、黏膜中均有存在，50%以上健康人的皮肤上都有金黄色葡萄球菌，大部分菌株是非致病菌，也有一些致病菌株，是人和动物的常见病原菌。该菌是葡萄球菌中对人类致病力最强的一种，引起的感染占第二位，仅次于大肠杆菌，能引起人体局部化脓性病灶，严重时可产生败血症。金黄色葡萄球菌存在于化妆品中，对人体健康具有潜在的危险，因此被作为化妆品中严格控制的致病菌。

典型的金黄色葡萄球菌为球形，直径0.8μm左右，显微镜下观察呈单个、成对、四联或排列成葡萄串状。金黄色葡萄球菌无芽孢、鞭毛，大多数无荚膜，革兰氏染色阳性。金黄色葡萄球菌适应性强，对营养要求不高，干燥环境下可存活数周，在普通培养基上生长良好，需氧或兼性厌氧，最适生长温度37℃，最适生长pH7.4。普通营养平板上生长形成金黄色或白色、圆形、不透明的突起菌落，表面湿润、光滑、有光泽，直径0.5～1.0mm。

金黄色葡萄球菌有高度的耐盐性，可在10%～15%氯化钠肉汤中生长。多数致病菌株能产生溶血毒素，在血平板上形成透明溶血环。几乎所有致病菌株都具有血浆凝固酶，使人和动物血液凝固，造成局部感染和脓栓。凝固酶阳性菌株还可以将D-甘露醇作为碳源，发酵产酸。BP选择性培养基可以筛选出具有致病性的金黄色葡萄球菌，其中的丙酮酸钠和甘氨酸能促进葡萄球菌的生长；氯化锂能抑制革兰阴性菌的生长，亚碲酸钾可抑制非葡萄球菌的革兰阳性菌；凝固酶阳性的菌株能还原亚碲酸钾使菌落呈黑色；含有卵磷脂酶的葡萄球菌降解卵黄使菌落产生透明圈，而脂酶作用则产生不透明的沉淀环。本实验根据致病性金黄色葡萄球菌上述特性对化妆品中可能污染的该菌进行检验和鉴定。

三、仪器与试剂

仪器：高压灭菌器；恒温培养箱（44.5℃±0.5℃）；超净工作台；生物显微镜；电热板或电热套；天平（精度为 0.001g）；pH 计或精密 pH 试纸；锥形瓶（250ml）；试管（18mm×150mm）；平皿（90mm）；量筒（200ml）；移液器（1～10ml、0.1～1ml）；Tip 头（10ml、1ml）；酒精灯；载玻片；盖玻片。

试剂：蛋白胨；胰蛋白胨；牛肉膏；琼脂；氯化钠；丙酮酸钠；氯化锂；亚碲酸钾；甘氨酸；甘露醇；溴麝香草酚蓝；液状石蜡；枸橼酸钠；全血浆；卵黄盐水；革兰氏染色用各种试剂。

四、操作步骤

1. 溶液和培养基配制

（1）SCDLP 液体培养基：见实验五十一中的相关内容。

（2）营养肉汤：将蛋白胨 10g、牛肉膏 3g、氯化钠 5g 加到 1000ml 蒸馏水中溶解，调 pH 为 7.4，分装，121℃高压灭菌 15min，备用。

（3）7.5%的氯化钠肉汤：将蛋白胨 10g、牛肉膏 3g、氯化钠 75g 加到 1000ml 蒸馏水中搅拌溶解，调 pH 为 7.4，分装，121℃高压灭菌 15min。

（4）Baird Parker 平板：

1）增菌剂的配制：30%卵黄盐水 50ml 与除菌过滤的 1%亚碲酸钾溶液 10ml 混合，保存于冰箱内。

2）培养基的配制：将胰蛋白胨 10g、牛肉膏 5g、酵母浸膏 1g、丙酮酸钠 10g、甘氨酸 12g、氯化锂（$LiCl\cdot 6H_2O$）5g、琼脂 20g 加到 1000ml 蒸馏水中，加热煮沸完全溶解，冷至 25℃±1℃，pH 调节校正为 6.8～7.2。分装每瓶 95ml，121℃高压灭菌 15min。临用时加热熔化琼脂，每 95ml 加入预热至 50℃左右的卵黄亚碲酸钾增菌剂 5ml，摇匀后倾注平板。培养基应是致密不透明的。使用前在冰箱储存不得超过 48h±2h。

（5）血琼脂培养基：将 100ml 营养琼脂加热融化，待冷至 50℃左右，无菌操作加入 10ml 脱纤维羊血，摇匀，制成平板，置冰箱内备用。

（6）甘露醇发酵培养基：将蛋白胨 10g、氯化钠 5g、牛肉膏 5g 加到 1000ml 蒸馏水中，搅拌溶解，调 pH7.4，加入甘露醇 10g 和 0.2%麝香草酚蓝溶液 12ml，混匀后分装试管中，115℃高压灭菌 20min，备用。

（7）无菌液状石蜡：取液状石蜡 50ml，121℃高压灭菌 20min，备用。

（8）兔（人）血浆制备：配制 3.8%枸橼酸钠溶液，121℃高压灭菌 30min，1 份加兔（人）全血 4 份，混匀静置；2000r/min 离心 5min。血球下沉，取上层血浆。

2. 样品预处理 样品处理见实验四十九中相关样品的处理方法。

3. 操作

（1）增菌培养：取 1：10 稀释的样品 10ml 接种到 90ml SCDLP 液体培养基中，置 36℃±1℃培养箱，培养 24h±2h。也可用 7.5%氯化钠肉汤培养基。

（2）分离：接种环蘸取上述增菌培养液，划线接种在 Baird Parker 平板培养基或血琼脂平板，置 36℃±1℃培养 48h。在 Baird Parker 平板培养基上，金黄色葡萄球菌可生长成圆形、光滑、凸起、表面湿润的菌落，其颜色为灰色到黑色，边缘较浅，菌落周围混浊，在其外层形成透明带。在血琼脂平板上菌落呈金黄色，圆形，不透明，表面光滑，周围有溶血圈。用接种针接触菌落似有奶油树胶的软度。偶然会遇到非脂肪溶解的类似菌落，但无混浊带及透明带。挑取单个疑似菌落接种在血琼脂平板上，置 36℃±1℃培养 24h±2h。

（3）染色镜检：挑取分纯菌落，涂片，进行革兰氏染色，镜检。金黄色葡萄球菌为革兰阳性菌，排列成串状或葡萄状。

（4）甘露醇发酵试验：取上述分纯菌落接种到甘露醇发酵培养基中，在培养基液面上加入高度为 2～3mm 的灭菌液状石蜡，置 36℃±1℃培养 24h±2h，金黄色葡萄球菌应能发酵甘露醇产酸，使培养液由蓝色变成黄色。

（5）血浆凝固酶试验：吸取 1∶4 新鲜血浆 0.5ml，置于灭菌小试管中，加入待检增菌培养物，混匀，置 36℃±1℃恒温箱中，每半小时观察一次，6h 之内如呈现凝块即为阳性。同时以已知血浆凝固酶阳性和阴性菌株增菌培养物及增菌培养基各 0.5ml，分别加入无菌 1∶4 血浆 0.5ml，混匀，作为对照。

4. 结果判定　凡在选择平板上有可疑菌落生长，经染色镜检，证明为革兰阳性葡萄球菌，并能发酵甘露醇产酸，血浆凝固酶试验阳性者，可判定被检样品中存在金黄色葡萄球菌。

五、注意事项

1. 注意无菌操作，避免污染，造成假阳性。
2. 甘露醇发酵培养基时，灭菌温度不能太高，否则容易导致甘露醇碳化。
3. 制备血浆时，必须使用洁净无菌的器皿和试剂，避免溶血现象。

六、思考题

1. 简述金黄色葡萄球菌的形态和典型生化特点。
2. 黄色葡萄球菌的鉴定培养基有哪些？
3. Baird Parker 培养基中亚碲酸钾、丙酮酸钠、甘氨酸、氯化锂各有什么作用？
4. 血浆凝固酶试验的原理是什么？
5. 甘露醇发酵试验中，培养基中加入液状石蜡的目的是什么？

实验五十三　真菌和酵母菌的检验

一、实验目的

1. 了解真菌、酵母菌的生物学特性。
2. 熟悉真菌培养基的配制。
3. 掌握平板菌落计数法测定化妆品中真菌和酵母菌总数的方法。

二、实验原理

真菌和酵母菌同属真菌，真菌是形成分枝菌丝的真菌的统称，菌落较大，有的菌丝蔓延面积较大，没有局限性，其菌落可扩展到整个培养皿，有的种则有一定的局限性，直径1～2cm或更小。真菌菌落疏松、外观干燥、不透明、呈或紧或松的蛛网状、绒毛状或棉絮状；菌落与培养基的连接紧密，不易挑取；菌落正反面的颜色和边缘与中心的颜色常不一致。酵母菌通常是单细胞生物，呈圆形、卵圆形、椭圆或杆状。大多数酵母菌的菌落特征与细菌相似，但比细菌菌落大而厚，菌落表面光滑、湿润、黏稠，容易挑起，质地均匀，多为乳白色，少数为红色，个别为黑色，菌落正反面和边缘、中央部位的颜色均匀一致。

真菌和酵母菌广泛分布于自然界中的空气、土壤、岩石、水、动植物体表面，适应性强，能在极低或极高pH、干燥、高盐或高糖等极端环境下生存生长，还能抵抗热、冷冻、辐照及抗生素的影响。真菌和酵母污染化妆品后能改变产品颜色，产生气体和异味，使产品变质。真菌和酵母在生长过程中产生的有毒代谢物进入人体后导致严重的健康问题。因此真菌和酵母菌也被作为评价化妆品卫生质量的指示菌，并以真菌和酵母菌的数量来确定化妆品污染的程度。

本实验根据真菌和酵母菌特有的形态和培养特性，在玫瑰红培养基上于28℃±2℃培养5d，计数所生长的真菌和酵母菌数量。玫瑰红培养基是在普通的真菌培养基中加入玫瑰红、氯霉素配制而成。其中，氯霉素为广谱性抗生素能抑制大多数细菌的生长，玫瑰红能减缓某些真菌因生长过快而导致菌落蔓延，此外，可使酵母菌着色，便于计数。

三、仪器与试剂

仪器：高压灭菌器；恒温培养箱（44.5℃±0.5℃）；超净工作台；电热板或电热套；天平（精度为0.001g）；pH计或精密pH试纸；锥形瓶（250ml）；试管（18mm×150mm）；平皿（90mm）、量筒（200ml）、移液器（1～10ml、0.1～1ml）；Tip 头（10ml、1ml）；酒精灯。

试剂：蛋白胨；葡萄糖；琼脂；氯化钠；磷酸二氢钾；硫酸镁；氯霉素；乙醇；虎红。

四、操作步骤

1. 溶液和培养基配制

（1）生理盐水：见菌落总数测定中。

（2）玫瑰红（孟加拉红）培养基：将蛋白胨5g、葡萄糖10g、磷酸二氢钾1g、硫酸镁（含$7H_2O$）0.5g、琼脂20g加入1000ml蒸馏水中加热溶解后，再加入浓度为1/3000玫瑰红溶液100ml。分装后，121℃高压灭菌20min，另用2～3ml乙醇溶解100mg氯霉素，0.22μm滤膜过滤后加入上述培养基中，若无氯霉素，可加30mg链霉素。

2. 样品预处理　样品处理见实验四十九中相关样品的处理方法。

3. 操作　取1∶10、1∶100、1∶1000的检液各1ml分别注入灭菌平皿内，每个稀释度各做2个平行样，注入融化并冷至45℃±1℃的玫瑰红培养基，充分摇匀。凝固后，翻转平板，置28℃±2℃培养5d，观察并记录。另取一个不加样品的灭菌空平皿，加入约10ml玫瑰红培养基，待琼脂凝固后，翻转平皿，置28℃±2℃培养箱内培养5d，为空白对照。

4. 菌落计数　先点数每个平板上生长的霉菌和酵母菌菌落数，求出每个稀释度的平均菌落数。判定结果时，应选取菌落数在5～50个范围之内的平皿计数，乘以稀释倍数后，即为每g（或每ml）检样中所含的真菌和酵母菌数。其他范围内的菌落数表示应参照菌落总数的表示方法。

五、注意事项

1. 真菌孢子多聚集成团，在吸取各稀释度的样液时，要充分振摇，用吸管反复吹打，使孢子团分散开，并均匀混悬。

2. 氯霉素不耐高温，应采用过滤方法除菌。

3. 培养过程中应定期观察平皿上菌落的变化，对于疑似菌落，应做好标记，继续培养一定时间后，观察菌落的大小和形状有无变化，以此区别样品和菌落。

4. 有些真菌生长迅速，孢子成熟后落在培养基上继续萌发生长成新的菌落，因此在培养过程中不要反复反转平板，以免次生菌落形成影响检测的准确性。

六、思考题

1. 玫瑰红培养基中加入氯霉素的目的是什么？如果不加氯霉素对结果有何影响？虎红的作用是什么？

2. 平皿为什么要倒置培养？

主要参考文献

蔡晶. 2010. 化妆品质量检验. 北京：中国计量出版社

高瑞英. 2011. 化妆品质量检验技术. 北京：化学工业出版社

国家食品药品监督总局. 2016. 化妆品安全技术规范（2015 版）

刘胜新. 2014. 化验员手册. 北京：机械工业出版社

秦钰慧. 2013. 化妆品安全性及管理法规. 北京：化学工业出版社

屈小英. 2009. 化妆品与洗涤产品分析检测. 北京：科学技术文献出版社

冉国侠. 2011. 化妆品评价方法. 北京：中国纺织出版社

中国轻工业联合会综合业务部. 2012. 中国轻工业标准汇编（化妆品卷）. 北京：中国标准出版社

中华人民共和国国家质量监督检验检疫总局中国国家标准化管理委员会. 2010. 化妆品中四十一种糖皮质激素的测定液相色谱/串联质谱法和薄层层析法